数字经济催生的商业生态变迁与物流模式创新研究

王玉玲　肖　姣　著

九州出版社
JIUZHOUPRESS

图书在版编目（CIP）数据

数字经济催生的商业生态变迁与物流模式创新研究 /
王玉玲，肖姣著. -- 北京：九州出版社，2024．7．
ISBN 978-7-5225-3311-7

Ⅰ．F7；F252.1

中国国家版本馆CIP数据核字第2024ES2844号

数字经济催生的商业生态变迁与物流模式创新研究

作　　者	王玉玲　肖　姣　著
责任编辑	王丽丽
出版发行	九州出版社
地　　址	北京市西城区阜外大街甲 35 号（100037）
发行电话	(010)68992190/3/5/6
网　　址	www.jiuzhoupress.com
印　　刷	三河市金兆印刷装订有限公司
开　　本	710 毫米 ×1000 毫米　16 开
印　　张	16.25
字　　数	300 千字
版　　次	2025 年 1 月第 1 版
印　　次	2025 年 1 月第 1 次印刷
书　　号	ISBN 978-7-5225-3311-7
定　　价	78.00 元

随着科技的迅猛发展和数字化时代的到来，数字经济已经成为推动全球商业变革的重要引擎之一。在这个数字经济的大潮中，商业生态和物流模式也在经历着翻天覆地的变化和创新。本书旨在探讨数字经济催生的商业生态变迁与物流模式创新，并深入研究数字经济对商业生态和物流模式的影响，以及这种影响如何塑造着未来的商业世界。

在本书中，我们将首先对数字经济进行概述，包括定义、特征以及数字技术对商业的影响。随后，我们将深入探讨数字经济与商业生态的关系，分析传统商业生态的演变以及数字经济对商业生态的塑造。在商业生态演变与数字经济的交汇点，我们将通过行业案例分析具体展示数字经济对商业生态的影响。接着，我们将探讨数字经济对商业模式的影响，包括传统商业模式面临的挑战和数字经济下的新商业模式的涌现。随后，我们将转向物流领域，对数字物流进行概述，包括物流的定义与重要性、数字物流的概念与特征以及数字技术在物流中的应用。在探讨数字物流的基础上，我们将深入研究数字经济对物流模式的影响，分析传统物流模式所面临的挑战以及数字经济促使的物流模式创新。我们重点关注区块链技术在数字化货物跟踪中的应用，探讨其优势、挑战以及对物流行业的影响。最后，我们将从数字经济催生的数字物流和商业生态创新的角度进行综合分析，探讨数字经济催生的数字物流对商业生态的间接影响、数字经济直接催生的商业生态创新，以及数字经济与商业生态的融合。

本书的撰写旨在系统梳理数字经济催生的商业生态变迁与物流模式创新的研究成果，为读者提供全面深入的理解和洞察。希望本书能为相关学者、企业家、政策制定者，以及对数字经济和物流领域感兴趣的读者提供有益的参考和启发，共同探索数字经济时代商业生态与物流模式的未来发展方向。

Contents 目　录

第一章 导 论

第一节 背景介绍

在当今快速发展的数字技术时代，数字经济如同一股磅礴之潮，正深刻地改变着商业的面貌，塑造着物流的未来。随着互联网、大数据、人工智能等技术的不断融合和应用，传统产业和商业模式正在经历着巨大的变革和转型。这种数字经济的崛起，标志着人类社会进入了全新的经济发展阶段，其所带来的深刻影响远远超出了传统产业的范畴，涵盖了商业生态的全方位演变和物流模式的彻底创新。

传统的商业生态正在经历着数字化、网络化、平台化等多重挑战和变革。在数字经济的推动下，商业生态的组织形态和运营方式发生着深刻的变革。新兴的数字化技术不仅改变了企业的生产方式和商业模式，还重构了整个产业链条和价值链条，打破了传统产业之间的壁垒和界限，促进了产业融合和协同创新。数字经济时代的商业生态呈现出多元化、开放化、共享化的特点，企业之间展开了更加紧密的合作与竞争，形成了全新的商业生态系统。

与此同时，数字经济也为物流行业带来了前所未有的机遇和挑战。传统的物流模式正在经历着智能化、绿色化、共享化等方面的全面升级。数字技术的广泛应用不仅提升了物流效率和服务质量，还促进了物流成本的降低和运营模式的优化。物流企业正在积极探索新的商业模式和服务模式，不断推动物流产业向高质量发展和可持续发展迈进。数字经济时代的物流行业呈现出开放、共享、智能的特点，成为数字经济发展的重要支撑和物流供应链的核心节点。

在这样的背景下，深入研究数字经济对商业生态变迁和物流模式创新的影响具有重要的理论和实践意义。这不仅有助于我们深入理解数字经济发展的规律和特点，还能为相关行业的转型升级提供科学依据和实践指导。因此，本书旨在通过系统地研究和分析，探讨数字经济对商业生态和物流模式的影响机制，为数字经济时代的商业运作提供深入思考和科学指导。通过整合学术理论和实践经验，为数字经济时代的商业生态和物流模式创新提供有力的理论支撑和实证依据，推动数字经济与传统产业的深度融合和共同发展。

第二节　研究目的与意义

一、研究目的

（一）深入理解数字经济的影响机制

数字经济作为当今经济发展的重要驱动力，其对商业生态和物流领域的影响机制是多方面的、复杂的。通过系统研究和分析，我们旨在揭示数字经济如何改变传统商业生态的组织形态、价值链和竞争格局，以及如何推动物流模式向智能化、绿色化和共享化发展。

在数字经济背景下，商业生态面临着从传统模式向数字化、网络化、平台化模式转型的挑战和机遇。数字技术的快速发展使得信息传递和交流更加便捷高效，企业之间的合作与竞争也更加频繁和激烈。数字经济时代的商业生态呈现出多元化、开放化、共享化的特点，企业之间展开了更加紧密的合作与竞争，形成了全新的商业生态系统。这种变革背后，是数字经济对商业生态组织结构、运营模式和价值观念的深刻影响。

另一方面，数字经济对物流模式的影响也是不可忽视的。传统的物流模式正在经历着智能化、绿色化、共享化等方面的全面升级。数字技术的广泛应用不仅提升了物流效率和服务质量，还促进了物流成本的降低和运营模式的优化。物流企业正在积极探索新的商业模式和服务模式，不断推动物流产业向高质量发展和可持续发展迈进。数字经济时代的物流行业呈现出开放、共享、智能的特点，成为数字经济发展的重要支撑和物流供应链的核心节点。

（二）探索数字经济背景下的商业创新路径

随着数字技术的不断发展和应用，传统商业模式正在面临着前所未有的挑战和变革。数字经济时代，企业需要不断创新和变革，以适应市场的需求和竞争的压力。通过研究数字经济对商业模式的影响和促进作用，我们旨在发掘新兴商业模式的特点和优势，探索适合数字经济时代商业运作的发展路径和模式。

数字经济背景下的商业创新路径主要体现在以下几个方面：首先，数字技术的广泛应用为企业提供了更多的创新工具和手段。例如，互联网、大数据、人工智能等技术的发展，为企业提供了更多的数据支持和智能决策，促进了商业流程的优化和创新。其次，数字经济的开放性和共享性为企业创新提供了更多的机会和平台。例如，数字平台经济的崛起使得企业之间可以更加灵活地合作和共享资源，实现创新发展。再次，数字经济时代的消费升级和用户需求变化也为企业创新提供了新的动力和方向。企业需要更加关注消费者的个性化需求和体验，不断推出新的产品和服务以满足市场需求。最后，数字经济时代的产业融合和协同创新也为企业创新提供了新的路径和机遇。不同行业之间的合作与共享，可以实现资源优化配置，促进产业链的优化和升级。

二、研究意义

（一）学术意义

本研究在学术上具有重要意义。首先，深入探讨数字经济对商业生态和物流模式的影响机制，有助于拓展学术界对数字经济时代商业运作规律的认识。传统商业模式正在被数字化、网络化、平台化所重塑，而深入研究数字经济对商业生态的影响，将有助于揭示数字经济时代商业运作的新特点和新规律。其次，通过探索商业模式创新路径，本研究将为商业管理和创新研究提供新的思路和方法。随着数字技术的不断发展和应用，传统商业模式正在面临前所未有的挑战和机遇，而对商业模式创新路径的深入探索，有助于丰富学术界对于数字经济时代商业模式变革的认识，为商业管理理论的进一步发展提供理论支持。

（二）实践意义

本研究也具有重要的实践意义。首先，深入研究数字经济对商业生态和物流模式的影响机制，可以为企业和政府部门提供实践指导和决策支持。随着数字经济的发展，企业和政府部门需要不断调整战略和政策，以适应新时代的发展需求。其次，通过探索商业模式创新路径，本研究将为企业提供创新思路和方法。数字经济时代，传统商业模式已经不再适用，企业需要不断创新，适应市场的变化和竞争的压力。因此，本研究将为企业提供实践指导，帮助其实现商业模式的转型升级，提升市场竞争力。

（三）社会意义

最后，本研究对社会也具有积极意义。商业生态的升级和物流模式的创新将促进社会资源的合理利用和经济效益的提升，有助于推动经济社会可持续发展。深入研究数字经济对商业生态和物流模式的影响，可以为社会提供更多的发展路径和选择，推动经济结构的优化和产业升级。与此同时，数字经济时代的商业创新也将为消费者带来更加便捷、高效和优质的服务体验，提升生活质量，促进社会和谐稳定的发展。因此，本研究不仅对学术界具有重要意义，也将为实践和社会发展带来积极影响。

第三节　研究问题与假设

一、研究问题

（一）商业生态演变问题

1. 问题描述

在数字经济背景下，传统商业生态面临着怎样的演变趋势？

数字经济对商业生态的重构和塑造有何影响？

2. 问题意义

了解数字经济对商业生态的影响，有助于深入理解商业组织的变迁规律和机制。同时，对商业生态的演变趋势进行研究，可以为企业制定未来发展战略和政府制定产业政策提供参考依据。

（二）商业模式变革问题

1. 问题描述

数字经济如何影响传统商业模式的变革？

在数字化转型过程中，新兴商业模式的出现是否能够有效应对数字经济带来的挑战？

2. 问题意义

商业模式的变革是数字经济时代企业生存和发展的关键。研究数字经济对商业模式的影响，有助于企业把握时代脉搏，实现转型升级。同时，对新兴商业模式的研究，可以为企业提供创新思路和方法，促进经济的创新发展。

（三）物流模式创新问题

1. 问题描述

数字经济对物流行业的影响主要体现在哪些方面？

数字技术在物流中的应用如何推动传统物流模式的创新和升级？

2. 问题意义

物流是现代经济的重要支撑，其效率和质量直接影响着产业链的运转和经济的发展。因此，研究数字经济对物流模式的影响，有助于优化物流运作，提高物流效率，推动物流行业的创新发展。

（四）数字经济与商业生态融合问题

1. 问题描述

数字经济如何与商业生态进行有效融合？

数字化技术如何发挥在商业生态创新中的作用？

2. 问题意义

商业生态的融合发展是数字经济时代企业实现可持续发展的重要路径。研究数字经济与商业生态的融合问题，有助于发掘新的商业合作模式和创新机制，促进产业的共生共赢，推动经济的健康发展。

二、研究假设

（一）商业生态演变假设

1. 假设描述

在数字经济背景下，传统商业生态将向数字化、网络化和平台化方向演变，数字经济将对商业生态的组织结构和运营模式产生深远影响。

2. 假设验证

通过对数字经济背景下不同行业商业生态的案例研究和实证分析，验证传统商业生态的变革趋势和数字经济的影响机制。

（二）商业模式变革假设

1. 假设描述

数字经济时代，传统商业模式面临着严峻挑战，新兴商业模式将以数字化、智能化和共享化为特征，成为应对数字经济挑战的重要手段。

2. 假设验证

通过对不同行业企业的商业模式创新案例研究和实证分析，验证新兴商业模式的特点和应对数字经济挑战的有效性。

（三）物流模式创新假设

1. 假设描述

数字技术的广泛应用将推动传统物流模式向智能化、绿色化和共享化方向发展，提高物流效率和服务质量。

2. 假设验证

通过对数字技术在物流领域的应用案例研究和实证分析，验证数字经济对物流模式创新的推动作用和效果。

第四节　研究方法与数据来源

一、文献综述与理论分析

数字经济作为当今经济发展的重要驱动力，其在学术界已经得到了广泛的关注和研究。在进行数字经济理论综述时，我们需要涵盖以下几个方面。

1. 数字经济的定义与特征

数字经济是指利用数字技术和信息网络进行经济活动的一种经济形态。其特征包括高度数字化、智能化、创新性和全球化等。对数字经济的定义和特征进行综述，可以为后续研究提供理论基础。

2. 数字技术在经济活动中的作用

数字技术在数字经济中扮演着至关重要的角色。例如，互联网、大数据、人工智能等技术的发展，促进了信息的传播和交流，降低了信息获取的成本，提高了经济活动的效率和质量。

3.数字化转型对产业结构和商业模式的影响

数字化转型对产业结构和商业模式产生了深远影响。传统产业正在向数字化、网络化、平台化方向转型，新兴产业不断涌现，商业模式也在不断创新和演变。综述数字化转型对产业结构和商业模式的影响，可以帮助理解数字经济对商业生态具有的影响。

（二）商业生态理论综述

商业生态理论作为研究商业组织和产业发展的重要理论之一，也需要进行综述和分析。具体内容包括以下几点。

1.商业生态的起源与发展历程：商业生态理论最早由詹姆斯·费恩提出，随后的到了诸多学者的深入研究并发展。商业生态理论的发展历程是一个逐步完善和丰富的过程，需要对其进行系统的梳理和分析。

2.商业生态的组成要素与演化规律：商业生态包括了多种组成要素，如企业、消费者、平台等，它们之间通过复杂的关系相互作用。商业生态的演化规律包括了生态的形成、发展和演变等过程，需要对其进行深入的理论分析。

3.商业生态中的创新模式与发展趋势：商业生态中不断涌现出各种创新模式，如平台经济、共享经济等，这些创新模式对于商业生态的发展具有重要的推动作用。[1]同时，商业生态的发展也呈现出一些明显的趋势，例如数字化、网络化、智能化等。

（三）物流模式理论综述

物流模式作为商业生态中重要的组成部分，其理论研究也是本研究的重要内容之一。在进行物流模式理论综述时，需要关注以下几个方面。

1.传统物流模式与数字化物流模式的对比分析

传统物流模式通常以集中式管理和线性供应链为特征，而数字化物流模式则借助数字技术实现了信息的共享和协同，使物流更加智能化和高效化。通过对传统物流模式和数字化物流模式的对比分析，可以揭示数字经济对物流模式的影响。

---

[1] 刘子豪.关于共享经济成因、内涵与商业模式的思考[J].现代国企研究，2017，（20）：156.

2. 数字技术在物流领域的应用和影响

数字技术在物流领域的应用已经日益普及，如物联网、人工智能、区块链等技术的应用，正在改变着传统的物流模式和运作方式。对数字技术在物流领域的应用和影响进行综述，有助于理解数字经济对物流模式的创新作用。

3. 数字经济对物流模式的驱动作用

数字经济的发展为物流行业带来了新的机遇和挑战。数字经济推动了物流模式向智能化、绿色化和共享化方向发展，促进了物流效率的提升和成本的降低。[1] 通过对数字经济对物流模式的驱动作用进行综述，可以深入理解数字经济对物流行业的影响。

综合以上三个方面的综述和理论分析，可以全面说明数字经济对商业生态和物流模式的影响机制。这些理论分析不仅为后续研究提供了理论基础和方法论指导，也为实践工作提供了重要的参考依据和思路。同时，对相关理论的深入探讨，也可以为学术界提供新的研究思路和研究方向，推动相关理论的进一步发展和完善。

二、案例研究与实证分析

（一）案例收集

进行案例研究与实证分析之前，首先需要进行案例收集。这涉及从不同行业和领域收集具有代表性的案例数据，以全面了解数字经济对商业生态和物流模式的影响。具体步骤包括以下几点。

1. 确定研究案例范围：首先需要确定研究的案例范围，包括涉及的行业和领域。可以选择涵盖电子商务、金融科技、智能制造、物流运输等多个领域的案例。

2. 收集案例数据：通过文献检索、网络搜索以及行业报告等渠道，收集各个行业的典型案例数据。这些案例可以是具有代表性的企业实践、创新模式或者产业生态的变革。

3. 案例筛选与归类：根据研究的目的和问题，对收集到的案例数据进行筛选和归类。可以根据行业特点、创新模式、数字化程度等因素进行分类，确保选取的案例能够全面展现数字经济对商业生态和物流模式的影响。

---

[1] 许颖. 共享经济的成因、内涵与商业模式研究 [J]. 中国商论，2018，（22）：170-171.

（二）案例分析

收集到案例数据之后，需要进行深入的案例分析。这涉及对每个案例进行详细地解读和分析，以揭示其中的规律和经验。具体步骤包括以下几点。

1.案例描述：对每个案例进行详细地描述，包括企业背景、发展历程、创新实践等方面的信息。这有助于读者全面了解案例的背景和基本情况。

2.影响分析：分析数字经济对该案例的影响，包括在商业生态和物流模式方面的具体改变和创新。通过比较分析，探讨数字经济对不同行业的影响程度和方式。

3.经验总结：总结案例中的经验和教训，探讨背后的原因和机制。这有助于其他企业和组织借鉴和学习，提升其在数字经济时代的竞争力和适应能力。

（三）实证分析

基于案例数据进行实证分析，验证文献综述和理论分析中的观点和假设。具体步骤包括以下几点。

1.数据整理与统计：对收集到的案例数据进行整理和统计，包括案例中涉及的关键指标和变量。这有助于建立实证分析的数据框架和模型。

2.实证分析方法选择：根据研究问题和数据特点，选择适当的实证分析方法，如回归分析、因子分析、案例对比分析等。这有助于深入挖掘案例数据中的内在规律和关联性。

3.结果解读与结论推导：根据实证分析的结果，对文献综述和理论分析中的观点和假设进行验证和解读。最终推导出结论，并对研究问题提出新的见解和建议。

三、专家访谈与问卷调查

进行专家访谈与问卷调查，以获取相关行业的专家、企业从业者和政府部门负责人的观点和看法。具体步骤包括以下几点。

（一）专家访谈

在进行专家访谈时，我们将针对相关领域的专家进行深入地交流和探讨，以获取他们对数字经济影响的认识、看法以及实践经验和建议。具体步骤如下。

1.专家选择：我们将根据研究的领域和问题，选择具有丰富经验和权威地位的专家进行访谈。这些专家可能包括学界的研究者、行业的从业者、政府部门的决策者等。

2.访谈准备：在进行访谈之前，我们将准备好访谈提纲和问题列表，确保能够全面而有针对性地了解专家的观点和看法。同时，也会准备好录音设备或者笔记工具，以便及时记录访谈内容。

3.深入交流：在实际访谈过程中，我们将与专家进行深入交流，就数字经济对商业生态和物流模式的影响机制、发展趋势以及应对策略等方面展开讨论。通过与专家的交流，我们可以获取到丰富的实践经验和前沿见解。

访谈记录与整理：在访谈结束后，我们将整理和分析访谈记录，提炼出专家们的共识和观点，并结合理论分析和案例研究的结果，进行综合分析和总结。

（二）问卷调查

除了专家访谈外，我们还将进行问卷调查，以收集来自企业从业者和政府部门负责人的意见和看法。具体步骤如下。

1.问卷设计：我们将设计问卷，其中涵盖数字经济对商业生态和物流模式的影响、应对策略、发展趋势等方面的问题。问卷设计将充分考虑问题的逻辑性和严谨性，确保能够获取到准确和可靠的数据。

2.样本选择：我们将选择有代表性的企业从业者和政府部门负责人作为调查对象，确保问卷调查的可信度和代表性。样本将根据研究的范围和目的进行合理选择。

3.调查实施：在实施问卷调查时，我们将通过多种渠道（如电子邮件、在线调查平台等）向调查对象发送问卷，并邀请他们参与调查。同时，也会在调查过程中及时跟进和解答调查对象的疑问。

4.数据分析与解读：在收集到足够的问卷数据后，我们将对数据进行统计和分析，提取出有价值的信息和结论。然后，结合专家访谈和其他研究结果，进行综合分析和解读，形成最终的研究结论和建议。

第二章　数字经济概述

第一节　数字经济的定义与特征

一、数字经济的概念

数字经济是继农业经济、工业经济之后的更高级经济阶段，它是以数字化信息和知识作为关键生产要素，以现代信息网络为主要载体，以信息通信技术融合应用、全要素数字化转型为重要推动力，促进包容、创新、高效和可持续发展的新经济形态。简而言之，对于数字经济而言，数据是要素，网络是载体、融合转型是动力。从范畴上说，数字经济包括数字产业化和产业数字化两个方面。数字产业化主要指信息产业的增值，包括基础电信、电子信息产品制造业、软件和信息服务业、互联网产业。产业数字化包括信息技术对其他产业（包括农业、工业和服务业）的贡献。[1]

二、数字经济的本质和含义

从人类经济社会演进的历史长河中审视数字经济，与传统的农业经济、工业经济相比，数字经济的真正内涵体现在以下四个方面。

（一）算力

1.算力在数字经济时代的重要性

在数字经济时代，算力被视为区别于传统农业和工业经济的最直观的表征之一。这一概念的核心是摩尔定律，该定律由英特尔创始人之一戈登·摩尔于20世纪60年代提出。摩尔定律指出，集成电路上可容纳的元器件数目每隔18至24个月将增加一倍，同时性能也将提升一倍，而这一增长是在价格不变的情

---

[1] 王乘栋.探讨共享经济的成因、内涵与商业模式[J].中国战略新兴产业，2018，（24）：23.

况下发生的。这一定律的实现推动了算力的持续提升,为数字经济的发展奠定了基础。

近年来,随着现代信息化技术的迅猛发展,特别是移动互联网、大数据、算法和云计算等领域的进步,算力的提升进一步加速了人类经济向数字化转型的步伐。数字经济时代的算力不仅体现在硬件层面上,更体现在软件和算法的不断创新与优化上。这种持续的算力提升促进了经济活动的数字化、智能化和自动化,极大地提高了生产效率和经济运行效率。然而,我们必须认识到,算力作为一种经济手段,并不能脱离实体经济的基础。虽然数字技术的发展可以极大地提升经济运行效率,但在数字化转型的过程中,实体经济与数字经济的深度融合至关重要。这意味着数字化技术应该被有机地整合到传统的生产和服务过程中,以实现更加全面和可持续的发展。

2. 数字化转型与实体经济的深度融合

数字化转型是未来经济发展的必然趋势,然而,这种转型并不仅仅是简单地将传统经济活动搬到数字平台上。相反,数字化转型应该意味着实体经济和数字经济的深度融合,以创造更高效、更灵活和更具竞争力的经济体系。

第一,数字化技术应该被广泛应用于传统产业中,以提升生产效率和产品质量。例如,制造业可以利用物联网技术实现设备的智能监控和预测性维护,从而降低生产成本和减少生产中断。同时,数字化技术还可以促进供应链的优化和管理,加快物流速度,降低库存成本,提高供应链的透明度和可追溯性。

第二,数字化转型也意味着服务业的全面升级和创新。随着消费者对个性化和定制化服务的需求不断增加,传统服务行业必须借助数字技术实现业务模式的创新和升级。例如,零售业可以通过大数据分析和人工智能技术实现精准营销和个性化推荐,提升顾客满意度和忠诚度。金融业可以利用区块链技术实现安全和透明的金融交易,降低交易成本和风险。

第三,数字化转型还需要政府和企业共同努力,营造良好的数字化环境和生态系统。政府应该加大对数字化技术研发和应用的支持力度,制定相关政策和法规,保护知识产权和数据安全,促进数字经济的健康发展。企业则应该加强内部创新能力建设,加大对数字化技术的投入,培养和吸引优秀的数字化人才,提升企业的竞争力和可持续发展能力。

（二）信力

农业经济和工业经济时代也存在着经济安全问题，但当时人类对技术依赖性不强，经济安全问题的影响范围有限。然而，当前数字经济高级阶段——人工智能时代的来临，使经济对技术的依赖越来越大，经济安全也越来越受到重视。安全问题一旦出现，对人类文明的冲击有可能是致命的。人类在过度依赖技术发展的同时，也给自身造成极大的风险。我们应该谨防技术在发展过程中淘汰人类，成为人类"最后的发明"。比如，埃隆·马斯克就多次发出警告，要关注人工智能发展带来的安全问题，警惕人工智能危害人类文明，甚至毁灭人类文明。

1. 经济安全在数字经济时代的挑战

在农业经济和工业经济时代，虽然存在着一定的经济安全问题，但人类对技术的依赖性相对较低，因此这些问题往往影响范围有限，难以对整个人类文明造成致命性的影响。然而，随着数字经济高级阶段的到来，特别是人工智能时代的到来，经济对技术的依赖程度越来越高，经济安全问题也越来越受到重视。

数字经济时代的特点之一是技术的全面渗透和普及，几乎所有的经济活动都离不开数字技术的支持和应用。例如，电子商务、金融科技、智能制造等领域的快速发展，使得经济系统更加复杂和脆弱，也增加了经济系统遭受安全威胁的可能性。在这种情况下，一旦出现安全问题，其对经济系统和人类文明的冲击可能是致命的，甚至可能导致严重的社会动荡和政治不稳定。数字经济时代的另一个特点是数据的重要性和价值日益凸显。大数据、人工智能、区块链等新兴技术的发展，使得数据成为经济发展和竞争的核心要素。然而，与此同时，数据安全和隐私保护的问题也日益突出，数据泄露或被滥用的情况，一旦出现将对个人、企业甚至国家的经济安全造成严重影响。

因此，数字经济时代的经济安全不仅仅是传统的技术安全和信息安全问题，更是涉及经济系统的稳定性、社会秩序的稳定性以及人类文明的持续发展的根本性问题。为了有效应对这些挑战，需要政府、企业和社会各界共同努力，加强技术创新、加强安全监管、加强国际合作，共同构建数字经济时代的安全保障体系。

2.技术发展与人类安全的平衡

随着数字经济时代的到来，人类面临着前所未有的经济安全挑战，其中最为突出的问题之一就是技术发展可能带来的安全风险。在过度依赖技术发展的过程中，人类很可能面临着被技术淘汰的风险，甚至可能面临着技术成为人类"最后的发明"的潜在威胁。

在人工智能时代，超级智能的出现可能会给人类文明带来巨大的不确定性和挑战。一方面，人工智能的发展可能会极大地提高生产效率和经济增长速度，从而为人类带来更多的福祉和财富。另一方面，人工智能的发展也可能会带来严重的社会和经济问题，如人类就业岗位的减少、社会财富分配的不均等。

埃隆·马斯克等人多次发出警告，要关注人工智能发展可能带来的安全问题，警惕人工智能对人类文明可能造成的危害。例如，超级智能可能会对人类构成意识形态和生存上的威胁，甚至可能导致人类文明的毁灭。因此，我们必须谨慎对待技术发展，平衡技术创新和人类安全之间的关系，确保技术的发展符合人类的长远利益，不会对人类文明造成不可逆转的损害。

在这个过程中，政府、企业、学术界和社会各界应该共同努力，加强对技术发展的监管和控制，促进技术与人类价值观的和谐发展，确保技术的发展符合人类的道德和伦理标准。只有这样，我们才能在数字经济时代实现经济安全和人类安全的双重保障，实现经济的可持续发展和人类文明的长久繁荣。

（三）想象力

1.虚拟空间与数字时代的想象力

在数字时代，虚拟空间成了一个全新的创造场景，为人类的发展提供了核心力量。人类不再仅仅局限于物理空间，而是在数字虚拟空间中开展着多样化的活动。随着数字经济的发展，虚拟空间有可能成为人类主要的生活空间，对人类的想象力、创造力和认知方式产生深远影响。

数字时代的虚拟空间为人类提供了一个全新的生活体验和创造平台。在这个虚拟空间中，人们可以通过虚拟现实技术沉浸式地体验各种场景和情境，创造出与现实世界完全不同的虚拟世界。这种沉浸式体验不仅可以满足人们的娱乐需求，还可以拓展人们的想象力和创造力，激发人们对未来的探索和追求。

此外，虚拟空间还为人们提供了一个自由、开放的交流平台，促进了人与

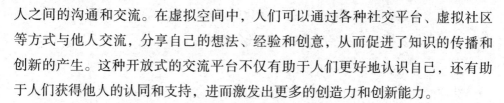

人之间的沟通和交流。在虚拟空间中，人们可以通过各种社交平台、虚拟社区等方式与他人交流，分享自己的想法、经验和创意，从而促进了知识的传播和创新的产生。这种开放式的交流平台不仅有助于人们更好地认识自己，还有助于人们获得他人的认同和支持，进而激发出更多的创造力和创新能力。

2. 数字化转型与虚拟空间中的想象力激发

在推动实体经济和传统产业向数字化转型的过程中，如何有效激发人们在虚拟空间中的想象力显得尤为关键。首先，需要通过模式创新和业态创新，打造出更加开放、自由、创新的虚拟空间生态系统。这意味着要通过技术创新和商业模式创新，打破传统行业的壁垒和束缚，为人们提供更多元化、个性化的虚拟空间体验和服务。其次，需要通过教育和培训等手段，培养和引导人们在虚拟空间中的想象力和创造力。这包括在学校和社会中推广虚拟现实技术和数字创意工具的应用，为人们提供学习和实践的机会，从而培养他们的创造力和创新能力。同时，还需要加强对虚拟空间中知识产权的保护，鼓励人们积极参与虚拟空间的创造和分享，为创意产业的发展提供良好的环境和保障。最后，需要加强虚拟空间与实体经济的融合和互动，促进虚拟空间的想象力和创造力有效地转化为实际的经济价值。这包括鼓励企业在虚拟空间中开展创新实验和营销活动，推动虚拟商品和虚拟服务的发展，为实体经济的数字化转型提供新的动力和支持。这些努力可以有效激发人们在虚拟空间中的想象力，推动数字经济的持续发展和人类文明的进步。

（四）管理力

1. 数字时代管理力的重要性

在数字经济时代，算力、信息力和想象力等因素能否有效发挥，以服务于高质量的经济增长和人类高品质的生活，取决于管理力的发挥。这里的管理力不同于传统意义上的管理能力，而是指算力、信息力和想象力等要素的系统应用，影响着数字世界价值的存储、输入、输出以及各种运算。管理力的发挥不仅决定着数字时代的竞争力，也影响着虚拟世界的"国界线"。

管理力的重要体现在于如何有效地链接物理空间和虚拟空间，使个人既能够认知世界，又能够寻找到广泛认同，并创造和实现价值。这一点至关重要，因为数字时代的技术发展往往会造成一种"分化"，即技术精英获得了巨大的收益，而绝大多数普通人却面临着被边缘化的风险，成为所谓的"无用阶级"。因此，管理力的发挥成为数字时代的核心任务之一。

2.数字时代管理力的应用和挑战

数字时代的管理力不仅仅是简单地应用算力、信力和想象力等要素，而是需要在实践中不断进行系统整合和创新，以满足经济增长和人类生活的需求。管理力的应用主要体现在以下几个方面：首先，需要建立一个健全的数字世界管理体系，包括数据安全、隐私保护、知识产权保护等方面的规范和制度。这样的管理体系能够保障数字世界的稳定运行，防止不法分子对数字世界的侵害，确保数字世界的公平和安全。其次，需要加强数字技术的普及和应用，促进技术与人类生活的紧密结合。这包括推动数字教育、数字医疗、数字政府等领域的发展，为人类提供更加便捷、高效、智能的生活方式，提升人们的生活品质和幸福感。再次，需要加强人才培养和创新能力的提升，培养一批具备算力、信力和想象力等要素的数字化人才，推动数字经济和虚拟世界的发展。这些人才不仅要具备扎实的技术功底，还要具备较强的创新能力和团队合作精神，能够不断推动数字时代的进步和发展。最后，需要加强国际合作和交流，共同应对数字时代的管理挑战。数字世界的发展超越了国界和地域的限制，需要各国共同努力，制定统一的标准和规范，共同维护数字世界的稳定和安全，推动数字经济的健康发展。

三、数字经济的特征分析

（一）数据成为推动经济发展的关键生产要素

1.数据成为关键的生产要素

在数字经济时代，数据作为推动经济发展的关键生产要素，具有独特的特征和重要的作用。首先，相较于农业经济和工业经济时代依赖的土地、劳动、资本和技术等生产要素，数据的生产和获取不再受到物质稀缺性的制约。在数字经济时代，数据的产生和获取主要依赖于人们的活动，在数字化技术的支持下，人们的活动不断产生大量的数据，形成了数据的海量积累。其次，与传统生产要素不同，数据具有可复制和共享的特性。在数字化技术的推动下，数据可以通过复制和共享的方式进行传播和利用，从而实现了数据的多次利用和价值的不断增值。这种可复制和共享的特性打破了传统生产要素的稀缺性制约，为经济发展提供了无穷的发展动力。最后，数据作为推动经济发展的关键生产要素，不仅对企业和国家的竞争力产生着重要影响，也对经济结构和发展模式产生着深远影响。在数字经济时代，企业和国家竞争的核心在于谁能够更好地收集、分析和利用数据，从而获取更多的市场信息，提升产品和服务质量，实现创新和效率的提升。同时，数据驱动的经济发展模式也呈现出更加开放、共享、智能的特点，为经济增长和社会进步带来了全新的机遇和挑战。

2. 数据是经济持续发展的根本保障

在数字经济时代，数据作为推动经济持续发展的根本保障，扮演着经济活动中至关重要的角色。首先，数据的无穷尽生产为经济发展提供了持续的动力和源泉。与土地、劳动等传统生产要素相比，数据的生产不受地域限制，只要有人的活动就会产生数据，因此数据的生产是无穷尽的。这为经济的持续发展提供了重要的保障，使经济能够不断地获得新的动力和增长点。其次，数据的可复制和共享特性打破了传统生产要素的稀缺性制约，为经济的持续发展提供了新的机遇和可能性。在数字经济时代，数据可以通过复制和共享的方式进行传播和利用，实现了数据的多次利用和价值的不断增加。这使得数据的价值不再受到数量和空间的限制，为经济的不断发展提供了更广阔的空间和更大的潜力。最后，数据作为推动经济发展的关键生产要素，不仅为企业和国家的竞争力提供了重要支撑，也为经济结构和发展模式的转型升级提供了新的动力和方向。在数字经济时代，谁能够更好地收集、分析和利用数据，谁就能够更好地把握市场信息，提升产品和服务质量，从而实现创新和效率的提升，推动经济的持续发展和社会的进步。因此，数据作为推动经济持续发展的根本保障，具有不可替代的重要性和价值。

（二）数字基础设施成为新的基础设施

1. 数字基础设施的重要性

在数字经济时代，数字基础设施的发展和应用成为推动经济发展和实现数字化转型的关键。数字基础设施包括无线网络、云计算、宽带、云存储等，它们为数据的存储、传输和处理提供了必要的支持和条件。首先，无线网络和宽带的普及为人们提供了快速的网络连接，使得信息和数据能够快速地在各个地方流通和共享。其次，云计算和云存储为数据的存储和处理提供了便捷和高效的解决方案，降低了企业和个人的运营成本，提高了数据的安全性和可靠性。

2. 数字基础设施的发展与应用

在数字经济时代，加大对数字基础设施建设的投入是实现数字化转型和推动数字经济发展的关键举措之一。政府和企业应当加大投入资金，推动无线网络、云计算、宽带、云存储等信息基础设施的普及和推广，提高数字基础设施的覆盖范围和服务质量。同时，加大对劳动者数字素养的培训也是十分重要的。数字化技术的发展对劳动力素质提出了新的要求，需要人们具备一定的数字技术知识和应用能力。因此，政府和企业应当加强对劳动者的数字素养培训，提升其对数字技术的认知和应用能力，为数字经济的发展提供人才支撑和智力保障。另一方面，利用数字化技术对传统基础设施进行数字化改造也是推动数字经济发展的重要手段。通过在传统基础设施上安装传感器并进行数据采集，可以实现对设施运行状态的实时监测和管理，提高基础设施的智能化水平，提高服务能力和效率。数字化改造可以使得传统基础设施更加适应数字经济时代的需求，为经济的快速发展提供更为可靠的基础支撑。

（三）供给和需求的界限日益模糊

在传统的经济形态中，供给侧和需求侧相互分离。工业化早期物资比较稀缺，需求的满足取决于供给的产品，著名的"萨伊定律""提出供给自动创造"出需求，表达了物质尚为稀缺的时代，供给侧和需求侧之间的关系。即便是经济发展到一定阶段，已基本解决了供给稀缺的问题，完全按照消费者的需求来生产相关产品，在技术和效率层面也不可能实现，供给侧和需求侧分离的关系并没有改变。然而，到了数字经济时代，数字化技术的成熟推动了供给侧和需求侧逐渐走向融合。

1. 传统经济中的供需分离

在传统的经济形态中，供给侧和需求侧通常被视为相互独立的两个方面。这一分离的现象在工业化早期尤为明显，当时物资相对稀缺，需求的满足主要依赖于供给的产品。这种关系的表达被称为"萨伊定律"，它认为供给自动创造需求。在这个时代，生产者独立决定了产品的生产和供给，而消费者则被动地接受市场上可用的产品。即使经济发展到一定阶段，物质稀缺性问题得到了较大程度地解决，供给侧和需求侧的分离现象依然存在。尽管生产过程更加注重满足消费者的需求，但生产者仍然独立于消费者，产品的生产和供给过程并没有完全受到消费者需求的影响。技术和效率方面的进步并没有改变供给侧和需求侧之间的分离关系。

2. 数字经济时代的供需融合

随着数字化技术的成熟和普及，供给侧和需求侧之间的界限逐渐模糊、走向融合成为数字经济时代的一个显著特征。首先，数字化技术的普及使得消费者能够更加直接地参与产品的设计和生产过程。通过互联网和数字平台，消费者可以表达自己的需求和意见，与生产者直接交流，甚至参与产品的协同设计。这种直接的供需交互机制使得生产过程更加灵活和敏捷，能够更快地满足消费者多样化的需求。其次，数字经济时代的个性化定制和即时交付模式进一步拉近了供给和需求之间的距离。通过大数据分析和智能化生产技术，企业能够根据消费者的个性化需求快速调整生产计划，并实现产品的即时交付。这种供需融合的模式使得消费者能够更加灵活地选择和定制产品，同时也提高了企业的生产效率和产品质量。最后，数字经济时代的共享经济模式进一步加强了供需之间的联系。共享经济平台将闲置资源和服务与需求方进行匹配，实现了供需双方的互利共赢。供给方通过共享经济平台将自身的资源和服务提供给需求方，而需求方则根据自身的需求选择合适的资源和服务，形成了一种新的供需互动模式。

第二节　数字技术对商业的影响

一、数字化对商业的影响逐渐深化

数字化对商业的影响是渐进的，从最外侧的媒体到深处的渠道、产品、商业模式，影响的深度越来越大。

（一）第一层：媒体

数字化对商业的影响从最外侧的媒体开始，这一层次主要表现为媒体形式的数字化转型。最初的门户网站是数字化媒体的先驱，随后博客、微博、信息流等新媒体形式的出现进一步加速了数字化媒体的发展。企业若能及早抓住这一变化，充分利用数字化媒体，就能够有效地提升业务的曝光度、知名度和美誉度，为业务的发展打下良好的基础。

1. 数字化媒体的发展历程

（1）互联网时代的媒体先驱

在互联网普及和发展的初期阶段，数字化媒体的雏形开始显现。最初的门户网站如 Yahoo 和 MSN 等成为数字化媒体的先驱者，它们为用户提供了丰富的新闻、信息和电子邮件等服务。这些门户网站的出现标志着传统媒体向数字化媒体的转变，为后来的数字化媒体形式奠定了基础。

（2）社交媒体时代的崛起

随着社交媒体的兴起，博客、微博、信息流等新媒体形式进一步加速了数字化媒体的发展。社交媒体平台如 Facebook、Twitter、Instagram 等为用户提供了更多的互动和参与机会，打破了传统媒体的信息传递方式，实现了信息的即时传播和全球化覆盖。用户可以通过社交媒体平台分享观点、交流信息，形成了全新的数字化社交网络。

（3）移动互联网时代的崛起

随着移动互联网技术的普及和发展，数字化媒体的形式更加丰富和多样化。移动应用程序如微信、抖音、快手等成为用户日常生活中不可或缺的一部分，为用户提供了便捷的信息获取和社交互动平台。移动互联网的普及使得用户可以随时随地通过手机访问数字化媒体，拓展了数字化媒体的使用场景和受众群体。

2. 数字化媒体对企业的影响

企业若能及早抓住数字化媒体的发展趋势，充分利用数字化媒体平台，将能够有效地提升业务的曝光度、知名度和美誉度，为业务的发展打下良好的基础。首先，通过在数字化媒体上进行宣传和广告，企业可以将品牌形象和产品信息传播给更广泛的受众群体，实现品牌曝光和市场推广。其次，数字化媒体平台具有较高的用户参与度和互动性，企业可以通过与用户互动、回应用户反馈等方式建立良好的用户关系，提升用户满意度和忠诚度。最后，数字化媒体平台提供了丰富的数据分析和监测功能，企业可以通过对用户行为和反馈数据的分析，了解用户需求和偏好，优化产品设计和营销策略，提升市场竞争力和盈利能力。

（二）第二层：销售渠道

数字化对销售渠道的影响已经深刻改变了商业的面貌，从传统的实体店铺到线上电商平台，再到移动应用程序和社交媒体，企业拥有了更多元化的销售渠道选择，这不仅为企业带来了新的商机，也为消费者提供了更便捷的购物体验。

1. 销售渠道的数字化

随着互联网的迅速普及，传统的实体店铺渐渐不再是唯一的销售渠道。数字化技术的发展使得企业可以通过在线商城、电子商务平台等数字化渠道向全球消费者销售产品和服务。电子商务平台如亚马逊、阿里巴巴等已经成为全球最大的零售商之一，它们为企业提供了便捷且高效的销售渠道。

2. 多样化的销售渠道

除了传统的电子商务平台，社交媒体等新兴的数字化渠道也开始被企业所利用。企业通过社交媒体平台，企业可以直接与消费者进行互动，提高品牌曝光度和用户参与度，从而促进销售。同时，直播带货等新兴形式也成了一种热门的销售模式，企业通过直播平台进行产品展示和销售，吸引了大量用户的关注和购买。

（三）第三层：产品

数字化时代的来临改变了企业对产品的看法和处理方式。传统，企业往往更注重广告宣传和渠道建设，而对产品本身的品质和创新关注不够。然而，随着数字化的发展，产品已经逐渐成为企业竞争的焦点，对好产品和爆品的重视正在成为企业的关键策略之一。

1. 对产品质量和创新的重视

在数字化时代，产品质量和创新的重要程度愈发凸显，成为企业在竞争激烈的市场中立于不败之地的关键因素之一。这种趋势的背后是数字技术的飞速发展和消费者日益增长的多样化需求，要求企业不断提升产品质量和不断创新以满足市场需求。

第一，优质的产品能够吸引更多的消费者，提升用户体验和满意度，从而增强用户的忠诚度和复购率。在数字化时代，消费者对产品的要求不断提高，他们不仅关注产品的基本功能和质量，还注重产品的创新性、时尚性、个性化定制等方面。因此，企业需要不断提升产品的质量，确保产品具有良好的性能、耐用性和稳定性，以满足消费者的需求并赢得他们的信赖和支持。

第二，不断创新的产品能够使企业在激烈的市场竞争中保持竞争优势，获取更多的市场份额。随着科技的不断进步和市场竞争的日益加剧，企业需要不断推出具有创新性和差异化的新产品，以吸引消费者的注意力并打动他们的心。通过产品创新，企业可以开拓新的市场空间，满足不同消费群体的需求，提升产品的附加值和市场竞争力，从而获取更多的市场份额并实现可持续发展。

因此，为了在数字化时代脱颖而出，企业开始将更多的资源和精力投入到产品研发和设计中，不断追求产品质量的提升和创新的突破。他们加大了对技术研发的投入，积极引进先进的生产设备和工艺，加强了与供应商和合作伙伴的合作，以确保产品的质量和创新水平能够达到或超越市场的期望。在这个过程中，企业不断吸收消费者的反馈和市场的信息，及时调整产品设计和研发方向，以保持与市场的契合度和竞争优势。

2. 用户体验的提升

在数字化时代，用户体验的提升成为企业竞争的核心。数字化产品不仅仅是简单的商品，而且注重与用户的互动和体验，通过数字化技术实现了个性化、定制化和智能化。这种趋势的背后是数字化技术的广泛应用和用户对个性化、便捷化需求的不断增长。首先，数字化技术使企业能够更好地了解用户的需求和偏好，根据用户反馈进行产品改进和优化，从而提升用户的满意度和体验感。通过数据分析和人工智能等技术，企业可以收集和分析大量用户数据，了解用户的行为模式、偏好和需求，为产品的设计和优化提供参考依据。基于用户数据和反馈，企业可以及时调整产品功能、界面设计、用户交互等，使产品更加符合用户的期待，提升用户的使用体验和满意度。[1] 其次，数字化技术为企业提供了更多与用户互动的方式，如社交媒体、在线客服等，加强了企业与用户之间的沟通和联系。通过社交媒体平台，企业可以与用户建立直接的沟通渠道，了解用户的意见和建议，及时回应用户的需求和反馈。同时，通过在线客服系

---

[1] 易加斌，徐迪，王宇婷，等. 学习导向、大数据能力与商业模式创新：产业类型的调节效应 [J]. 管理评论，2021（12）：137-151.

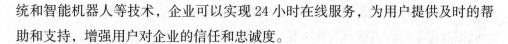

统和智能机器人等技术，企业可以实现 24 小时在线服务，为用户提供及时的帮助和支持，增强用户对企业的信任和忠诚度。

3. 创新驱动的发展

数字化对产品和服务的影响使得企业必须不断进行技术、产品和商业模式的创新，以适应市场的变化和消费者的需求。首先，技术创新是数字化时代企业发展的核心。随着科技的不断进步，新兴技术如人工智能、大数据分析、物联网等已经成为企业创新的重要驱动力。企业通过引入这些新技术，不断改进现有产品或开发新产品，提高产品的智能化、定制化和个性化水平，满足消费者不断变化的需求。例如，智能家居产品的兴起就是利用物联网技术，实现了家居设备的智能化控制和互联互通，极大地提升了用户的生活品质。其次，产品创新是企业保持竞争优势的重要手段。在数字化时代，产品不仅仅是简单的商品，而且注重与用户的互动和体验。因此，企业需要不断改进产品的设计、功能和性能，提升产品的质量和用户体验，以吸引更多消费者并保持用户的忠诚度。通过产品创新，企业能够在激烈的市场竞争中脱颖而出，获取更多的市场份额。此外，商业模式创新也是数字化时代企业发展的重要策略。传统的商业模式已经不能适应数字经济时代的发展需求，因此，企业需要不断调整和优化商业模式，寻找新的盈利点和增长机会。例如，共享经济模式的出现颠覆了传统的生产和消费模式，它通过共享平台和共享资源，为消费者提供了更加便捷、经济、环保的服务方式，推动了数字经济的健康发展。

（四）第四层：商业模式

数字化时代的到来彻底改变了商业模式，促使许多传统行业进行了颠覆性的变革，同时也催生了许多新兴行业和商业模式。在这一过程中，数字化技术发挥了重要的作用，使得原本不可能的商业模式成为可能，推动了商业生态系统的快速演进。

1. 商业模式的数字化转型

数字化技术的广泛应用已经成为推动传统企业进行商业模式数字化转型的重要动力。这种转型不仅是对技术的应用，更是对商业运营方式的全面升级和优化。通过数字化技术，企业能够更好地理解市场需求和用户行为，从而实现商业模式的数字化转型。首先，数字化技术带来了更快的市场反应速度和更高的决策效率。传统企业常常受限于繁琐的手工操作和复杂的流程，导致决策效率低下和市场反应迟缓。而数字化转型使得企业能够借助数据分析、人工智能等技术，实现对市场情况的实时监测和分析，快速做出决策并迅速调整策略，以适应市场的变化和竞争。其次，数字化转型能够优化供应链管理和客户关系管理。传统企业的供应链管理往往面临信息不对称、数据孤岛等问题，导致生产计划不精准、库存管理不合理等情况。而数字化技术的应用能够实现供应链的可视化、智能化管理，通过物联网、区块链等技术实现供应链的端到端管理，提高供应链的效率和灵活性。同时，数字化技术还能够帮助企业建立全面、精准的客户画像，通过数据分析和个性化营销等手段，实现客户关系的精细化管理，提升客户满意度和忠诚度。此外，数字化转型还能够实现商业流程的智能化和自动化。传统企业的商业流程往往存在繁琐的手工操作和重复的劳动，效率低下且容易出错。而数字化技术的应用可以实现商业流程的自动化，通过工作流程管理、人工智能等技术实现业务流程的智能化和自动化，从而提高工作效率、降低运营成本，并减少人为错误的发生。

2. 新兴商业模式的涌现

数字化技术的快速发展催生了一系列新兴商业模式，这些模式以它们独特的特点和优势，正在重塑着整个商业景观。其中，共享经济是一个备受关注的领域，它通过在线平台将资源共享给用户，如共享单车、共享汽车、共享办公空间等。这种模式使得闲置资源得到最大化利用，实现了资源的共享和优化配置，为消费者提供了更加灵活和经济的选择。[1]

电子商务是数字化时代的另一个重要商业模式，它已经成为传统零售业的主要竞争力量。通过电子商务平台，消费者可以随时随地购买所需商品，实现了线上线下的无缝连接。电子商务不仅提高了购物的便利性和效率，还为企业提供了更广阔的市场和更精准的营销手段，推动了商业活动的全球化和普惠化。

物联网技术的发展也催生了新的商业模式，其通过将各种设备和物品连接到互联网上，实现了设备之间的智能交互和信息共享。智能家居、智慧城市、智能工厂等领域的应用，为人们的生活、工作和生产带来了巨大的便利和效益，成为数字化时代的新兴商业机遇。

区块链技术作为一种分布式账本技术，正在催生着新的商业模式和商业应

[1] 杨志超，付睿臣 . 国资背景大数据公司商业模式研究 [J]. 广东经济，2021（12）：16-19.

用。其去中心化、安全性高和透明性强的特点，使其在金融、供应链管理、知识产权保护等领域展现出了巨大的潜力。例如，区块链技术可以用于构建去中心化的数字货币系统，实现跨境支付和资产交易的便捷和安全，也可以用于建立可追溯的供应链管理系统，保障产品质量和安全。

3. 新资本模式的涌现

数字化时代的来临不仅催生了新的商业模式，也带来了全新的资本模式，这些模式以它们的灵活性和高效性，为创新企业提供了更广阔的发展空间。其中，风险投资是最具代表性的新资本模式之一，它通过向高风险、高回报的初创企业提供资金支持，帮助这些企业实现快速成长。风险投资机构通过对潜在投资项目的尽职调查和风险评估，选择有潜力的创业项目进行投资，成为推动创新和科技发展的重要力量。另外，天使投资也是数字化时代的新兴资本模式之一。天使投资者通常是富裕的个人或高净值群体，他们愿意投资于早期阶段的创业企业，并提供资金、经验和资源支持，帮助企业实现初创阶段的发展和成长。与传统的风险投资相比，天使投资更加灵活和个性化，投资者往往更加注重创业者的个人素质和项目的潜力。此外，众筹作为一种集体筹资的方式，也成了数字化时代创新企业的重要融资途径。通过在线平台，创业者可以向广大公众募集资金，实现项目的启动和发展。众筹不仅为创业者提供了资金支持，还可以借助社交网络和网络传播，快速扩大项目的知名度和影响力，凝聚粉丝和支持者的力量，从而加速项目的推进和落地。

二、互联网深刻影响商业模式

（一）极低的可变成本

1. 高固定成本

互联网业务的运营通常需要进行大规模的投资，以建立和维护基础设施、技术平台和人才队伍。这些投资形成了互联网企业的固定成本，包括服务器设备、数据中心、软件开发、网络安全和人力资源等方面的支出。这些固定成本的投入对企业的经营具有长期性和不可逆性，往往需要较长的时间才能实现回报。

第一，互联网企业需要投入大量资金来建立和维护庞大的服务器设备和数据中心。这些设施是支撑互联网业务运行的基础，需要不断进行更新和维护以保证其稳定性和可靠性。服务器设备的购置和维护成本较高，而且随着业务规模的扩大，需求量也会不断增加，这进一步加大了固定成本的压力。

第二，互联网企业需要投入大量资源进行软件开发和技术平台的建设。在数字化时代，软件开发是互联网企业核心竞争力的体现，因此需要投入大量的人力、物力和财力来研发和维护各种应用程序和技术平台。这些投资不仅包括软件开发人员的工资和福利，还包括软件开发工具、测试设备、研发环境等方面的支出，这使得软件开发成本成为企业的重要固定支出。

第三，互联网企业还需要投入大量资源来确保网络安全和实现数据保护。随着互联网业务规模的扩大和数据量的增加，网络安全和数据保护成为企业不可忽视的重要问题。企业需要投入大量资金来购买和维护网络安全设备和软件，雇用专业人员进行网络安全监控和漏洞修复，以及制定和实施严格的数据保护政策和措施，保障用户数据的安全和隐私。

第四，互联网企业需要投入大量资源来招聘和培养人才队伍。人力资源是互联网企业发展的重要支柱，而招聘和培养人才需要付出巨大的成本。企业需要支付人力资源管理人员的薪酬和福利，提供员工培训和职业发展机会，以及建立良好的企业文化和员工福利制度，以留住人才并提升员工的工作效率和满意度。

2.极低可变成本

可变成本是指与每个额外用户或交易相关的成本，这些成本随着业务规模的增长而变化。在互联网业务中，这些可变成本通常非常低廉，甚至可以忽略不计，这主要得益于互联网技术的高度可扩展性和自动化程度。

第一，互联网业务的极低可变成本得益于基础设施的高度自动化和可扩展性。云计算技术的发展使得企业可以根据实际需求灵活地调整服务器资源，而无需购买昂贵的物理服务器。云服务提供商如 Amazon Web Services（AWS）、Microsoft Azure 和 Google Cloud Platform（GCP）等提供了强大的基础设施支持，企业只需按照实际使用量付费，大大降低了服务器运行费用和带宽费用。

第二，电子商务交易的低成本也是互联网业务可变成本的重要组成部分。与传统零售业务相比，互联网电子商务的交易手续费通常较低，而且往往是按照每笔交易的一小部分计算，这意味着随着交易规模的增长，交易成本也只会相对增长，而不是呈现线性增长趋势。此外，随着支付技术的不断发展和普及，电子支付手续费也越来越低，进一步降低了互联网交易的成本。

第三，互联网业务的自动化程度也大大降低了可变成本。自动化技术的应用使得许多业务流程可以自动化执行，无需人工干预，从而节省了人力成本。例如，在电子商务平台上，订单处理、库存管理、客户服务等环节都可以通过自动化系统进行处理，大大降低了相关的可变成本。

3.行业集中度的增加

规模经济效应指的是企业在生产过程中，单位成本随着产量的增加而递减的现象，即规模越大，单位产品的生产成本越低。在互联网业务中，固定成本占据了较大比例，例如服务器设备、软件开发、网络安全等方面的投入，这些固定成本并不随业务规模的扩大而线性增长。

由于规模经济效应的存在，头部企业能够利用规模优势降低单位产品的生产成本，从而获得更大的市场份额。这使得行业内的竞争者往往是少数头部企业，它们能够通过规模效应在价格上具备竞争优势，吸引更多的用户和客户。这些头部企业通常拥有强大的资金和技术实力，能够进行持续的创新和市场投入，进一步巩固其在行业内的地位。

相反，规模较小的企业由于无法承担高昂的固定成本，往往面临着较大的竞争压力。它们因为无法享受到规模经济效应带来的成本优势而难以与头部企业竞争。这些规模较小的企业可能会面临生存挑战，甚至被市场所淘汰。由于互联网行业进入门槛相对较低，新进入者不断涌现，导致了竞争的加剧和市场的洗牌，进一步增加了小企业的生存压力。

（二）地理壁垒被打破

在传统经济中，地理壁垒常常是行业竞争的一道重要障碍，限制了企业的扩张和市场进入。然而，在互联网时代，这种地理壁垒的存在已经变得不再那么具有决定性，而互联网的无国界性更加突出了商业竞争的全球性特征，进一步加剧了行业竞争的激烈程度，也促使了行业的集中化趋势。

1.互联网的无国界性

互联网超越了地域的限制，将世界各地的人们连接在一起，实现了信息、资金和商品的自由流动。这种无国界性的特点使得互联网企业在开展业务时不再受到地理位置的束缚，可以轻松跨越地域边界，进入不同国家和地区的市场。首先，互联网的无国界性打破了传统行业所依赖的地理壁垒。传统产业通常受制于地理位置和物流成本，限制了企业的扩张和市场触达范围。然而，互联网的出现改变了这一局面，企业可以通过网络渠道直接与全球用户进行交流和交易，无需设立实体门店或物流通道，大大降低了进入新市场的门槛。其次，互联网的无国界性为企业提供了更广阔的发展空间。传统企业往往需要面对当地市场的竞争和局限，而互联网企业则可以通过在线平台覆盖全球各地的用户，拓展更广阔的市场。这使得企业在业务拓展和品牌推广方面更加灵活，有机会实现更快速的增长和扩张。再者，互联网的无国界性加速了全球化进程。随着互联网的普及和发展，各国之间的联系和交流更加紧密，文化、商业和经济的交流日益频繁。这种全球化趋势推动了国际的合作与竞争，促进了资源的优化配置和价值的共享，有利于推动世界经济的发展和繁荣。

2. 互联网商业的全球竞争

随着互联网的普及和发展，全球范围内的企业竞争日益激烈，互联网商业也逐渐成为一个全球性的竞技场。在这个竞技场上，企业的竞争力更多地取决于其创新能力、产品质量和服务水平，而不再受到地理位置的限制。这种全球竞争的特点使得行业内的优势企业能够更好地获得市场份额，加剧了行业的集中化趋势。首先，互联网的全球竞争使得企业需要不断提升自身的竞争力。在全球范围内，企业必须面对来自不同地区的竞争对手，只有具备核心竞争力的企业才能在激烈的竞争中脱颖而出。这种竞争压力迫使企业不断创新，提升产品质量和服务水平，以满足全球用户的需求。其次，互联网的全球化使得企业可以更广泛地触达全球市场。传统企业的市场覆盖范围受到地理位置和物流成本的限制，而互联网的出现打破了这种限制，使得企业可以通过在线平台覆盖全球各地的用户。这为企业提供了更大的市场空间，也加速了行业内市场份额的重新分配。另外，互联网的全球竞争也推动了国际合作与竞争。在全球化的背景下，企业之间的合作和竞争更加频繁和紧密，国际的企业互动不断加深。这种合作与竞争的模式促进了资源的优化配置和价值的共享，有利于推动全球经济的发展和繁荣。

3.互联网商业的残酷性和集中化

互联网商业的残酷性和集中化现象是互联网发展的必然结果，其根源在于互联网的全球性、无国界性以及技术进步的快速推动。这种残酷性体现在竞争的激烈程度以及市场的集中程度上，这两者相互作用，加剧了行业的竞争和企业的生存压力。首先，互联网商业的无国界性使得企业不再受到地理位置的限制，可以轻松跨越地理边界进入不同国家和地区的市场。这意味着企业面对的竞争对手更加多样化，来自全球范围内的竞争者将会争夺相同的市场份额。这种全球化竞争使得企业必须具备更强大的竞争力和更高的生产效率，否则很容易被市场所淘汰。其次，随着互联网技术的发展和普及，市场上的头部企业往往能够通过规模效应获取更大的市场份额，形成一种寡头垄断的趋势。这些头部企业拥有雄厚的资金实力、先进的技术平台以及广泛的用户基础，能够在市场竞争中占据优势地位。相比之下，规模较小的企业往往难以与之竞争，面临着生存的困境，甚至被迫退出市场。此外，互联网商业的集中化还表现在市场份额的不均衡分配上。少数头部企业垄断了市场的主要份额，而大部分企业只能在市场的边缘徘徊，难以获得足够的市场份额和利润空间。这种市场份额不均衡导致了行业内部的竞争日益激烈，中小型企业难以生存，行业的竞争格局逐渐趋向于集中化。

（三）场景流程的缩短、合并

传统商业的流程通常包含多个环节，从用户的初次接触到最终成交，需要经过一系列繁琐的步骤和转化链条。然而，随着互联网的发展和直播等新兴形式的兴起，商业场景流程开始变得更加简洁、高效，甚至出现了流程的合并和即时成交的现象。

1.场景流程缩短的原因

传统商业流程繁琐的原因主要包括信息不对称、交易环节复杂等，而互联网的普及和技术发展打破了这些限制，使得场景流程缩短：

（1）信息透明度提高

随着互联网的普及，信息的传播和获取变得更加便捷和即时化。搜索引擎、社交媒体等平台为用户提供了丰富的信息资源，用户通过简单的搜索或浏览即可了解产品的特点、价格、用户评价等关键信息。与传统商业相比，互联网时代的信息透明度大大提高，消费者不再受制于信息不对称的问题，能够更加准确地评估产品和服务的价值，从而加速了购买决策的过程。

（2）移动端普及

随着智能手机和移动互联网技术的普及，用户可以随时随地通过手机进行购物和交易。移动应用提供了便捷的购物体验，用户无需再受限于传统的实体店营业时间和地点，可以在家、办公室，甚至是在公共交通工具上就能完成购买行为。这种随时随地的购物便利性加速了用户对产品的了解和购买决策，从而缩短了整个购买流程的时间。

（3）用户体验优化

互联网企业通过不断优化用户体验，简化购买流程，提高了用户在网上购物的便利性和舒适度。例如，通过简化注册流程、提供快速支付选项、实现一键下单等方式，用户能够更加快速、轻松地完成购买行为。同时，互联网企业还通过个性化推荐、购物车提醒等功能，引导用户更加准确地选择和购买产品，进一步缩短了购买流程。这种用户体验的优化不仅提升了用户满意度，也加速了用户的购买决策过程。

2. 场景流程合并的方式

在一些新兴形式的商业场景中，场景流程的合并成为可能，主要通过以下方式实现。

（1）直播电商

直播电商是一种将产品展示和销售环节合并在一起的新型商业形式。通过直播平台，主播可以实时展示商品的特点和使用方法等信息，并与观众进行互动。在直播过程中，主播可以直接向观众介绍商品，并提供购买链接或二维码，观众可以通过点击链接或扫描二维码直接进入购买页面，完成购买行为。这种形式将产品展示和销售过程合二为一，消除了传统电商中分离的展示和购买环节所带来的购买决策周期，使得用户可以在直播间内即时完成购买，实现了流程的合并和即时成交。

（2）社交电商

社交电商是一种将社交和购物环节结合在一起的商业模式。在社交平台上，用户可以通过浏览好友的推荐或评论了解到各种商品的信息和优势。一些社交平台也提供了直接购买的功能，用户可以直接点击商品链接或购买按钮，进入购买页面进行交易。有些社交电商平台还引入了社交化的购物体验,例如开展社群拼购、邀请好友参与购物等活动,加强了用户之间的互动和购物体验。这种形式实现了从社交到购买的无缝连接,使得用户在社交平台上即可完成购买行为,将购物过程与社交体验紧密结合在一起。

3. 场景流程的影响与展望

场景流程的缩短和合并对商业模式和行业格局产生了深远影响。

(1)商业模式创新

传统企业面临的首要挑战是如何借鉴互联网企业的经验,加快数字化转型和用户体验优化,以适应场景流程缩短和合并的趋势。在传统商业模式下,传统企业通常存在着信息不对称、交易环节繁琐等问题,导致了整个购物流程的低效率和用户体验不佳。为了应对这一挑战,传统企业需要积极探索新的商业模式,重点优化客户接触点,简化购物流程,提升用户体验。例如,通过引入直播电商和社交电商等新型商业形式,将产品展示和销售环节合并在一起,加快用户购买决策的速度,提升购物体验的便捷性。同时,传统企业还需要加大对数字化技术和人才的投入,建设更加智能化、便捷化的电子商务平台,为消费者提供更好的购物体验,提高企业的竞争力和市场占有率。

(2)行业格局重构

场景流程的缩短和合并也将对行业格局产生深远的影响,互联网企业和新兴形式的商业模式逐渐占据主导地位,传统企业面临着转型和生存的挑战。随着互联网的普及和数字化技术的发展,越来越多的新兴企业和创业者进入市场,他们依托互联网平台以及直播电商、社交电商等新型商业模式迅速崛起,挑战着传统企业的地位。传统企业如果不能及时调整战略,跟上行业的发展步伐,就很可能会被市场淘汰。相反,那些能够灵活应对市场变化,加强技术创新和产品创新的企业,将会在新的竞争格局中脱颖而出,占据行业的主导地位。

(四)基础服务支持丰富的交易结构

互联网时代的商业模式在推广、沟通、支付、交付等基础服务上发生了巨大的改进和创新。传统的交易模式被拓展和丰富,实施成本大幅降低,为商业活动提供了更多的便利和灵活性。

1. 推广和沟通的改进

互联网时代推广和沟通的方式发生了翻天覆地的变化，主要体现在以下几个方面。

（1）社交媒体平台

社交媒体平台已经成为企业推广和沟通的主要渠道之一。这些平台如 Facebook、Instagram、微信等，拥有庞大的用户群体，为企业提供了与用户直接交流和互动的机会。通过在社交媒体上发布产品信息、分享公司动态、举办线上活动等方式，企业能够实现信息的快速传播和用户的精准触达。与传统媒体相比，社交媒体的优势在于其互动性和即时性，用户可以随时随地与企业进行互动，提出问题、提供反馈，从而增强了用户参与感和忠诚度。

（2）搜索引擎优化（SEO）

SEO 技术是一种通过优化网站内容和结构，提高网站在搜索引擎结果页面的排名，从而增加网站流量和曝光率的方法。在互联网时代，搜索引擎已经成为人们获取信息的主要渠道之一，因此，企业需要重视 SEO，使自己的网站在搜索结果中获得更高的排名。通过优化关键词、发布优质内容、增加外部链接等方式，企业可以提高网站的搜索可见性，吸引更多的潜在客户。SEO 不仅可以提高企业的品牌曝光度，还可以降低营销成本，提高转化率，是一种非常有效的推广和沟通方式。

2. 支付方式的多样化

互联网时代支付方式的多样化使得用户可以选择更适合自己的支付方式进行交易。

（1）电子支付

电子支付是利用电子通信技术和数字化货币进行的支付方式，已经成为人们日常生活中的主流支付方式之一。主要的电子支付工具包括支付宝、微信支付、Apple Pay 等，它们通过手机、电脑等设备，提供了便捷、安全的支付服务。

①支付宝（Alipay）

支付宝是中国领先的第三方支付平台，于 2004 年由阿里巴巴集团推出。用户可以通过支付宝进行线上和线下的支付，它支持多种支付方式，包括余额支付、银行卡支付、扫码支付等。支付宝还提供了诸多增值服务，如转账、水电煤缴费、信用卡还款等，满足了用户的多样化支付需求。

②微信支付（WeChat Pay）

微信支付是腾讯公司推出的移动支付服务，用户可以通过微信 App 进行支付操作。微信支付支持多种场景的支付，包括线上购物、线下商户支付、公共服务缴费等。用户可以通过扫码、输入商户号、语音命令等方式完成支付，实现了支付的快捷和便利。

电子支付的优势在于其便捷性、安全性和实时性。用户无需携带现金，只需使用手机或电脑，即可完成支付操作。此外，电子支付平台采用了多重安全措施，如支付密码、指纹识别、人脸识别等，保障了用户的资金安全。电子支付还提供了交易记录的查询功能，方便用户随时了解自己的消费情况，有助于理财和消费管理。

（2）虚拟货币支付

虚拟货币是一种基于区块链技术的数字化货币，其支付方式具有匿名性、去中心化和跨国性等特点。

①比特币（Bitcoin）

比特币是最早的一种区块链数字货币，于 2009 年由中本聪提出。比特币的支付方式是通过区块链网络进行的，用户可以在任何时间、任何地点进行支付，无需经过银行或中介机构。比特币支付具有匿名性和去中心化的特点，用户可以通过私钥进行交易，保障了支付的隐私和安全。

②以太坊（Ethereum）

以太坊是一个开放式区块链平台，提供了智能合约功能，用户可以通过以太坊平台进行资产交换和智能合约执行。以太坊不仅支持以太币（Ether）的支付，还支持基于以太坊平台发行的各种代币，如 ERC-20 代币。用户可以通过以太坊钱包进行支付操作，这实现了虚拟货币的多样化支付。

3. 交付方式的改进

互联网时代的交付方式也得到了极大的改进和优化。

（1）快递配送服务

快递配送服务在互联网时代得到了极大的发展和普及，成为商品交付的主要方式之一。

①普及和提速

随着互联网时代的到来，快递配送服务得到了广泛的普及和提升。各大快递公司不断提升服务水平和配送效率，加大了配送网络的建设和覆盖范围，使得商品能够在最短的时间内送达用户手中。通过在线下单、实时跟踪等功能，用户可以方便地了解包裹的配送情况，提高了用户购物的满意度和体验感。

②多样化的服务

快递配送服务不仅提供了标准的配送服务，还推出了多样化的增值服务。例如，用户可以选择定时配送、定点取件、电子签收等服务，根据个人需求定制配送方案。同时，一些快递公司还提供了即时配送、次日达等特快服务，满足了用户对于配送速度的迫切需求。

③绿色环保

随着社会环保意识的提高，快递配送服务也开始向着绿色环保方向发展。一些快递公司采用电动车、新能源车等环保交通工具进行配送，同时优化配送路线和物流网络，降低了能源消耗和碳排放，实现了绿色可持续发展。

（2）智能物流技术

智能物流技术在互联网时代得到了广泛应用，为物流运输提供了更高效、更智能的解决方案。

①物联网技术

物联网技术在智能物流中发挥着重要作用，它通过传感器、RFID等设备实现了货物的实时监控和追踪。物联网技术可以实现对货物运输过程中的温度、湿度、位置等信息的监测和管理，确保货物的安全和完整性。

②人工智能技术

人工智能技术在智能物流中扮演着关键角色，它通过数据分析、预测算法等手段实现了智能化的物流运输管理。人工智能技术可以对物流网络进行优化，提高运输效率和配送速度；同时，还可以实现智能调度和路径规划，降低物流成本和提高服务质量。

③无人配送技术

随着技术的不断发展，无人配送技术成为智能物流的新趋势。无人配送技术通过自动驾驶车辆、无人机等载具实现了货物的自动配送和送货上门，减少了人力成本和配送时间，提高了配送效率和服务水平。

第三节 数字经济与商业生态的关系

一、数字经济如何塑造和重构商业生态

（一）商业生态重构

数字经济的发展深刻地重构了商业生态，引发了产业链和价值链的重组和优化，以及新型商业生态的形成。

1. 产业链和价值链重组

数字经济的崛起对传统产业链和价值链进行了深刻的重组和优化，推动了整个商业生态的演变和升级。

（1）生产方式与经营方式的变革

传统产业面临着数字化转型的压力，数字经济的发展使得企业不得不重新审视其生产和经营方式。通过数字化技术的应用，企业可以实现生产过程的智能化管理和优化，例如生产流程的自动化、智能化仓储和物流等，从而提高生产效率和降低成本。

（2）供应链管理的升级

数字经济的发展推动了供应链管理的升级和优化。通过信息化技术的应用，企业可以更好地管理供应链上的各个环节，实现原材料采购、生产计划、库存管理和物流配送的精准化和高效化。供应链上下游之间的信息共享和协同合作得以加强，形成了更加稳定和高效的供应链体系。

（3）价值链的重新定义

数字经济的发展重新定义了价值链的概念和内容。传统的价值链主要包括生产、分销、销售等环节，而数字经济则将价值链延伸到了更加广阔的范围，包括用户体验、数据分析、个性化服务等。企业通过数字化技术的运用，将用户需求置于价值链的核心位置，通过数据驱动和个性化服务来实现价值的最大化。

2. 以平台为核心的新型商业生态

数字经济时代，以互联网平台为核心的新型商业模式不断涌现，成为商业

生态重构的重要推动力量，其具体表现如下：

（1）资源整合和链接

以平台为核心的新型商业生态通过整合各类资源，如人力资源、技术资源、信息资源等，实现了资源的高效配置和共享利用。平台通过构建开放式的商业生态系统，实现了需求方和供给方的精准链接，为企业和个人提供了创新、创业的平台和机会。

（2）开放性和共享性

一些新型商业平台具有开放性和共享性的特点，吸引了各方参与和合作。通过开放的接口和数据共享机制，平台与各类生态合作伙伴实现了共赢发展，共同推动了商业生态的健康发展。

（3）数字平台公司的崛起

以阿里巴巴、腾讯等为代表的数字平台公司成为新型商业生态的核心。这些公司通过打造全球化的数字平台，链接了海量用户和丰富资源，推动了商业模式的创新和产业的升级。他们不仅为企业提供了便捷的销售渠道和服务平台，也为消费者提供了更丰富的购物体验和服务选择。

（二）多方合作共赢

数字经济时代，企业之间形成了更加紧密的合作关系，通过开放式创新、共享资源和共建生态系统，实现多方合作共赢的局面。

1. 开放式创新

数字经济时代，开放式创新成为企业间合作的一种重要模式，为多方合作共赢提供了新的契机和动力。

（1）跨界合作与创新

在数字经济的背景下，企业不再局限于自身的边界，而是愈发重视与行业内外的合作伙伴进行跨界合作。通过与供应商、客户、科研机构等多方合作，企业可以汇聚更多的创新资源和技术支持，实现产品、服务和商业模式的创新。例如，一些科技公司与传统行业合作推动智能化生产，医药企业与科研机构合作进行药物研发，它们共同推动了行业的技术进步和商业模式创新。

（2）开放式创新平台

为促进开放式创新，许多企业建立了开放式创新平台，提供开放的接口和数据共享机制，吸引了更多的合作伙伴参与创新活动。这些平台为企业间的合作提供了更加便捷和高效的方式，加速了新技术、新产品的研发和应用，推动了产业的发展和升级。

（3）共同解决行业挑战

开放式创新不仅可以促进企业间的竞争，还能够共同解决行业面临的挑战。例如，在智能制造领域，企业可以共同研发智能设备和生产工艺，提高生产效率和产品质量；在医疗健康领域，企业可以共同开展医疗数据的共享和分析，加速疾病诊断和治疗的进程。这种共同解决行业挑战的合作模式有助于提高整个行业的竞争力和创新能力。

2. 共享资源

数字经济时代，共享资源成为企业间合作的重要方式之一，为多方合作共赢提供了新的机遇和可能性。

（1）数据共享

在数字经济时代，数据被视为一种重要的生产要素，企业之间开始重视数据的共享和交换。通过数据共享，企业可以获取更加全面和准确的市场信息和用户需求等数据，为产品开发、营销策略等方面提供有力支持。例如，一些电商平台将用户行为数据与商家共享，帮助商家更好地了解用户需求，优化产品和服务。

（2）技术共享

企业之间也开始重视技术的共享和交流，技术共享可以加速创新和产品迭代的速度。一些大型科技公司开放了自身的技术平台，与中小企业共享技术资源，帮助其提升技术水平和产品竞争力。同时，一些科研机构也与企业合作，共同开展技术研发和创新项目，促进了科技成果的转化和应用。

（3）人才共享

人才是企业创新和发展的重要驱动力，数字经济时代，企业之间开始进行人才的共享和交流。通过人才共享，企业可以借助外部人才的力量，弥补内部人才的不足，加速创新和发展的步伐。一些企业建立了人才共享平台，提供人才招聘、培训等服务，为企业和个人提供了更多的合作机会。

3. 共建生态系统

在数字经济时代，共建生态系统成为企业间合作的重要方式，为多方合作共赢提供了新的路径和模式。

（1）产业链上下游合作

企业之间通过共建生态系统，实现了产业链上下游之间的紧密合作和价值共享。通过与供应商、客户等合作伙伴共同构建生态系统，企业可以实现资源的优化配置和价值的最大化释放。例如，一些制造业企业与供应商共建数字化供应链平台，实现了供需信息的实时共享和协同生产计划的制定，提高了供应链的效率和灵活性，降低了库存成本和生产周期。

（2）跨界合作生态圈

在数字经济时代，企业之间开始形成跨界合作的生态圈，不同行业、不同领域的企业共同构建生态系统，实现多方合作共赢。例如，一些科技公司与传统行业合作推动智能化转型，通过技术创新和资源整合，共同开发智能化产品和服务，拓展市场空间，实现了跨界合作的良性循环。

（3）生态合作伙伴关系

共建生态系统促进了企业之间生态合作伙伴关系的形成，建立了更加紧密和稳固的合作关系。企业在共建生态系统中共享资源、共担风险、共享利益，形成了相互依存、互利共赢的合作伙伴关系。这种合作伙伴关系不仅推动了企业间合作的深度和广度，还为企业未来的发展奠定了坚实的基础。

二、商业生态与数字经济的相互作用和影响

（一）商业生态对数字经济的支撑

商业生态对数字经济的发展起到了重要支撑作用，主要体现在以下几个方面。

1. 生态环境营造

商业生态的营造是数字经济发展的基石，它涵盖了政府政策、市场机制和社会环境等多个方面，为数字经济的健康发展提供了坚实的基础和支持。

第一，政府在商业生态的营造中扮演着重要角色。政府通过制定相关政策法规，为数字经济产业链的完善和创新发展提供了方向和保障。例如，政府鼓

励数字经济的创新和发展，推动新技术、新产业、新业态的孵化和成长。同时，政府还加大了对知识产权的保护力度，为数字经济企业提供了良好的创新环境和法律保障。政府的政策支持和法律保障为数字经济的发展提供了有力保障，促进了数字经济产业链的健康发展。

第二，市场环境的开放和竞争也是商业生态营造的重要因素。市场机制的开放与竞争激励了企业的创新和竞争力，促进了数字经济的市场扩张和品牌建设。数字经济时代，市场竞争愈加激烈，企业必须不断提升自身核心竞争力，提供更优质的产品和服务，以满足消费者日益增长的需求。开放的市场环境为企业提供了更广阔的发展空间，鼓励了更多企业积极投身到数字经济的发展中来，推动了数字经济市场的繁荣和壮大。

第三，社会环境的变迁和消费者需求的提升也推动了数字经济的不断迭代和升级，培育了数字经济新兴业态和消费模式的形成。随着社会经济的发展和科技进步，人们对生活品质和消费方式的需求发生了深刻的变化，消费者对产品和服务的需求也发生了巨大的变化，个性化、便捷化、体验化的消费需求不断增长。数字经济通过创新科技和商业模式，不断满足消费者多样化、个性化的需求，提供了更丰富、便捷、优质的产品和服务。消费者对数字经济的认可度和接受度不断提升，促进了数字经济的持续健康发展。

2. 资源支持

商业生态在数字经济发展中扮演着至关重要的角色，为数字经济提供了丰富的资源支持，包括资金、人才、技术和市场等多个方面。这些资源的有效利用和合理配置，为数字经济的持续发展提供了坚实的基础和动力。

第一，资金支持是数字经济发展不可或缺的支撑。投资机构和风险资本的介入为数字经济企业提供了资金支持和融资渠道。这些资金的注入不仅促进了企业的创新和发展，还助力了数字经济产业链的扩张和升级。投资机构通过对数字经济企业的投资，不仅为其提供了发展所需的资金支持，还为其提供了行业经验和资源整合的支持，推动了数字经济企业的健康成长。[1]

第二，人才资源的充足和专业化是数字经济创新和发展的重要保障。数字经济时代，对于高素质、专业化人才的需求日益增长。商业生态通过吸引、培养和留住优秀的人才，为数字经济的创新和技术应用提供了核心支持。在数字

[1] 陈建新，赵小克. 大数据背景下零售商业模式的重构：要素视角 [J]. 商业经济研究，2021（16）：21-24.

经济生态系统中，人才资源的充分利用和合理配置，促进了产业链上下游的协同合作和价值共享，推动了数字经济的持续发展。

第三，技术和市场资源的共享和交流促进了数字经济的跨界合作和共赢发展。在数字经济生态系统中，企业之间可以共享先进的技术和创新成果，加速产品和服务的迭代更新。同时，市场资源的共享和交流为企业拓展业务提供了更广阔的发展空间，促进了数字经济市场的繁荣和壮大。通过技术和市场资源的共享和交流，数字经济企业可以更加灵活地应对市场竞争，实现合作共赢，推动整个数字经济生态系统的不断完善和升级。

3. 创新引领

商业生态的创新活动和实践在推动数字经济的创新发展方面发挥着至关重要的作用。这种创新源于商业生态中企业之间的合作与竞争，是数字经济持续繁荣的重要动力之一。通过不断的创新，企业在商业生态中能够更好地适应市场的变化，满足消费者不断变化的需求，推动数字经济的蓬勃发展。

第一，商业生态中的创新活动包括产品和服务的不断创新和升级。企业在商业生态中通过与其他企业的合作和竞争，不断推动产品和服务的创新，以满足市场需求的多样性和个性化。通过不断地引入新技术、新理念和新模式，企业能够提升产品和服务的质量、效率和用户体验，从而增强市场竞争力，推动数字经济的创新发展。

第二，商业生态中的创新还体现在商业模式的变革和优化上。随着数字经济的快速发展，传统的商业模式逐渐失去了竞争力，企业在商业生态中不断探索新的商业模式，以适应市场的变化和需求的变迁。通过引入共享经济、平台经济、订阅模式等新型商业模式，企业能够更好地实现资源的优化配置和价值的最大化，促进数字经济的商业生态更加健康和可持续发展。

第三，商业生态中的创新活动也推动了数字经济产业链的不断完善和拓展。在商业生态中，企业之间的合作和竞争促进了产业链的上下游协同发展，推动了产业链的不断完善和优化。同时，商业生态中的创新活动也促进了新兴产业的涌现和发展，拓展了数字经济的产业链，推动了数字经济产业链的全面升级和发展。

（二）数字经济对商业生态的塑造

数字经济的快速发展改变了传统商业生态的组织形态和运作模式，推动了商业生态向数字化、智能化和共享化方向发展，具体表现在以下几个方面。

1. 组织形态变迁

在数字经济时代，传统商业生态的组织形态经历了重大的变革，这种变迁深刻地影响着企业的运营方式和商业模式。过去，传统商业生态主要以线下零售为主导，企业主要通过实体店面销售商品和提供服务。然而，随着数字技术的迅速发展和普及，特别是电子商务、物联网、人工智能等技术的广泛应用，传统商业生态开始向数字化、智能化转型，线上电商逐渐崭露头角，成为新的主导力量。

第一，数字经济的影响促进了传统产业向数字化服务业转型。传统产业在数字经济时代面临着巨大的挑战和机遇，许多行业开始通过数字化技术提升产品和服务的智能化水平。以制造业为例，传统的生产模式逐渐向智能制造转变，通过物联网技术实现设备之间的互联互通，实现了生产过程的数字化和智能化管理。通过数字化转型，传统产业得以焕发新的生机，加速了产业结构的优化和升级。

第二，数字经济的影响推动了商业生态的数字化转型和智能化升级。在数字经济时代，企业通过建立数字化平台和智能化系统，实现了生产、销售、物流等各个环节的高效连接和智能化管理。通过电子商务平台，企业可以将产品的推广和销售扩展到全球范围，实现线上线下的无缝连接；通过人工智能技术，企业可以实现对消费者需求的智能分析和预测，为产品研发和营销提供更精准的指导。

第三，数字经济的发展还催生了新兴的商业模式和组织形态。共享经济、平台经济、订阅模式等新型商业模式在数字经济时代迅速崛起，成为商业生态的新亮点。通过共享经济平台，企业可以将闲置资源进行共享和利用，实现资源的最大化利用；通过平台经济模式，企业可以实现多方参与、多方共赢的商业生态构建，促进产业链的上下游协同发展。

2. 运营模式转型

数字经济的快速发展催生了传统商业生态运营模式的深刻转型，从传统的线下渠道向线上平台的全面拓展迈出了关键一步。企业意识到传统渠道的局限性，开始积极探索数字化渠道和智能化系统，以适应数字经济时代的新要求和新机遇。

第一，传统零售行业在数字经济的冲击下面临着巨大的转型压力。传统零售企业通过建立电子商务平台，实现了线上线下的融合发展，以迎合消费者日益增长的线上购物需求。这种转型不仅仅是简单地将线下店面搬到了线上，更是在数字化平台上实现了更广泛的产品展示、交易和服务。通过电商平台，消费者可以方便地浏览商品信息、比较价格、享受优惠活动，并且在家中即可完成购买，极大地提高了购物的便捷性和舒适度。

第二，传统服务行业也在数字经济的冲击下积极转型。以传统的服务业如餐饮、旅游、教育等为例，传统的线下服务模式已经不再能够满足消费者日益增长的个性化和便捷化需求。为了适应数字经济时代的新趋势，传统服务业开始向数字化、智能化转型，通过建立在线服务平台、App应用等，实现了服务内容的数字化和个性化。比如，传统餐饮企业通过外卖平台提供在线订餐服务，传统旅游企业通过在线预订平台提供旅游线路预订服务，传统教育机构通过在线课程平台提供在线教育服务，从而拓展了服务范围和市场份额，满足了消费者多样化的需求。

3. 共享化发展

在数字经济时代，共享经济的兴起标志着商业生态发展的新篇章。共享经济作为一种创新的商业模式，通过共享平台和共享资源，实现了资源的高效利用和优化配置，为商业生态注入了新的活力和动力。

第一，共享经济为商业生态带来了资源的共享和优化配置。通过共享平台，个人和企业可以将闲置的资源进行共享，例如共享单车、共享汽车、共享办公空间等，从而实现了资源的最大化利用。这种模式不仅节约了资源，降低了成本，还减少了浪费，符合社会可持续发展的理念。共享经济的发展，使得商业生态中的资源得到了更加充分的利用，为经济发展注入了新的活力。

第二，共享经济促进了商业模式的多样化和创新化。传统商业模式往往囿于资源的匮乏和利用率低下，而共享经济则打破了这种束缚，为商业生态带来了更多创新的可能。例如，共享经济合作平台为企业提供了共享资源和合作机会，鼓励企业之间的合作共赢，推动了商业模式的创新和升级。这种合作共赢的商业模式，不仅促进了资源的共享和协同，还为商业生态的发展注入了新的活力和动力。

第三，共享经济改变了人们的生活方式和工作方式。通过共享经济平台，人们可以更便捷地获取所需资源，例如共享单车可以方便城市出行，通过共享办公空间可以灵活地安排工作地点。这种便捷和灵活的生活方式和工作方式，使得人们的生活更加舒适和便利，也促进了城市化进程的发展和提升。

第三章　商业生态演变与数字经济

第一节　传统商业生态的演变

一、传统商业生态的结构和特点

（一）商业中的生态系统

1. 商业中的生态系统表现形式变化

生态系统源于自然界，是指自然界中的生物体与有机环境相互作用形成的联合体，强调生物体间的共同进化。尽管商业环境中的生态系统依然强调了主体企业间的相互关联，但系统的表现形式随着经济发展水平、消费需求、技术条件等因素而不断变化。

在最初的商业环境中，企业间的生态系统主要有两种表现形式。第一，供应链，供应链实现了"链"向"网"的发展，指基于核心企业对信息流、物流、资金流的控制，为消费者提供最终服务的供应商、制造商、分销商等主体所形成的网络组织。第二，产业集群，"集群"这一术语源于生态学，指区域内相互依存的种群。而商业中的产业集群则指在某一特定领域（通常以一个主导产业为基础）中，大量产业联系密切的企业以及相关支撑机构在空间上集聚，并形成强劲、持续竞争优势的现象。尽管形式有所不同，但其均呈现为网络结构，并强调了生产主体间在业务方向上具有一致性，同时在地理上具有一定的集聚性，以便主体间最终目标的实现。

随着信息技术的发展，商业环境、企业的发展发生了翻天覆地的变化；Moore将"生态系统"引入到管理学研究中，提出了商业生态系统这一术语，强调在变化的环境中，企业所面临的竞争不再是单个企业间的竞争，而是基于由各企业共同组成的系统与系统间的竞争，肯定了系统内各企业间相互依赖的关系，企业间的连接打破了产业、地域等因素的限制。

2. 商业生态系统的定义、特点及要素

现有关于商业生态系统的定义各有不同。Moore 将商业生态系统定义为不同商业主体相互依赖构成的经济联合体。基于此，其他学者分别从关联关系、结构视角两个角度定义了商业生态系统。一是关联关系，多存在网络/平台结构中，各成员间往往存在上下级类隶属关系；Iansit 等将商业生态系统视为商业网络，并将其定义为相互关联的成员以核心企业或平台组成的松散网络。这种网络结构更关注系统内部主体数量的增多、平台型企业中心度的增强、系统的规模。二是基于结构视角，Adner 将其定义为为实现系统共同的价值主张而形成的多边主体集合，它包括了三个特性，其一是行动者之间的匹配结构，其二是行动者的多边特征，其三是核心价值主张的商业化；该视角强调了系统共同价值主张的引领性，并主张系统中的参与者完全不受等级控制。

商业生态系统主要有四个特征。一是整体性，商业生态系统如生物生态系统一样是一个完整的整体，系统整体决定着内部各主体的发展方向，同时，系统内个体间的命运更加休戚与共。二是复杂性，指系统内主体及其相关关系的多样性，其中系统内的主体包括供应商、竞争者、消费者等各类成员。三是自组织和自适应性，一方面系统内各主体围绕共同的目标行动；另一方面，系统内各主体能够主动地调整自身状态以适应整体环境，同时主体的这种自适应行为也会进一步影响环境的变化。四是共同进化，该系统分为开拓、扩展、成长、自我更新或死亡四个发展阶段。商业生态系统的核心要素包括系统结构、参与者、相关关系三方面。其一是系统结构；就系统整体而言，系统是由多个异质性的域自组织而成的复杂网络结构。其二是参与者；系统内的参与者包括消费者、供应商、生产者等，根据其所处的位置，可分为核心型、支配主宰型、坐收其利型、缝隙型；特别地，企业的角色也会根据其所处的位置变化而改变。其三是相关关系，基于系统的复杂性，企业所处的位置具有相对性，企业间的关系更为多样，包括竞争、合作、无关等关系。

（二）传统商业生态结构描述

传统商业生态的结构主要围绕着产业链展开，通常包括以下几个环节：原材料供应商、生产商、分销商和最终消费者。这些环节相互连接，形成了一个相对稳定的商业生态系统。原材料供应商负责提供生产所需的原材料，生产商将原材料进行加工和制造，分销商负责将产品分发到各个销售渠道，最终消费者则是产品的最终购买者和使用者。

1.原材料供应商

（1）角色定位

原材料供应商作为商业生态中的起始点，扮演着关键的角色。他们是从自然环境中获取原材料的主要渠道，为后续生产环节提供必要的资源基础。原材料供应商的作用直接影响到整个商业生态系统的运转和效率。

（2）提供多样化的原材料

原材料供应商不仅仅提供基础的原材料，还提供各种类型和规格的产品。这些原材料可能来源于自然资源的开采，如矿产、石油、森林资源等；也可能是农业生产的产物，如粮食、棉花、橡胶等；还可能是其他工业生产的中间产品，如化工品、金属制品等。原材料供应商通过多样化的产品组合，满足了不同行业和企业的需求。

（3）合同关系与供应链管理

原材料供应商与生产商之间通常建立了长期的合作关系，合同关系是双方合作的基础。通过签订合同，原材料供应商与生产商明确了产品的质量标准、供货周期、价格体系等关键条款，确保了供应链的稳定和可控。同时，原材料供应商也积极进行供应链管理，通过优化供应链流程、降低库存成本、提高交付效率等措施，为生产商提供更优质的服务和支持。

2.生产商

（1）加工生产

生产商是商业生态中的重要一环，承担着将原材料转化为最终产品的责任。他们通过生产工厂或生产线，利用先进的生产设备和技术，对原材料进行加工、生产或组装，形成具有附加值的成品。在这一过程中，生产商需要严格控制生产质量，确保产品符合相关标准和客户需求。

（2）质量管理

保证产品质量是生产商的首要任务之一。他们通过严格的质量管理体系和流程，对原材料进行严格把控，确保生产过程中的每个环节都符合质量标准。从生产过程的监控到产品的检测，生产商都致力于提高产品质量，以赢得客户的信任和满意度。

（3）生产效率优化

生产商不仅要保证产品质量，还需要不断优化生产效率。他们通过精益生产、自动化技术等手段，提高生产线的运转效率，降低生产成本，缩短生产周期，从而更快地响应市场需求和客户订单。同时，生产商还需要灵活调整生产计划，根据市场变化和客户需求进行生产调配，确保生产的及时性和准确性。

3.分销商

（1）渠道建设与管理

分销商负责建设和管理产品的销售渠道，包括招募经销商、开设零售店铺、建立线上销售平台等。他们根据产品特点和市场需求，制定合理的销售策略，选择适合的销售渠道，确保产品能够顺利地流通到市场。

（2）库存管理与物流配送

分销商需要负责产品的库存管理和物流配送，确保产品能够及时地到达销售点和终端用户手中。他们需要根据市场需求和销售情况合理安排库存，同时协调物流运输，保证产品能够按时送达，满足客户的需求。

（3）销售与营销

分销商通过自己的销售团队或渠道合作伙伴，开展产品的销售和营销活动，促进产品的推广和销售。他们制定销售计划和营销策略，开展促销活动、广告宣传等，吸引客户，提高产品的知名度和销量。

（三）传统商业生态特点分析

1.线性联系

在传统商业生态中，线性联系是一种普遍存在的现象，它贯穿于整个产业链的各个环节，形成了商业活动的基本模式。这种联系模式通常是由生产者、原材料供应商、分销商和最终消费者之间的紧密关系所构成。首先，生产者从原材料供应商处获取所需的各种原材料和资源。原材料供应商可能涉及多个领域，包括采矿、农业、能源等，他们为生产者提供生产所需的原材料基础，是整个产业链的起始点。随后，生产者将这些原材料进行加工、生产或组装，最终制成可以投放市场的成品产品。这一阶段涉及工厂生产、技术研发、生产管理等多个环节，生产者需要不断提高生产效率和产品质量，以满足市场需求。接下来，分销商承担起了将产品从生产者传递到最终消费者手中的重要角色。分销商可能是批发商、零售商、经销商等不同形式的中间商，他们通过建立销售渠道、开展市场推广等活动，将产品引入市场，并将产品分发给各个销售终端。最终，产品到达最终消费者手中，完成了整个商业生态的闭环。消费者作为产品的最终购买者和使用者，他们的购买行为直接影响着整个产业链的运转。消费者的需求和反馈将反哺到生产者和分销商，影响着产品的设计、生产和销售策略。

2. 稳定可控

首先，传统商业生态中各参与方之间的关系通常比较明确。生产者、供应商和分销商之间往往会建立长期合作关系，通过签订合同和协议来明确双方的权利和义务。这种合作关系是基于长期稳定的合作模式，有助于降低交易成本，提高交易效率。同时，这种明确的关系也有助于建立信任，使得合作双方能够更好地协同合作，共同应对市场挑战。其次，传统商业生态的运作流程通常比较规范。生产、销售和营销活动按照既定的流程和计划进行，各个环节之间相对独立但又相互关联。例如，生产者会根据市场需求和订单情况制定生产计划，供应商根据生产计划提供原材料，分销商则根据供应商提供的产品进行销售。这种规范的运作流程有助于提高生产效率，降低生产成本，保证产品质量。最后，传统商业生态的稳定性较高。由于各参与方之间的关系明确、流程规范，整个商业生态的运作比较稳定可靠。生产者、供应商和分销商之间的长期合作关系保证了商业生态的稳定性，减少了不确定性和风险。这种稳定性有助于企业制定长远发展战略，提高市场竞争力。

3. 信息不对称

在传统商业生态中，信息不对称主要源自生产者和消费者之间信息获取和传递的不平衡。

（1）生产者信息优势

生产者通常具有更多的信息资源，这主要体现在以下几个方面。

①市场信息收集能力

生产者拥有更强大的市场信息收集能力，可以通过市场调研、竞争分析等

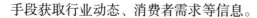

手段获取行业动态、消费者需求等信息。

②产品信息掌握

生产者对产品的生产过程、技术特点、性能参数等信息了如指掌，这些信息对于消费者来说是不易获取的。

③宣传和广告优势

生产者通过广告宣传、产品介绍等手段，能够主动向消费者传递信息，而且通常能够有选择性地呈现产品的优势和特点，从而影响消费者的购买决策。

（2）消费者信息劣势

相比之下，消费者相对缺乏信息资源，表现在以下几个方面。

①信息获取渠道受限

消费者获取信息的渠道相对有限，通常依赖于广告、产品说明书、销售人员的介绍等，这些信息可能不够全面和客观。

②信息可靠性难以判断

消费者往往难以判断获取到的信息的真实性和可靠性，容易受到生产者主观宣传的影响。

（3）信息不对称的影响

信息不对称可能导致消费者在做出购买决策时缺乏足够的信息支持，产生以下影响。

①消费者决策的不理性

由于缺乏充足的信息支持，消费者容易受到生产者的影响而做出不理性的购买决策，可能会选择不符合自身需求的产品。

②市场有效运作受阻

当消费者无法获得准确、全面的产品信息时，市场的竞争机制受到扭曲，可能会出现因为信息不对称导致的市场失灵现象，影响市场的有效运作。

4. 缺乏灵活性

（1）缺乏灵活性的原因

传统商业生态缺乏灵活性的主要原因如下。

①固有的产业模式和商业规则限制

传统商业生态往往受制于固有的产业模式和商业规则，这些规则可能存在已久且难以改变。企业在这样的制约下，难以灵活调整经营策略和商业模式，导致适应市场变化的速度缓慢。

②缺乏创新意识和能力

传统商业生态中，企业往往缺乏创新意识和创新能力，过于依赖已有的商业模式和传统经营方式。这使得企业对市场变化的应对能力受限，难以及时推出新产品或服务以满足市场需求。

（2）缺乏灵活性的影响

传统商业生态缺乏灵活性可能带来以下影响。

①错失市场机会

由于缺乏灵活性，企业可能无法及时调整经营策略和商业模式，错失了市场发展的机会。在市场竞争激烈的情况下，这可能导致企业失去竞争优势，影响盈利能力和市场份额。

②增加经营成本

面对市场变化时，传统商业生态的企业可能需要花费更长的时间和更多的资源来调整经营策略和生产流程，这会增加企业的经营成本。长期下来，这可能影响企业的盈利能力和竞争力。

二、传统商业生态在数字经济时代的变革过程

（一）数字技术的含义、特点及作用

1. 数字技术的含义和特点

狭义的数字技术主要是指对数字进行编码、运算、加工、存储、传送、传播、还原、应用的技术；广义的数字技术是指大数据、人工智能、虚拟现实、工业互联网等技术。其突出特点是：一是数据同质化，数字技术可以将各类数字资源（图片、文字、视频等）均以二进制形式保存处理；二是可再编程性，数字技术使得数据预处理的程序可以存储数据，从而使对程序的（再）编程变得更为方便。

（1）数据同质化

数字技术可以将各种形式的数据，包括文字、图片、音频、视频等，统一转换为数字形式进行处理和存储。这种数据同质化的特点使得不同类型的信息可以在数字环境下进行统一管理和操作，这极大地方便了信息的传输、共享和

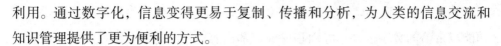

利用。通过数字化，信息变得更易于复制、传播和分析，为人类的信息交流和知识管理提供了更为便利的方式。

（2）可再编程性

数字技术的另一个显著特点是可再编程性。数字化的数据处理过程可以通过编程进行控制和调整，使得数据的处理程序可以被灵活地设计、修改和优化。这种可再编程性使得数字技术在不同的应用场景下能够适应各种需求，并随着需求的变化进行调整和改进。同时，数字技术的可再编程性也为自动化和智能化的发展提供了技术基础，促进了人工智能、机器学习等领域的快速发展。

2. 数字技术的作用

数字技术的主要作用包括四方面。

其一，各类数字技术共同构建了数字平台，这种分层模块化架构是物理产品的模块化架构与数字技术的分层架构的混合体，可以实现更广泛的数字连接以及持续的产品迭代。通过数字平台，不同的组织和个体可以实现信息的共享和交流，促进了产业链各环节之间的紧密协作和高效运作。

其二，推动了新商业模式的形成。数字技术改变了传统的生产、消费模式，促进了数字产品和服务的发展，推动了基于数字平台的服务化商业模式的发展。基于数字平台的服务化商业模式得到了推广和普及，企业可以通过数字技术提供更加个性化、便捷化的服务，满足用户不断变化的需求。

其三，产生新的生产要素——数据。数据的同质性使得要素成本下降；此外，数据的自生长性、可供性使得数字产品可以广泛地应用于各个领域。数据驱动的生产模式使得企业能够更好地理解市场和用户需求，实现产品和服务的个性化定制，提高市场竞争力。

其四，重构组织形态——生态系统。基于数字平台的组织实现了扁平化和横纵一体化的发展，同时使得系统边界可以无限延伸。数字技术促进了各种资源的共享和合作，打破了传统产业链的垂直壁垒，推动了产业生态的发展和升级。

（二）数字技术在商业生态系统中的应用

数字技术在商业生态系统中主要有三种应用方式：数字产品、数字平台和数字基础设施。

其一，数字产品，作为新产品（或服务）的一部分并为最终用户提供特定功能或价值的数字组件、应用程序或媒体内容；目的是实现硬件设备与数据的连接。数字产品的应用范围广泛，涵盖了各个行业和领域，如智能手机、智能家居设备、智能穿戴设备等。这些产品通过数字技术实现了硬件设备与数据的连接，为用户提供了更加便捷、智能化的服务和体验。例如，智能家居产品可以通过手机 App 实现远程控制，让用户随时随地监控和管理家庭设备。

其二，数字平台，由一组共享的服务及基础设施而组成的虚拟空间，该平台基于分层模块架构，可以在保证原有组件功能不变情况下进行拆解，并具备新功能组件的重组能力。这种灵活的架构使得数字平台能够适应不断变化的需求和业务场景，为企业和用户提供了更加灵活、可扩展的服务[1]。例如，云计算平台提供了弹性的计算资源和存储空间，为企业提供了更加灵活和可靠的 IT 基础设施。

其三，数字基础设施，提供通信、协作或计算的数字技术工具和系统。这些基础设施包括云计算、数据分析、3D 打印、数字创客空间等，为生态系统的各个层面提供了必要的技术支持。云计算技术为企业提供了灵活的计算资源和存储空间，数据分析技术帮助企业更好地理解和利用数据资产，3D 打印技术实现了快速原型制作和定制化生产，数字创客空间为创业者和创新者提供了共享资源和交流平台。

（三）基于数字技术支持的数字商业生态系统

1. 数字商业生态系统的定义

（1）起源与背景

数字商业生态系统最初作为一个项目，原是为中小型企业主体创建数字环境的自组织系统，强调了对数字技术的应用，也是对原有商业生态系统研究的延伸；该系统中主要包括数字技术和商业两方面，二者相互作用、共同演化；其中数字生态系统方面是基于数字技术创建、传输数字服务，商业生态系统方面则表现为数字化的经济联合体。现有的研究认为数字商业生态系统是一个数字化的价值创造空间，即该系统中相互关联的组织主体通过共享的数字平台共同创造价值。

---

[1] 张小燕.基于大数据技术的服装定制商业模式创新研究 [J].纺织报告，2021（6）：26-27.

（2）组成要素与相互关系

系统中的数字空间主要有三要素。

一是数字基础设施，它是由数字技术及其软件（如大数据、人工智能、工业互联网）以及硬件（如计算机、设备）组成。大数据、人工智能和工业互联网等技术构成了数字基础设施的核心，通过计算机、设备等硬件实现了数字化技术的应用和落地。这些技术的不断创新和发展为数字产品和数字平台的建设提供了技术保障和支持。

二是数字产品，包括纯数字产品（如 App）和智能装备（如机器臂）。纯数字产品如手机 App、数字内容等，通过数字化技术实现了信息传输和交互；智能装备如机器臂、智能工厂设备等，利用数字技术实现了设备的智能化和自动化。数字产品的不断创新和更新推动了商业模式的演进和产业的转型。

三是数字平台，它是一种分层模块化结构，是一系列数字资源的组合体。数字平台以分层模块化的结构为特点，将各种数字资源进行整合和组合，为用户提供了丰富的功能和服务。通过数字平台，企业可以实现数字化产品的开发、交易和运营，用户可以享受到更加便捷和智能的服务体验。数字平台的发展和运营促进了数字商业生态系统的蓬勃发展，为数字经济的持续增长和创新提供了坚实基础。

2. 数字商业生态系统的特征

数字商业生态系统首先具备一般商业生态系统多样性、共同进化性等基本特征，同时也兼备三个独有的特征。

（1）平台主导性

在新一代信息技术的影响下，企业的发展呈现出多样化的趋势。微观个体的企业逐渐演变为生态型企业，而一些大型企业则转型为平台型企业，成为产业生态系统中的关键节点。这些平台型企业的出现对商业模式和产业结构产生了深远的影响，从而改变了整个经济格局。[1]平台型企业主要分为两类：一类是基于解决方案提供服务的平台企业，代表性的有阿里巴巴和海尔等。这些企业通过提供全方位的解决方案，满足了用户的多样化需求，实现了产业链上下游的全面连接和协同发展。阿里巴巴以电商平台为核心，构建了涵盖电商、金融、物流、云计算等领域的生态系统，为商家和消费者提供了全方位的服务和支持；

---

[1] 高宇晨．大数据如何驱动商业模式创新 [J]．现代营销，2021（15）：18-19.

而海尔则以生态链合作模式为基础，通过智能家居解决方案为用户提供定制化、智能化的产品和服务，实现了智能家居产业的生态化发展。另一类平台企业是提供技术支持的平台企业，典型代表为华为。这类企业侧重于技术创新和研发，致力于打造领先的技术平台，为产业生态系统提供了技术支持和服务。华为通过不断的技术创新和开放合作，构建了完整的 ICT 基础设施，包括通信网络、云计算、大数据等领域，为全球各行业提供了先进的数字化解决方案和技术支持，推动了数字化转型和产业升级。

（2）模块化

基于分层架构的数字平台是系统的基础结构，一方面可以将系统分解为相互独立但又相互依赖的域，另一方面还可以将数字产品进行持续的分解及重组。首先，基于分层架构的数字平台通过模块化实现了系统的灵活性。模块化使得系统中的各个功能单元可以相互独立地开发、测试和部署，不同的模块之间存在清晰的接口和依赖关系，从而使得系统更加灵活，能够快速适应不断变化的需求和环境。例如，在一个电子商务平台中，用户管理、订单管理、支付管理等功能模块可以进行独立开发和部署，从而实现了系统功能的灵活组合和定制。其次，基于分层架构的数字平台通过模块化实现了系统的可维护性。模块化使得系统中的各个功能单元可以独立维护和更新，不同的模块之间的修改不会对其他模块产生影响，从而降低了系统的维护成本和风险。例如，在一个大型软件系统中，用户界面、业务逻辑、数据存储等功能模块可以进行独立维护，开发人员可以专注于自己负责的模块，提高了开发效率和代码质量。最后，基于分层架构的数字平台通过模块化实现了系统的可扩展性。模块化使得系统中的各个功能单元可以独立扩展和替换，新的功能模块可以方便地集成到现有系统中，从而实现了系统的快速迭代和升级。例如，在一个物联网平台中，开发人员可以根据不同的应用场景和需求，灵活添加传感器模块、数据处理模块、控制模块等，实现了系统功能的快速扩展和定制化。

（3）及时交互性

数字基础设施极大地提高了数字资源、信息等的流动效率，同时，随着更多主体的参与，基于信息技术的系统迭代也会随之加快。首先，数字基础设施的发展大大降低了数字资源的获取成本和门槛。传统的信息获取往往需要人工搜集和处理，耗费大量的时间和人力成本。而有了数字基础设施后，人们可以通过互联网轻松获取各种数字资源，如文档、图片、音频、视频等，而且获取的速度更快，覆盖范围更广，极大地提高了信息的获取效率。其次，数字基础设施的发展极大地提高了数字资源信息的传输速度，扩大了其覆盖范围。传统的信息传输通常依赖于邮寄、传真等方式，速度较慢且受限于地域。而有了数字基础设施后，信息可以通过互联网快速传输，不受时间和空间的限制，实现了实时或近实时的交互和沟通。这种即时性的交互使得人们能够更加迅速地获取所需信息，及时作出反应和决策。另外，数字基础设施的发展还促进了更多主体的参与和协作，进一步加快了基于信息技术的系统迭代和创新。数字基础设施为不同的主体提供了共享平台和合作机会，使得各方可以更加便捷地进行合作、交流和共享资源。这种多方参与和协作的模式有利于汇聚各方的智慧和资源，促进了系统的不断优化和更新，推动了数字化应用的快速发展和进步。

3.数字商业生态系统的要素数据

数字产业生态系统同样具备系统结构、参与者、相关关系三要素。

（1）系统结构

基于数字技术的发展，数字商业生态系统呈现出松散耦合的复杂结构。传统的产业链模式被数字化、智能化的平台模式所取代，使得系统内部的组织结构更加灵活和多样化。数字化不仅模糊了产业、组织和产品之间的边界，还促进了纵向和横向的整合，形成了更加复杂的系统结构。

（2）参与者

除了传统的企业、学术机构、政府和消费者之外，数字商业生态系统还吸纳了更多的技术服务商、数字型企业等新型参与者。这些新参与者的加入不仅丰富了系统的内部结构，还推动了系统内部间跨空间、跨边界的相互作用，促进了信息、资源和价值的共享与传递。

（3）相互关系

随着系统结构和参与者的不断演化，主体间的关系也呈现出生态化的特征。数字商业生态系统中的主体之间存在着多样化、动态化的相互关系，通过模块化的结构，不同主体之间可以直接或间接地产生联系。这种相互关系的动态化和多样化使得系统内部的运作更加灵活，有利于系统的持续创新和发展。

第二节 数字经济对商业生态的塑造

一、数字经济使商业生态更加开放和灵活

（一）数字化平台的建立

数字经济的兴起源于信息技术的快速发展，特别是互联网和移动通信技术的普及，这使得数字化平台成为可能。

1. 不同类型的数字化平台

（1）电商平台：全球化的商业新天地

电商平台如阿里巴巴、亚马逊等已经成为连接供应商和消费者的重要桥梁，它们打破了地域限制，实现了全球贸易的无缝对接。这些平台通过在线交易、支付和物流服务，为企业提供了便利的销售渠道，同时也为消费者提供了更加便捷、多样化的购物体验。随着移动互联网和物联网技术的普及，电商平台正逐渐成了数字经济时代的主导力量，推动着全球商业模式的变革和创新。

（2）社交媒体平台：信息传播与品牌塑造的重镇

社交媒体平台如 Facebook、Twitter 等已经成为人们获取信息、分享观点和社交互动的重要场所。这些平台不仅为用户提供了交流的手段，也为企业提供了品牌推广和用户反馈的重要渠道。通过精准定位和广告投放，企业可以在社交媒体上实现精准营销，吸引更多的目标用户。同时，社交媒体平台也成了舆论场和话题聚集地，对于企业而言，良好的社交媒体形象和口碑已经成为商业成功的重要标志。

（3）云计算平台：数字化转型的关键支撑

云计算平台如 AWS、Azure 等为企业提供了基础设施和服务，包括计算、存储、数据库等，这极大地降低了 IT 成本，提高了灵活性和可扩展性。通过云计算平台，企业可以实现快速部署和弹性扩展，加速数字化转型的进程。同时，云计算平台还为企业提供了更多的创新和竞争优势，包括人工智能、大数据分析等先进技术服务，助力企业实现业务的持续创新和增长。

2.数字化平台的作用与意义

（1）打破传统产业壁垒：促进跨界合作与创新

数字化平台的出现打破了传统产业之间的壁垒，将不同行业的企业、供应商、合作伙伴和消费者连接在了一起。通过数字化平台，企业可以更加容易地找到合作伙伴，实现跨界合作与创新。[1]例如，电商平台为传统零售企业提供了在线销售的渠道，云计算平台为传统企业提供了数字化转型的技术支持，从而加速了传统产业的创新与发展。

（2）提供新的互动方式：加速信息传递与决策过程

数字化平台不仅为企业、供应商、合作伙伴和消费者提供了实时的互动和交流方式，也为他们提供了更加高效的信息传递和决策过程。通过数字化平台，企业可以实现与供应商和合作伙伴的即时沟通，及时了解市场需求和变化，从而快速做出决策并调整生产计划。消费者也可以通过数字化平台随时随地获取产品信息、参与讨论和提出反馈意见，为企业提供宝贵的市场信息和用户需求反馈。

（3）实现商业生态的开放与灵活：增强竞争力与创新能力

数字化平台为企业提供了开放的商业环境，使得资源、市场和用户群体更加容易被获取和利用。企业可以通过数字化平台实现产品和服务的个性化定制，满足不同用户群体的需求。同时，数字化平台也为企业提供了更多的创新空间和机会，增强了商业生态的灵活性和适应性。企业可以通过数字化平台快速推出新产品、开拓新市场，增强自身的竞争力和创新能力，实现可持续发展。

（二）加强合作与协同

1.合作与协同的重要性

合作与协同是数字化时代企业发展的关键，通过共享资源和优势互补，企业可以实现更大的价值创造和持续竞争优势。

2.数字化平台促进合作与协同的方式

（1）共享数据和信息：促进信息透明与决策效率提升

数字化平台为各参与者提供了共享数据和信息的便捷渠道，通过平台上的数据交换和信息共享，企业、供应商和合作伙伴可以更加及时地了解市场需求

---

[1] 易加斌，徐迪.大数据对商业模式创新的影响机理：一个分析框架[J].科技进步与对策，2018（3）：15-21.

和变化，实现信息的透明化和共享化。共享的数据和信息不仅有助于加强合作与协同，还能够提升决策效率，促使企业迅速响应和调整，从而实现业务的持续优化和发展。

（2）跨界合作模式：实现资源共享与价值互补

数字化平台打破了传统行业之间的界限，为企业和供应链上下游提供了更广阔的合作空间。通过数字化平台，不同行业的企业可以实现资源共享和价值互补，共同开发新产品、拓展新市场。例如，电商平台为传统零售企业提供了在线销售的渠道，云计算平台为企业提供了数字化转型的技术支持，从而促进了产业链的协同发展和价值链的优化。

（3）创新生态系统：吸引更多创新者参与共建

数字化平台为企业创造了开放的创新生态系统，吸引了更多的创新者和合作伙伴加入共建。通过数字化平台，企业可以与外部创新资源进行连接，共同探索和实践新的商业模式和技术方案。数字化平台还为创新者提供了展示和推广的平台，帮助他们更好地实现产品和服务的商业化，从而推动了产业的协同创新和发展。

3. 合作与协同带来的效益

（1）提高效率和降低成本：共享资源与技术协同

通过合作与协同，企业可以与合作者共享资源、技术和市场，实现资源的优化配置和互补，从而提高生产效率，降低运营成本。例如，企业通过与供应商、合作伙伴的协同，可以共同开发供应链管理系统，优化物流配送流程，减少库存积压，提高供应链的响应速度和灵活性，从而降低了企业的运营成本。

（2）加速创新和发展：知识交流与创新激发

合作与协同促进了知识和经验的交流，激发了创新活力，加速了新产品和服务的开发和推广。通过与行业内外的合作伙伴进行合作，企业可以获取到更广泛的市场信息和用户反馈，及时了解市场需求和趋势，从而更加准确地调整产品和服务方向，加速创新和发展的步伐。[1] 同时，合作伙伴之间的技术共享和经验交流也为企业带来了新的思路和创新方案，促进了企业的技术进步和竞争优势的提升。

[1] 罗琳. 大数据驱动的商业模式创新研究现状、内在机理及具体过程 [J]. 商业经济研究，2020（4）：113-116.

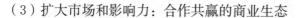

（3）扩大市场和影响力：合作共赢的商业生态

通过合作与协同，企业可以扩大市场覆盖范围，提升品牌知名度和影响力，实现更大规模的业务发展。例如，企业可以通过与跨国企业或领先企业的合作，进入新的市场领域，开拓新的客户群体，实现市场份额的快速增长。同时，合作伙伴之间的品牌共建和联合营销，也为企业带来了更多的曝光机会和用户认知，加强了企业在市场上的竞争力。

（三）拓展市场和用户群体

1.数字化平台的市场拓展功能

数字化平台为企业提供了多种市场拓展的功能和工具，包括广告推广、搜索引擎优化、社交媒体营销等，帮助企业更好地触达目标客户。

2.数据驱动的市场拓展策略

（1）用户数据分析：洞察用户心声，精准定位目标客户

数字化平台提供了丰富的用户数据和行为分析工具，帮助企业深入了解用户需求和行为。通过对用户数据的分析，企业可以洞察用户的喜好、购买行为、偏好等信息，从而精准定位目标客户，制定针对性的营销策略和产品服务方案。例如，通过分析用户的购买历史和偏好，企业可以针对性地推送个性化的产品推荐，提高购买转化率和客户忠诚度。

（2）个性化营销：定制化产品与服务，提升客户满意度

基于用户数据分析，企业可以实施个性化的营销策略，为不同用户提供定制化的产品和服务。通过个性化营销，企业可以更好地满足用户个性化的需求，提高市场响应率和客户满意度。例如，企业可以根据用户的地理位置、偏好和购买历史，定制不同的营销活动和优惠方案，吸引更多用户关注和参与，提高销售额和客户满意度。

（3）全球化市场拓展：跨越地域限制，实现全球业务发展

数字化平台打破了地域限制，为企业提供了全球化市场拓展的机会和渠道。通过跨境电商、跨国合作等方式，企业可以实现全球范围内的业务拓展，开拓新的市场空间，实现业务的快速增长和持续发展。例如，企业可以利用电商平台和跨境物流服务，将产品迅速推向海外市场，吸引更多国际用户，扩大市场份额和品牌影响力。

二、数字技术的应用使得商业生态的运作更加智能化

（一）人工智能的应用

1.数据分析与挖掘

随着人工智能技术的不断发展，企业可以利用其对海量数据进行深入分析和挖掘，从而获得宝贵的商业洞察，发现潜在的机会和趋势，以此为基础制定更为精准的战略决策，推动业务发展。首先，数据分析与挖掘通过机器学习和数据挖掘算法的运用，赋予企业深入洞察数据的能力。企业可以通过构建智能化的数据分析系统，对海量数据进行全面深入的挖掘，从而揭示数据背后隐藏的规律和关联。例如，通过对销售数据、用户行为数据等进行分析，企业可以了解产品的热门趋势、消费者的偏好及购买习惯，从而为产品的定价、推广和销售策略提供科学依据。其次，数据分析与挖掘为企业发现商业机会和趋势提供了重要支持。通过深入分析市场数据和用户行为，企业可以及时发现新的市场需求和消费趋势，抓住市场的先机。例如，企业可以通过分析用户的搜索行为和购买历史，发现新兴产品的需求增长趋势，及时调整产品结构和市场推广策略，以应对市场的不断变化和消费者的需求。此外，数据分析与挖掘还可以帮助企业优化运营和提升效率。通过对生产、供应链、物流等方面的数据进行分析，企业可以发现生产过程中的瓶颈和问题，及时进行调整和优化，提高生产效率和产品质量。例如，企业可以通过对供应链数据的分析，优化供应商选择和物流配送，降低成本，提高供应链的灵活性和响应速度。

2.市场预测与决策支持

随着深度学习和自然语言处理技术的不断进步，人工智能系统能够对海量的市场数据和用户行为进行深度分析，从中发现潜在的市场需求、竞争态势和趋势，为企业提供重要的决策支持。

第一，人工智能技术通过对市场数据和社交媒体舆情的分析，实现了市场需求的精准预测。通过深度学习算法，人工智能系统能够从海量的市场数据中提取出关键信息，发现市场的变化和趋势，从而预测未来的市场需求和用户行为。例如，通过分析用户在社交媒体上的讨论和评论，企业可以了解消费者的喜好和关注点，预测产品的热门趋势和市场需求，为产品的开发和推广提供科学依据。

第二，人工智能技术通过对竞争对手行为和行业趋势的分析，实现了竞争态势的预测。通过自然语言处理技术，人工智能系统能够从海量的数据中提取出竞争对手的动态和行业的发展趋势，从而预测未来的竞争态势和市场格局。例如，通过分析竞争对手的产品发布、营销活动和市场反应，企业可以了解竞争对手的策略和优劣势，预测市场的竞争态势和发展方向，为企业的战略决策提供参考。

第三，人工智能技术通过深度学习和数据挖掘技术，实现了智能化的决策支持。通过对海量数据的分析和挖掘，人工智能系统能够为企业提供全面、准确的数据支持，帮助企业管理者做出科学的决策。例如，通过建立智能化的决策支持系统，企业可以实现对市场需求、竞争态势和内部运营情况的实时监测和分析，为企业的战略决策提供实时的数据支持和决策建议。

2. 智能化应用场景

人工智能技术的不断发展和持续应用，为企业提供了更智能、更高效的解决方案，从而推动了商业生态的进步和发展。首先，智能客服系统是人工智能技术在商业生态中的重要应用之一。利用自然语言处理和机器学习技术，智能客服系统能够实现对用户问题的自动识别和智能回复，从而提升客户服务体验。例如，通过分析用户的提问内容和语义，智能客服系统可以智能地分配问题到相应的知识库或人工客服，快速解决用户的问题，提高客户满意度和忠诚度。其次，智能营销系统在商业生态中也扮演着重要角色。通过个性化推荐算法和数据分析技术，智能营销系统可以向用户推送定制化的产品和服务，提高营销效果和用户满意度。例如，通过分析用户的购买历史、浏览行为和社交媒体数据，智能营销系统可以精准地推断用户的偏好和需求，向其推送符合其兴趣的产品和服务，提高购买转化率和销售额。另外，智能供应链管理系统也是商业生态中智能化应用的重要组成部分。通过数据分析和预测技术，智能供应链管理系统可以优化物流配送和库存管理，提高供应链的效率和灵活性[1]。例如，通过实时监控和分析供应链数据，智能供应链管理系统可以及时发现并解决供应链中的瓶颈和问题，优化物流配送流程，降低库存成本，提高供应链的响应速度和客户满意度。

[1] 王术峰. 环珠三角区域物流体系动力机制构建策略 [J]. 物流技术，2016，35（4）：8-13

（二）大数据分析的应用

1. 数据收集与处理

企业借助各种数据采集工具和技术，从多个来源采集大量的数据，这些数据包括销售数据、用户行为数据、市场调研数据等。这些数据源具备多样性和数量庞大的特点，为企业提供了丰富的信息资源，为后续的数据分析和挖掘奠定了基础。

第一，数据收集是建立大数据分析的第一步。企业可以利用各种数据采集工具和技术，包括网络爬虫、传感器、移动应用程序等，从多个来源收集数据。这些数据来源既包括企业内部系统产生的数据，如销售系统、客户关系管理系统等，也包括外部数据来源，如社交媒体、行业报告、市场调研等。通过多渠道的数据收集，企业可以获取到更全面、多样的数据，为后续的分析提供更多样化的视角和深度。

第二，数据处理是确保数据质量和可用性的关键环节。原始数据往往存在着各种问题，如缺失值、重复值、错误值等，需要经过数据清洗、整合和转换等处理过程，将其转化为结构化、准确的数据集。数据清洗过程包括去除重复数据、填补缺失值、纠正错误值等，以保证数据的完整性和准确性。数据整合过程则是将不同来源的数据进行合并，建立统一的数据模型和数据仓库，便于后续的数据分析和挖掘。

第三，数据存储是确保数据安全和可持续利用的关键环节。企业需要选择合适的数据存储方案和技术，包括关系型数据库、NoSQL 数据库、数据湖等，来存储大量的数据。同时，企业还需要考虑数据存储的安全性和可扩展性，确保数据能够长期保存并随时可用，以支持企业的业务运营和决策需求。

2. 市场洞察与趋势分析

市场洞察与趋势分析是大数据分析技术在企业应用中的关键一环。通过对海量数据的深入分析，企业可以更加准确地洞察市场的需求和趋势，从而做出更具针对性的决策和调整。

第一，大数据分析技术为企业提供了更全面、更深入的市场洞察。传统的市场调研往往受限于样本数量和调查方式，而大数据分析则可以从海量数据中挖掘出隐藏的信息和规律。通过对用户行为数据、社交媒体数据、搜索引擎数据等的分析，企业可以了解用户的喜好、兴趣、行为习惯等，为产品开发、营销策略等方面提供数据支持。

第二，大数据分析技术可以帮助企业及时发现市场的变化和趋势。随着市场环境的不断变化和竞争的加剧，企业需要能够快速地响应市场的变化，调整自己的策略和战略。通过对实时数据的监测和分析，企业可以及时发现市场的新动向和用户的新需求，从而及时调整产品和服务，保持市场竞争优势。

第三，大数据分析技术还可以帮助企业预测市场的未来趋势。通过对历史数据和趋势的分析，结合外部环境因素和内部因素的影响，企业可以进行趋势分析和预测，为未来的发展规划提供参考。这样的预测分析可以帮助企业更好地把握市场机遇，规避市场风险，提前布局和调整自己的战略方向。

3. 决策支持与优化

大数据分析技术在企业决策支持和业务优化方面发挥着重要作用。通过对海量数据的分析和挖掘，企业可以深入了解业务运营的情况，发现问题和瓶颈，并采取相应的措施进行优化和改进，从而提高业务效率、降低成本、增强竞争力。

第一，大数据分析技术为企业决策提供了科学依据。通过对各个业务环节的数据进行分析，企业可以准确把握市场需求、客户行为、竞争态势等信息，为决策提供数据支持。例如，基于对销售数据的分析，企业可以了解产品的情况、销售趋势以及客户偏好，从而调整产品组合、定价策略和销售渠道，提高销售效率和利润水平。

第二，大数据分析技术可以帮助企业发现业务中存在的问题和瓶颈。通过对业务流程、供应链、客户反馈等数据的分析，企业可以及时发现存在的问题和隐患，如生产过程中的不良品率高、供应链中的物流延迟、客户投诉率上升等，进而采取相应的措施进行改进和优化，提升整体业务水平。

第三，大数据分析技术可以帮助企业实现业务优化。通过对数据的深入挖掘和分析，企业可以发现隐藏在数据背后的规律和趋势，为业务优化提供指导和方向。例如，基于对客户行为数据的分析，企业可以制定个性化的营销策略，提高客户满意度和忠诚度；基于对供应链数据的分析，企业可以优化供应链管理，降低成本、提高效率。

（三）智能化的运营系统和管理工具

1. 智能生产调度系统

数字技术的应用为企业建立智能化的生产调度系统提供了新的可能性，使得生产过程更加智能化和自动化。这样的系统不仅可以通过数据分析和预测技术，实现对生产过程的全面监控和优化，还能够根据市场需求和生产能力，自动调整生产计划和生产排程，从而提高生产资源的利用效率、降低成本，进而提升生产效率和产品质量。

第一，智能生产调度系统通过数据分析技术实现生产过程的智能监控和优化。该系统能够实时采集生产环节的数据，包括设备运行状态、生产速度、原材料消耗等信息，并利用先进的数据分析算法对这些数据进行实时分析和监测。通过对生产数据的深入分析，系统可以发现生产过程中存在的问题和瓶颈，如设备故障、生产效率低下等，从而及时采取措施进行调整和优化，确保生产过程的顺利进行。

第二，智能生产调度系统通过预测技术实现生产计划的智能调整。基于历史数据和市场需求的分析，系统可以预测未来一段时间内的产品需求量和生产能力，进而自动调整生产计划和生产排程。例如，在市场需求高峰期，系统会自动增加生产线的运行时间和生产数量，以满足客户订单的及时交付；而在需求低谷期，系统则会自动降低生产量，以避免库存积压和资源浪费。

第三，智能生产调度系统还可以实现生产资源的优化配置和利用。系统可以根据生产任务的优先级、设备的使用率和原材料的库存情况，智能地分配生产资源，使得每一项生产任务都能够得到合理地安排和调度，最大限度地提高资源利用率。例如，系统可以根据设备的运行状态和维护情况，合理安排设备的停机维护时间，确保设备的稳定运行和生产效率的提升。

2. 智能供应链管理系统

数字技术的应用为企业建立智能化的生产调度系统提供了新的可能性，使得生产过程更加智能化和自动化。这样的系统不仅可以通过数据分析和预测技术，实现对生产过程的全面监控和优化，还能够根据市场需求和生产能力，自动调整生产计划和生产排程，从而提高生产资源的利用效率、降低成本，进而提升生产效率和产品质量。

　　第一，智能生产调度系统通过数据分析技术实现生产过程的智能监控和优化。该系统能够实时采集生产环节的数据，包括设备运行状态、生产速度、原材料消耗等信息，并利用先进的数据分析算法对这些数据进行实时分析和监测。通过对生产数据的深入分析，系统可以发现生产过程中存在的问题和瓶颈，如设备故障、生产效率低下等，从而及时采取措施进行调整和优化，确保生产过程的顺利进行。[1]

　　第二，智能生产调度系统通过预测技术实现生产计划的智能调整。基于历史数据和市场需求的分析，系统可以预测未来一段时间内的产品需求量和生产能力，进而自动调整生产计划和生产排程。例如，在市场需求高峰期，系统会自动增加生产线的运行时间和生产数量，以满足客户订单的及时交付；而在需求低谷期，系统则会自动降低生产量，以避免库存积压和资源浪费。

　　第三，智能生产调度系统还可以实现生产资源的优化配置和利用。系统可以根据生产任务的优先级、设备的使用率和原材料的库存情况，智能地分配生产资源，使得每一项生产任务都能够得到合理地安排和调度，最大限度地提高资源利用率。例如，系统可以根据设备的运行状态和维护情况，合理安排设备的停机维护时间，确保设备的稳定运行和生产效率的提升。

　　3.智能客户关系管理系统

　　智能客户关系管理系统结合了数据分析和挖掘技术，能够深入挖掘客户数据的潜在价值，为企业提供个性化的客户服务和定制化的产品推荐，从而增强客户的满意度和忠诚度。

　　第一，智能客户关系管理系统通过数据分析和挖掘技术实现对客户需求和行为的深入理解。该系统可以整合多个渠道获取的客户数据，包括客户的购买历史、浏览行为、社交媒体互动等信息，并利用数据挖掘算法对这些数据进行分析和挖掘。通过深入分析客户数据，系统可以发现客户的偏好、行为模式和潜在需求，为企业提供更加全面和精准的客户画像，帮助企业了解客户的真实需求。

　　第二，智能客户关系管理系统可以根据客户的特征和行为，实现个性化的客户服务和定制化的产品推荐。基于对客户数据的深度分析，系统可以自动识

[1] 王术峰.粤港澳跨境电商物流资源禀赋研究———基于增长极理论的区域物流产业布局思考[J].商业
　　经济研究，2016，（12）：78-81.

别出重要客户、潜在客户和流失客户，并针对不同类型的客户提供个性化的服务和营销活动。例如，针对重要客户，系统可以提供定制化的产品方案和优惠政策，增强客户的忠诚度；针对潜在客户，系统可以通过精准的营销活动吸引其转化为付费客户；而针对流失客户，系统可以采取针对性的挽留措施，重新唤回其对企业的信任和忠诚。

第三，智能客户关系管理系统还可以实现客户反馈的及时收集和处理。系统可以通过多种渠道收集客户的反馈意见和建议，如在线调查、客服对话等，然后利用自然语言处理和情感分析技术对这些反馈进行自动分类和分析。通过及时了解客户的反馈意见，企业可以及时调整产品和服务，解决客户的问题，提高客户满意度，增强客户的忠诚度。

三、数字经济促进了商业生态的扁平化和去中心化

（一）打破传统产业边界

1.跨界融合与协同创新

数字化平台的建立打破了传统产业边界，为不同行业、不同领域之间的合作和交流提供了全新的机会和平台。这种跨界融合和协同创新不仅促进了资源的共享与优势互补，也激发了更多创新思维和商业模式的碰撞，从而加速了商业生态的演化和升级。首先，数字化平台为不同行业和领域的企业提供了更加紧密的合作和交流机会。通过数字化平台，企业可以突破传统的产业壁垒，与其他行业的企业进行更加深入的合作。例如，在电商平台上，不同行业的企业可以进行跨境合作，共同开发跨境电商业务，拓展全球市场。在供应链平台上，不同行业的企业可以进行产业链协同，共同优化供应链管理，提高生产效率和质量。其次，数字化平台促进了资源的共享与优势互补。通过数字化平台，企业可以共享各种资源，包括技术、人才、信息等，实现资源的共享和优势互补。例如，某一行业的技术领先者可以通过数字化平台将自己的技术分享给其他行业的企业，实现技术创新和产业升级。同时，企业也可以通过数字化平台找到合适的合作伙伴，共同开发新产品、新服务，实现资源的优势互补，提升竞争力。此外，跨界融合和协同创新也带来了更多创新思维和商业模式的碰撞。不同行业、不同领域的企业在数字化平台上进行合作和交流，传统制造企业可以

互相借鉴对方的创新思维和商业模式，促进了商业生态的创新和升级。例如，新兴科技企业与传统制造企业在数字化平台上进行合作，可以借鉴新兴科技企业的创新思维和灵活机制，实现传统制造业的转型升级。

2. 资源共享与优势互补

在数字化平台的支持下，企业可以通过共享数据、技术、人才等资源，实现更高效的合作与创新，从而提升竞争力，加速发展。首先，数字化平台为企业提供了灵活的资源共享渠道。以云计算平台为例，企业可以根据实际需求灵活调配计算和存储资源，无需投入大量资金购置硬件设备。这种按需使用的模式降低了企业的创新门槛，使得小型企业也能够享受到先进的 IT 基础设施，从而更加容易参与到创新活动中来。同时，云计算平台还提供了数据存储和处理的服务，使得企业可以更加便捷地管理和分析大数据，发现潜在的商机和趋势，从而更好地制定战略和决策。其次，数字化平台促进了优势互补的实现。在数字化平台上，企业可以找到合适的合作伙伴，共同开展项目或业务，实现优势互补，提升综合竞争力。例如，一家专注于技术研发的企业可以与一家擅长市场营销的企业合作，共同推出新产品或服务。通过合作，双方可以充分发挥各自的优势，实现资源的最大化利用，推动项目或业务的顺利进行。这种合作模式不仅促进了创新和产品的推出，也提升了企业的市场竞争力。另外，数字化平台也为企业提供了共享人才的机会。通过数字化平台，企业可以借助外部专业人才的力量，解决自身在某些领域的技术或人才短缺问题。例如，企业可以通过在线平台招募自由职业者或外部顾问，利用他们的专业知识和技能，完成特定的项目或任务。这种共享人才的模式不仅可以降低企业的人力成本，还能够提高项目的执行效率和质量，推动企业的创新和发展。

（二）实现信息对称

1. 信息透明与公平竞争

在数字化平台上，信息的流通更加迅速、便捷，企业和消费者可以通过平台获取到更加全面、准确的市场信息和资源，从而促进了市场竞争的公平性和有效性。首先，数字化平台提高了信息的透明度。通过数字化平台，企业可以将产品信息、价格、服务条款等信息公开透明地展示给消费者。例如，在电商平台上，各种商品的详细信息和用户评价都被一目了然地展示出来，消费者可以通过比较不同产品的价格、质量和评价，做出更加理性的购买决策。这种信息透明性促进了市场的有效竞争，提升了消费者的选择权和满意度。其次，数字化平台有助于消除信息不对称问题。在传统商业生态中，信息不对称常常导致市场竞争的不公平和资源分配的失衡。通过数字化平台，企业和消费者可以平等地获取到各种信息，降低了信息不对称所带来的风险和成本。例如，在金融领域，数字化平台为消费者提供了丰富的金融产品信息和服务，使得消费者可以更加清晰地了解自己的权利和责任，从而更好地保护自己的合法权益。此外，数字化平台也促进了市场竞争的公平性。在数字化平台上，企业的规模和地域优势不再是决定竞争力的唯一因素，更加重要的是产品质量、服务水平和价格竞争力。例如，在互联网领域，一家小型创业公司通过数字化平台也可以与大型企业展开竞争，只要其产品质量和服务水平能够满足消费者的需求，就有机会获得市场份额和用户信任。这种公平竞争的环境激发了企业的创新活力和服务意识，推动了市场的进步和发展。

2. 数据驱动决策与业务优化

数字化平台的建立为企业提供了强大的数据驱动决策和业务优化的机会，这对于提高企业的竞争力和适应性具有重要意义。通过充分利用数据分析工具和技术，企业能够更好地理解市场趋势、用户行为和竞争态势，从而制定更加精准的营销策略、产品方案和业务优化措施。首先，数据驱动决策使企业能够更准确地了解市场需求和用户行为。通过对海量数据的收集、整理和分析，企业可以发现潜在的市场机会和趋势，把握市场变化的脉搏。例如，通过社交媒体平台上的数据分析工具，企业可以实时监测用户的讨论和反馈，了解用户的兴趣、偏好和购买意向，从而调整产品定位和营销策略，提高市场反应速度和决策效率。其次，数据驱动决策有助于企业提高业务效率和优化运营管理。通过对内部数据的分析，企业可以发现业务流程中存在的问题和瓶颈，找到改进的空间和方向。例如，通过对生产流程和供应链的数据分析，企业可以优化生产计划和库存管理，降低成本，提高效率。同时，通过对客户数据和市场反馈的分析，企业可以优化客户服务流程，提升客户满意度和忠诚度，实现业务的持续增长和发展。另外，数据驱动决策还可以帮助企业发现新的商业机会和创新方向。通过对市场和用户数据的深入分析，企业可以发现用户的新需求和趋势，从而开发出符合市场需求的新产品和服务。例如，通过对消费者行为数据的分析，企业可以发现新兴的消费趋势和消费群体，及时调整产品线和营销策略，抢占市场先机。

（三）促进创新和竞争活力

1. 创新生态的激发与蓬勃发展

数字化平台的建立为创新者和企业提供了更广阔的创新舞台，为多样化的创新活动提供了有力支撑，进一步加速了商业生态的演进和升级。首先，数字化平台降低了创新的门槛，鼓励了更多的创业者和企业参与到创新活动中来。传统创新往往需要大量的资金、技术和人才支持，而数字化平台的建立使得创新者可以更加轻松地获取到必要的资源和支持。例如，云计算平台为创新者提供了灵活的技术支持和资源共享，创新者无需投入大量资金购置昂贵的硬件设备，降低了创新的成本和风险。这种降低门槛的创新模式吸引了更多的创业者和企业加入创新活动中来，推动了创新生态的蓬勃发展。其次，数字化平台为创新提供了更加广阔的市场和用户群体。通过数字化平台，创新者可以更快速地推出新产品和服务，并将其推广到全球范围内。例如，在电商平台上，创新者可以通过在线销售渠道直接将产品推送给全球消费者，实现全球市场的快速扩张。数字化平台的全球化特性为创新者提供了更大的市场容量和商机，激发了创新者的创新活力和竞争意识，推动了商业生态的创新和进步。另外，数字化平台为创新生态的协同合作提供了重要支撑。通过数字化平台，不同领域、不同地区的创新者和企业可以实现资源共享和优势互补，共同开展创新活动。例如，社交媒体平台为创新者提供了交流和合作的渠道，促进了创新思想和技术的交流与碰撞，推动了跨界融合和协同创新。这种跨界合作的模式为创新生态注入了新的活力和动力，加速了创新的孵化和落地，推动了商业生态的蓬勃发展。

2. 市场竞争的加剧与优胜劣汰

在数字化平台的环境下，企业之间的竞争更加激烈，平台的开放性和全球化特性使得企业有了更大的市场触达范围和更多的竞争对手。这种激烈的竞争促使企业不断提升产品和服务的质量，加速创新和技术的应用，以及不断优化客户体验，以求在市场中脱颖而出。首先，数字化平台为企业提供了更广阔的市场触达范围，但也增加了市场竞争的激烈程度。传统的线下市场受限于地域和渠道，而数字化平台打破了这种限制，使得企业可以进行全球化业务拓展。然而，这也意味着企业面临着来自全球范围内更多竞争对手的挑战，竞争压力更加巨大。企业需要不断提升自身的竞争力，以应对激烈的市场竞争。其次，数字化平台加速了产品和服务的差异化竞争。在数字化平台上，消费者可以更方便地比较不同企业的产品和服务，因此企业需要通过不断创新和提升，使得自己的产品和服务具有独特的竞争优势，从而吸引更多的消费者。这种差异化竞争促使企业不断投入研发和创新，提高产品和服务的质量和附加值，以求在激烈的市场竞争中占据优势地位。此外，数字化平台加快了市场反应速度。在传统市场环境下，企业可能需要较长的时间来推出新产品或调整营销策略，而在数字化平台上，企业可以更迅速地对市场变化做出反应。这意味着市场上的变化更加频繁和快速，企业需要具备更高的敏捷性和应变能力，以适应市场的变化，保持竞争优势。

第三节　行业案例分析

一、不同行业在数字经济影响下的商业生态演变案例

（一）零售行业

零售行业正逐渐转向在线销售，与电商平台展开合作，以数字化技术提升运营效率和用户体验。传统零售商开始意识到线上销售的重要性，他们与各大电商平台建立合作关系，共同探索数字化技术带来的商机。这种转型意味着零售商需要调整其业务模式，将重心从传统实体店转移到线上渠道。通过数字化技术，零售商可以更好地了解和满足消费者的需求，为消费者提供更加便捷和个性化的购物体验。与此同时，数字化技术还可以帮助零售商优化供应链管理、提高库存周转率，从而降低成本，提高效益。总的来说，零售行业的数字化转型不仅可以提升企业的竞争力，还能够满足消费者日益增长的线上购物需求，推动整个行业的发展和进步。

1.YH 超市的基本情况

YH 超市于 2001 年在福州市创立。同年 3 月，YH 超市抓住政策红利，在福

州市成立了首家"农改超"的超市，这是 YH 将农产品纳入超市系统的初次探索。当时，这家超市的占地面积仅为 1500 ㎡，但生鲜区域就占据了该超市 60% 的面积，主要的客户群体为家庭主妇和上班族。这种新业态由于它独特的经营模式和精准的市场定位为消费者所青睐，并以滚雪球的方式快速扩张，仅短短三年就增加至 22 家。2004—2007 年 YH 超市不断扩张经营范围并形成了全国性的战略布局，在 2004 年就已进入我国零售企业百强之列。2010 年，YH 超市在上海证券交易所完成上市，为 YH 进一步的扩张带来了充足的资金。目前的 YH 已经拥有连锁商超 900 多家，其经营面积高达 700 万公顷，是零售业态中很少一部分持续进行规模扩张却依然获利的企业之一。[1]

　　2013 年，YH 超市开始运作生鲜农产品类网站"半边天"，被视为零售业企业对电子商务模式的初尝试，由于受到支付功能的限制，"半边天"网站最终只是一个网络展示平台，与电商平台有着本质区别。但是，2013 年 YH 超市的经营计划完成度达 100%，将实体门店扩展到了全国 17 个省份，新签约实体门店 73 家并新开 46 家新门店。2014 年 1 月，YH 超市的"YH 微店 App"上线，用户从手机上下单，线下到店自提。同年 9 月，推出微店 App 的同城配送服务，这大大增加了 YH 的销售数量和销售额。之后，YH 开始对互联网模式进行大规模的布局与应用，在企业的生产经营中引入 IT 技术，将自助收银系统、自助购物系统等系统设备及微信、支付宝等新型支付方式引入实体门店，不断提升实体门店的科技含量。2015 年，YH 超市独资成立首家"彩食鲜"食品加工公司。同年，与京东集团达成合作关系，以 43.1 亿元将公司 10% 的股票卖给京东集团。

　　2017 年，YH 超市将业务分成"云超、云创、云商和云金"四个板块。云超板块重点推进实体门店硬件设施的改造升级，引入盒牛工坊、蛙鱼工坊等新物种，不断提升企业的品牌形象，吸引中高端客户群体到店消费。云创团队汇集核心力量打造出了"超级物种"，即将产品零售、线上服务以及餐饮服务有机结合。这种新型的零售业态受到了消费者的广泛欢迎并于 2017 年的新物种榜单中排在首位。云商板块重点对企业的职能管理部门及各事业部进行重组。云金板块主要将布局重心放在"惠商超、好借、惠租及惠小微"四类金融产品上。

---

[1] 王术峰 . 创新驱动背景下构建粤港澳区域物流体系之探讨———政府与物流企业价值链资源协同视角
　　[J]. 科技管理研究 .2016，36（16）：90-96.

由于外部市场环境的竞争激烈以及企业自身发展面临重重困难，2018 年，YH 超市开始将经营重心放在核心业务上，放弃了以往多业态发展的经营方式，期望通过将有限资源放在主营业务上的方式，不断提升企业的经营效率。同时，YH 超市为了使企业发展更加符合创新型企业的规律，将云创的部分股票转让给公司的实际控制人张轩宁，YH 超市持有云创板块的股权份额由之前的 46.6% 减至 26.6%，云创板块及其子公司的有关财务数据不再并入总公司的合并财务报表。[1]

2. 商业模式创新的动因

（1）商业模式创新是大势所趋

商业模式的创新已成为大势所趋。一方面，现代科技的广泛应用为商业模式的创新提供了坚实基础。近年来，随着人工智能、虚拟现实技术以及大数据等技术的普及，不仅使人们的生活更加便利，同时也给企业与消费者之间的交易方式带来了巨大冲击。例如，利用大数据分析消费者的搜索记录和消费行为，智能匹配消费者感兴趣的商品；人工智能中的语音识别技术使得消费者可以通过口述完成购物行为；虚拟现实技术不仅为消费者提供了沉浸式购物体验，还能够让用户在家中体验各种产品。这些新技术的发展与应用为商业模式的创新提供了更多可能性。

另一方面，消费模式的不断升级迫使企业不得不进行商业模式的创新。随着经济社会的迅速发展，市场上出现了越来越多的产品，这在极大程度上丰富了人们的物质生活，但也改变了人们的消费观念。消费者不再仅仅满足于高品质的产品，更加注重产品的差异化、性能和性价比。这种新的消费观念促使企业不断地进行商业模式的创新和升级，以适应市场的需求和变化。

（2）零售行业发展受阻

据统计，2012—2016 年我国社会零售消费总额增速持续降低，其中，2016 年 4 月同比增速降低至历年最低水平，达到 10.1%。其深层次原因在于：一方面，宏观经济下行、采购成本上涨等因素拖慢了零售业态前进的脚步。从 2016 年年初以来，国内零售业态前 50 强营业额增速徘徊至历史最低水平，同比增长 2.9%，一些零售企业甚至关闭盈利状况不佳的门店，仅在 2016 年国内零售行业中关闭店面数就达到 100 家。此外，线上电商和众多小型零售企业的出现，致

[1] 刘维华 . 现代物流企业战略发展问题研究 [J]. 商业经济研究，2021，812（1）：131-133.

使零售企业的利润空间不断被压缩、挤占和摊薄，导致我国零售行业市场集中度呈现出较低水平。另一方面，伴随着顾客消费理念换挡升级，线上零售业难以有效满足沉浸式消费体验的缺陷被不断放大，进而影响了线上零售业的持续快速发展，其零售业网站成交金额 2013 年增速为 60%，相比于 2013 年，2016 年零售业网站成交金额增速降低 36 个百分点，年均下跌 8% 以上。这表明传统零售业目前的商业模式难以满足当前经济环境发展和消费者需求的变化。前瞻产业研究院预测指出，"新零售"的出现将引发新一轮消费热潮，2022 年"新零售"市场规模将增至 1.8 万亿元。这将进一步拓展零售行业的盈利空间、引发商业模式创新和助推零售行业走出低迷。

（3）YH 超市自身发展的需要

YH 超市得以快速发展的突出优势在于其所布局的生鲜领域，相较于同类型零售企业，YH 超市仍面临发展后劲乏力、市场竞争激烈等问题。随着"新零售"模式的出现，阿里巴巴依托该模式打造了盒马生鲜，以生鲜作为经营核心来开拓、布局市场，并依靠其强大的资金链条迅速发展起来，像每日优鲜、叮咚买菜等各类生鲜电商企业也在迅猛跟进，这给 YH 超市以生鲜为竞争优势的经营模式带来了一定的压力，因此 YH 超市要想在竞争激烈的市场中占据有利地位，就必须进行商业模式的改革创新。

（4）YH 超市已具备商业模式创新的基础

商业模式创新是企业战略的一项重大变革，需要有坚实的基础来支撑。YH 超市作为零售行业的领头羊，在过去十多年里积累了丰富的经验，并在生鲜领域树立了不可动摇的竞争优势。此外，YH 超市还成功将业务拓展至全国范围，扩大了市场覆盖面。在 2014 年，为了实现稳健的扩张战略并解决资金短缺的难题，YH 超市引入了战略投资者牛奶国际。牛奶国际以现金认购的方式购入了 YH 超市 20% 的股权，为 YH 超市筹集了净额达 56.71 亿元的资金。截至 2015 年 3 月，在 YH 超市完成了非公开市场的股票增发后，其现金储备已高达 80 亿元。这笔充足的资金大大支持了企业推动电商平台的升级、物流中心的建设以及门店扩张等战略的实施。

3. 商业模式创新的路径

（1）在"农改超"基础上打造四类超市业态

在传统的商业模式体系中，YH 超市的战略核心主要是满足线下顾客的需求，对消费者群体并没有进行精细划分，业务模式相对比较单一，更注重线下实体门店的扩张。为了更加精准地分析客户需求，2015 年，YH 超市依托客户关系管理系统，从销售占比情况、会员年龄段的分布结构等多个角度对会员的消费特点进行研究，在此基础上对会员消费特点进行分类，定制化推出相应的营销活动，大大降低了不必要的营销成本。除此之外，YH 超市还与互联网企业展开积极合作，利用互联网企业的云服务，深耕战略发展与各项业务层面，进一步细分市场，精准化锁定目标客户，对"线上＋线下"双渠道发展的新零售商业模式展开积极探索。

YH 超市利用大数据分析技术对消费群体进行精细化划分，不同的消费群体对应不同类型的业态店，YH 超市的云超板块主要负责五类实体门店的运营。红标店是普通业态店，主要以大卖场为特色，产品种类丰富，价格低廉，目标消费者为购买能力较低的群体。绿标店则以红标店为基础，在产品类别、购物环境、服务客户等方面都进行了全方位的升级，其主要服务于中端消费群体。Bravo 精标店的目标人群为高收入群体，店内装饰极具特色，运用电子标签，提供餐饮服务，购物环境便捷舒适。YH 超市会员店以中高档小区住户为目标客户，并配有线上平台及物流配送等服务。2017 年在福州亮相的"超级物种"店则是商业模式创新的产物，以极致场景化的购物体验为特色，产品类型以进口为主，顾客可以即时选购生鲜产品进行加工，还为会员提供烹饪、养生等学习课程，这些差异化服务的提供大幅提升了消费者的回头率。

云创板块则以线上运营为主，YH 生活 App 是 YH 超市独立研发的线上平台，已实现线上线下全渠道发展。作为 YH 超市自家生活 App，它利用线上宣传活动和大数据分析技术为消费者推荐商品，实现线上下单与支付，线下全覆盖三大实体门店，截至 2019 年 12 月 31 日，YH 超市 App 已实现 5158 万次线上服务，遍及全国 24 个省份。

YH 云商和云金板块则主要致力于金融领域和供应链领域的深耕。YH 超市在供应链方面已奋战多年，现已在福建、安徽、四川、重庆等 6 个省市创建生鲜中央工厂并投入使用，生鲜供应链的布局日趋完善，在满足自身需求以外，YH 超市也承担生鲜供应的业务。在金融领域，YH 超市也颇有成就，截至 2019 年 12 月 31 日，其注册用户数已达 39.29 万，营业收入 2.93 亿元，实现利润 1.47 亿元。

（2）全面升级供应链

传统模式下，产品需经历多个环节才能最终到达消费者手中，这不仅增加了产品损耗，也提高了采购成本。为此，YH 超市着手全面升级供应链，以应对这一挑战。

首先，YH 超市致力于整合区域供应链，以打破传统的多环节中间商模式。基于"就近原则"，超市对各供应商进行评估，并与信誉良好、品质有保障的供应商直接合作，以确保货品质量的同时降低采购成本。此举不仅简化了供应链，还提高了供应效率和产品质量。

其次，YH 超市通过延伸上游供应链，直接向产品生产地进行采购，从根源上保障了产品质量，并提高采购效率。这种垂直整合的采购方式不仅减少了中间环节，还降低了采购成本，使超市能够以更合理的价格获取高质量的产品。

除此之外，YH 超市还通过与境外建立采购体系来丰富产品来源和供应渠道，以确保产品的多样性和供应的稳定性。这种国际化的采购策略不仅丰富了产品线，还增强了超市对市场的适应能力。

为了更好地把控采购成本和产品质量，YH 超市对购入的所有产品进行了分类管理，并对供应商信息进行了归档管理。通过建立供应商绩效评价体系，超市能够及时奖惩不同供应商的表现，为今后的合作提供便利和保障。

YH 超市的目标是打造一个节能高效、运营标准、自动化与信息化的物流体系。为此，他们引入了电子标签、自动称重等系统，并在线下实体店实现了全过程的实时控制。通过远程监控管理，YH 超市能够实时监测运输环节，并根据实际情况进行调整，以确保物流运作的高效和稳定。

截至 2019 年 12 月，YH 超市在全国 28 个省市建立了物流中心，拥有 11 个冷链仓和 19 个常温仓，其吞吐能力已能够满足 1200 家门店的需求。这些举措不仅提升了 YH 超市的运营效率和产品质量，也为其在竞争激烈的零售行业中保持领先地位奠定了坚实基础。

3. 创新获利模式

从经营层面来看，YH 超市主要通过生鲜事业部、食品用品事业部、服装事业部三个部门来完成获利模式的创新。

YH 超市进一步加强产品的精细化管理，强化生鲜能力，调整产品结构。项目商品实行产品工业化标准，生鲜向品牌化靠拢；推行生鲜产品垂直化管理以及营销和采购合一的理念，并调整相应的组织结构，成立商品业务支持部，为"营采合一"理念提供支持；依据市场的季节性变化和门店的经营情况，制定产品储存的合理数量，以减少资源浪费；拓宽优质生鲜资源的供应渠道，强化生鲜经营的理念，培育高品质产品，提高精品、自有品牌的销售比例以增强产品竞争力；不断提升经营门店的生鲜运营能力，升级营销策略，以高效且高标准的运营方式提高顾客满意度，并通过对关键指标和营销指引等数据的分析，对门店的生鲜经营进行适时调整。

YH超市对食品用品事业部的供应链进行进一步的创新，全面升级各类产品的管理模式，不断达成新的战略合作，取消了一些产品的中间环节，转为直接与生产商采购，采用多种形式挑选优质、差异化的产品，不断提升产品质量和获利水平。此外，事业部还对产品品类实行了更加精细化的管理，增加共性产品比例并对低效益的产品进行淘汰。YH超市与各子公司共同协作培育高效益品类，以双轨运行和营采合一的运营模式，不断提升供应链管理水平，使企业在快速消费品领域占据优势地位。

YH超市对服装事业部的供应链进行了进一步的优化。设定了新的供应商考核标准，对排在末端的供应商进行淘汰；对重叠品项进行统一采购，扩大单一品项的采购规模以获取议价能力，不断提高单品的获利水平；积极开拓新供应商，并与规模供应商合作开发新产品，优化产品结构；对线下门店实行分类管理，提升供应商的商品满足度；依据商圈范围、目标客户定位等来确定各个线下实体店的服装配置；服装事业部还推出单店独立核算的运营模式，尝试新业态"单品汇"，以80、90后为消费对象，运用盈利合伙分红制。除此之外，服装事业部还提出独立核算的经营理念，以实体门店的盈利性增长为目标，不断提升存货周转率，并以福建区为试点，逐步进行调整推广。

（二）金融行业

数字化技术的应用推动了金融行业的创新，如移动支付、虚拟货币等，改变了传统金融服务的提供方式。在数字经济的背景下，供应链金融已成为促进油气行业发展的重要工具。文章将深入探讨数字经济的特点，供应链金融的优势，以及政策背景对油气行业供应链金融发展的影响。此外，还将详细阐述油气行业供应链金融发展的现状和存在的问题，并提出了具有针对性的对策，包括构建以数据为核心的数字信任机制、应用数字货币智能合约实现资金闭环、利用大数据分析打造数字营销体系等。最后，展望油气行业供应链金融的未来发展，包括链长责任与央企担当的提升、行业生态圈的构建与稳固等趋势，旨在为数字经济背景下油气行业供应链金融的发展提供理论依据和实践指导。

1.供应链金融优势分析

（1）优化资金流转

在油气产业链中，供应链金融可以大大优化资金流转，特别是对于中小企业来说，这种优化更加明显。传统的金融体系通常会将更多的关注放在大型企业上，而供应链金融却能够将视线扩大到整个产业链上，通过整合产业链上下游的信息，实现资金的快速流转。举例来说，大型的油气企业通常具有较好的信誉和较强的融资能力，而供应链金融则可以将这些优势传递给上下游的中小企业。这样一来，不仅可以缓解中小企业的融资压力，提高其经营效率，还可以进一步加强整个油气产业链的稳定性和韧性，从而推动整个产业链的发展。

（2）降低融资成本

在传统金融系统中，由于信用评级、企业规模等因素的影响，中小企业通常面临较高的融资成本。然而，通过供应链金融，核心企业的信用优势可以传递到供应链的其他环节，包括中小企业，从而显著降低了整个供应链的资金融通成本。此外，供应链金融还能够通过信息共享和风险共担机制，减少信息不对称，降低风险溢价，进一步压缩资金融通的费用。[1] 例如，油气行业的中小企业与供应链中的其他主体共享信息，使金融机构能够更精准地评估其信用风险，从而获得更为优惠的资金融通条件。

在实际运作中，供应链金融还可以通过与核心企业建立长期合作关系，进一步降低交易成本。这种合作模式不仅可以使中小企业享受到更低的资金融通费用，也有助于整个油气产业链的稳定和发展，推动油气产业链的创新发展，解决中小企业的资金融通难题。

（3）提升中小企业融资能力

供应链金融的运作模式能显著提升中小企业的融资能力，这一点在油气行业尤其明显。传统的融资模式下，中小企业由于规模较小、信誉度较低，融资难、融资贵的问题严重。然而，当供应链金融介入后，由于其能够利用核心企

---

[1] 何黎明.我国物流业 2020 年发展回顾与 2021 年展望 [J]. 中国流通经济，2021，35（3）：3-8.

业的信用优势，中小企业可以得到更好的融资服务，从而提升融资能力。此外，供应链金融还可以通过实时、全面的供应链信息，使金融机构更准确地评估中小企业的信用风险，从而提高其融资能力。例如，通过整合油气产业链的数据，金融机构可以对中小企业的经营状况进行更准确的评估，提供更为精准的融资服务。这种优势不仅能够解决中小企业的融资难题，推动其业务发展，也有助于提升整个油气产业链的稳定性和韧性，进一步带动油气产业链的创新发展。

（4）增强供应链稳定性和韧性

加强供应链的稳定性和韧性是供应链金融的重要功能之一。通过将金融服务延伸至供应链的各个环节，供应链金融能够有效地提升供应链的稳定性和应变能力。对于油气产业链而言，由于其复杂的环节和高风险性，保持供应链的稳定性和韧性尤为关键。一方面，供应链金融可以通过优化资金流动、降低融资成本，增强中小企业的融资能力，从而确保供应链的各个环节稳定运行。另一方面，通过建立信息共享和风险共担机制，供应链金融能够在面对市场波动和风险时，保持供应链的稳定性和适应性。举例而言，当市场发生变化时，核心企业可以及时为上下游中小企业提供必要的资金支持，避免供应链的中断，保障其稳定运作。同时，通过风险共担机制，当某个环节面临风险时，其他环节也能够提供支持，保证整个供应链的韧性。

2.政策背景

在我国油气行业供应链金融发展中，政策背景至关重要。政府已经采取了一系列有针对性的政策措施，旨在解决中小微企业融资难题，优化大中小企业的资金链，推动供应链金融服务的创新。首先，国务院发布了加大支持中小微企业的一系列措施，这表明政府对中小微企业的支持力度进一步加大。该政策鼓励大中小企业之间的融通创新，优化资金链，推动大企业与上下游中小企业的合作，解决中小企业在供应链融资中融资难和融资成本高的问题。其次，商务部等多个部门发布了《关于推动供应链创新与应用试点的通知》，强调了金融科技在供应链金融服务中的重要作用。政策鼓励具备条件的金融机构与供应链核心企业、政府部门对接，推动供应链上的资金、信息、物流等实现数字化和可控化，以提供更为便捷的供应链融资服务。[1] 最后，我国政府还明确了中央

[1] 王术峰，何鹏飞，吴春尚.数字物流理论、技术方法与应用———数字物流学术研讨会观点综述 [J].中国流通经济，2021，35（6）：3-16.

企业在供应链金融服务中的责任与角色。政策要求有条件的企业应充分利用行业链长优势，发挥数据和服务的支撑作用，引入优质金融资源，搭建供应链金融服务平台，精准对接中小企业的金融需求，为其提供优质、高效的供应链金融服务。这些政策的实施为油气行业供应链金融的发展提供了有力的政策支持，也将进一步推动油气产业链的融通创新发展，解决中小企业的融资难题。

3. 油气行业供应链金融发展的现状

（1）供应链金融在油气行业中的应用概况

在油气行业中，供应链金融已经开始得到广泛的应用。这个行业的供应链具有较高的复杂程度，涵盖了勘探、开发、储运、炼化、销售等多个环节，涉及众多的上下游企业。为了缓解供应链中的资金压力，提升运营效率，许多企业开始尝试采用供应链金融的方式。

供应链金融在油气行业的应用主要体现在两个方面：一是核心企业通过供应链金融的方式，向上下游中小企业提供融资支持，以保障供应链的稳定运行；二是金融机构根据供应链的信息流、物流和资金流情况，为供应链中的企业提供定制化的金融服务。目前，这一模式已经在一些大型油气企业中得到了实践，例如中石油、中石化等企业，都已经通过建立供应链金融服务平台，为上下游中小企业提供了有效的融资支持。

（2）供应链金融在油气行业中的成效与影响

供应链金融在油气行业中的应用已经取得了明显的成效。首先，通过供应链金融，上下游企业的资金流转效率得到了显著提高，尤其是一些中小企业得以缓解了资金压力，提高了运营效率。其次，供应链金融也提升了油气行业整体的稳定性和韧性。通过金融机构的介入，核心企业可以更好地控制供应链的风险，保证供应链的稳定运行。再次，供应链金融的发展也推动了油气行业的创新发展。通过金融科技的应用，金融机构可以利用大数据、人工智能等技术，对供应链中的信息进行深度挖掘和分析，为企业提供更为精准的金融服务，推动了油气行业的数字化转型。最后，供应链金融在油气行业的应用还体现在支持专精特新中小企业发展。这些企业通常拥有较高的技术水平或者独特的业务模式，但由于资金链的问题，在业务拓展和创新上常常受限。供应链金融的介入，为这些中小企业提供了稳定可靠的融资渠道，改善了它们的经营环境，促进了它们的健康发展。同时，由于这些专精特新的中小企业通常处在油气行业供应链的关键环节，它们的稳定和发展直接影响到整个供应链的安全和稳定。这种影响力进一步被供应链金融放大，使得供应链整体更加健康和稳定。

4.数字经济背景下油气行业供应链金融发展存在的问题

（1）客户的获取与保持面临挑战

在数字经济背景下，油气行业供应链金融发展中，客户的获取与保持面临挑战。一方面，客户获取的难度主要表现在银行网点限制和营销方式传统单一，对于银行机构尤其是中小银行，它们受限于物理网点布局较少，且多采用传统线下营销模式，这在一定程度上影响了供应链金融产品的市场推广和营销。另一方面，客户保持的挑战主要体现在客户忠诚度低和服务质量维护难两个方面。在面临多元化的金融产品和服务选择时，客户的忠诚度通常较低，容易受到竞争对手的影响而流失。同时，提供持续、优质的服务以维持客户关系，也需要投入大量的人力、物力和财力，这对许多公司来说是一个挑战。总的来说，随着数字经济的深入发展，油气行业供应链金融在客户获取与保持上面临着较大挑战。

（2）交易背景核实的问题

在数字经济的浪潮下，油气行业供应链金融的迅速发展带来了一个重大挑战，即交易背景核实的困难。供应链金融涉及多个环节和众多参与方，因此，确保交易背景的真实性和合法性显得尤为关键。一方面，油气行业的复杂性，包括长周期的勘探、复杂的生产工艺以及多元化的销售渠道，使得交易背景的验证变得异常棘手。这些因素导致供应链中的交易信息不够透明，增加了验证的难度。另一方面，尽管区块链技术、大数据分析等数字化工具被认为是解决这一问题的有效手段，但在实际运用中，如何准确收集、处理和分析数据，以及如何解决数据安全和隐私保护等问题，也成为交易背景核实过程中的难题。此外，对于中小企业而言，由于其在供应链中的地位相对较低，获取到的信息受到限制，这使得它们在验证交易背景时面临更大的困难。这种局面限制了中小企业对供应链金融的利用，进一步加剧了它们的融资难题。

（3）资金监管难

在数字经济背景下发展出的供应链金融虽然有着众多优势，但是对于油气行业来说，资金监管问题也浮出水面。在油气行业中，由于供应链的复杂性和长期性，资金的流动涉及多个环节，涵盖了上游的勘探、开采，中游的运输、储存，以及下游的销售等环节。这些环节涉及企业多、地点广、时间长，使得资金的监管变得更加困难。而且，对于许多中小企业来说，由于缺乏必要的技术和人力资源，对资金流动的监控和管理存在明显的困难。这不仅可能影响到他们对资金的有效利用，降低融资效率，还可能导致资金流失，增加融资风险。此外，尽管数字化技术在一定程度上可以帮助企业解决资金闭环控制的问题，但是如何将这些技术与油气行业的供应链金融有效结合，以及如何处理由此产生的数据安全和隐私问题，也是需要进一步解决的难题。

（4）客户特征解析的难度

在数字经济背景下，客户特征解析成为企业获取客户需求、优化产品和服务、提升客户体验的重要手段。然而，对于油气行业的供应链金融来说，客户特征解析存在明显的困难。首先，油气行业的供应链涵盖了众多的企业，包括上游的勘探开采企业、中游的运输储存企业，以及下游的炼化和销售企业。这些企业的规模、业务、需求各不相同，构建准确、全面的客户特征解析具有很大的挑战性。其次，油气行业的供应链金融服务对象主要是企业，而企业客户的行为模式、需求特点与个人客户有很大的区别，传统的客户特征解析模型和方法往往难以适用。这就需要供应链金融服务提供者对企业客户进行深入的理解和研究，开发出适合的客户特征解析工具和方法。再次，对于许多中小企业来说，由于缺乏足够的数据分析能力和技术支持，他们在收集、整理、分析客户数据，构建客户特征解析的过程中面临着较大的困难。这不仅限制了他们对客户需求的准确把握，也影响了他们利用供应链金融服务提升业务效率和竞争力的能力。最后，客户特征解析涉及大量的敏感数据，如何在保证数据安全和隐私的前提下进行有效的数据分析，也是一个亟待解决的问题。

5.数字经济背景下油气行业供应链金融发展对策

（1）建立数据驱动的信任框架

首先，数据驱动的信任框架有助于提升供应链金融的透明度。透明度是信任的基石，通过数据共享，各参与方可以全面了解供应链金融的运营状态，消除信息不对称，从而提高各方的信任度。其次，数字信任框架能够提升供应链金融的风险管理能力。通过数据分析，可以准确评估各参与方的信用状况，预测可能的风险，及时采取措施防范，有效降低供应链金融的风险水平。再次，数据驱动的信任框架有助于提升供应链金融的服务质量。通过对大量数据的分析，可以深入理解客户需求，优化金融产品和服务，提升客户体验，从而增强客户对金融机构的信任度。最后，数字信任框架还可以为中小企业提供更多的发展机会。通过数据分析，可以发现中小企业的潜力和优势，为其量身定制金融服务，帮助解决其融资难题，促进企业健康发展。此外，建立数据驱动的信任框架需要充分利用先进的技术手段和有效的管理机制。在技术方面，需要借助人工智能、大数据分析、区块链等技术，实现对海量数据的快速处理和深度挖掘，以提升数据的可信度和安全性。同时，需要建立健全的数据管理体系和信息安全保障机制，保护数据的隐私和完整性，防止数据泄露和滥用。在管理方面，需要建立多方参与、协同合作的机制，形成共识和规范，确保数据的共享和交换符合法律法规和行业标准，促进信任的建立和维护。

（2）利用数字货币的智能合约确保资金流的完整性

首先，智能合约可以自动执行，这意味着一旦合约条件被满足，资金就会自动流转，这极大地提高了资金流转的效率，减少了人工干预的可能性，降低了操作错误和欺诈行为的风险。这对于解决中小企业的融资难题具有积极推动作用。其次，智能合约的公开透明性可以增加供应链金融的信任度。所有参与方都可以查看智能合约的内容和执行情况，这大大增加了参与方的信任度，提高了供应链金融的稳定性。再次，智能合约的不可篡改性使得资金流转的记录永久保存，这为资金流转提供了可靠的证据，有利于解决贸易背景验证难的问题。最后，应用数字人民币智能合约实现资金闭环，可以更好地保障中小企业的利益。通过智能合约，中小企业可以及时获得应收账款，缓解资金压力，从而更好地发展自身业务。

（3）利用大数据洞察创建全面的数字营销策略

基于大数据分析打造的数字营销体系，不仅可以优化企业的现金流，提高供应链运营效率，降低风险，还可以提升企业的信用评级，从而有力地解决中小企业的融资难题，推动油气行业供应链金融的发展。一是通过大数据分析，企业可以深度挖掘客户需求、预测市场趋势，以精准的营销策略吸引并保持客户。这种数字营销体系能够降低企业的营销成本，提高营销效率，从而优化企业的现金流，缓解融资压力。二是大数据可以帮助企业在供应链管理中实现精细化运营。通过实时监控和分析各环节数据，企业可以及时发现并解决问题，提高供应链运营效率，进一步优化现金流。三是大数据分析还可以帮助企业进行风险管理。通过分析历史数据，企业可以预测未来可能出现的风险，提前做好应对策略，降低风险对企业融资的影响。四是大数据分析在提升企业信用评级方面也发挥了重要作用。通过分析企业的经营数据，银行和金融机构可以更准确地评估企业的信用风险，从而降低中小企业的融资难题。

（4）通过数据模型为金融服务提供导航支持

通过数据模型为金融服务提供导航支持，是利用数字技术优化金融服务，解决中小企业融资难题的重要手段。这种方式不仅可以提高金融服务的精准度和效率，还可以推动油气行业供应链金融的发展。数据模型的构建和应用，使得金融机构能够获取到企业的运营数据、财务数据和信用数据等多维度信息，通过对这些信息进行深度挖掘和分析，精准判断企业的融资需求和风险承受能力，从而提供更加合适的金融产品和服务。对于中小企业来说，这种金融导航服务意义重大。因为传统的金融服务通常以企业的规模和信用等级为主要考量因素，而忽视了企业的实际运营情况和融资需求。这种情况下，往往造成大企业过度融资，而中小企业融资难。但通过数据模型，金融机构可以更加准确地了解中小企业的融资需求和风险状况，从而为其提供更加精准和个性化的金融服务，有效缓解中小企业的融资难题。此外，这种金融导航服务也有利于优化金融资源的配置，提高金融服务的效率。因为通过数据模型，金融机构可以将有限的金融资源精准地投放到最需要的地方，避免资源的浪费，提高金融服务的效率。

二、行业案例分析对于商业生态创新的启示

以上案例表明，不同行业在数字经济的影响下都经历了商业生态的演变和创新。这些案例为其他行业提供了借鉴和启示，提示企业要积极拥抱数字化技术，加强创新能力，不断调整和优化商业模式，以适应数字经济时代的发展趋势。

（一）零售行业

1.YH超市的数字化转型

（1）背景与创新动因

YH超市作为一家成立于2001年的传统零售企业，在面对电子商务的浪潮和消费模式的变化时，积极探索与实施了一系列商业模式的创新。随着互联网技术的不断进步，零售行业经历了从传统实体店向线上平台过渡的重大转变。

消费者的购物习惯逐渐向线上倾斜，加之移动支付和社交媒体的兴起，为零售行业带来了前所未有的发展机遇。

（2）创新实施

YH超市通过以下几个方面进行了商业模式的创新。

云超、云创、云商、云金四大板块：这四大板块的建立，是YH超市响应数字化浪潮的关键策略之一。云超板块致力于实体门店的数字化升级，引入高科技设备和系统，以提升购物体验和运营效率。云创板块集中于新零售模式的开发，结合线上线下服务，提供一站式购物解决方案。云商板块重组公司的内部管理结构，优化资源配置，而云金板块则是利用金融科技支持零售业务的扩展，如提供客户金融产品和服务。

大数据和人工智能：利用大数据分析消费者行为，优化库存管理和个性化营销策略。人工智能技术的引入，例如在客户服务中使用聊天机器人，以及在供应链管理中使用智能系统，大大提高了效率和客户满意度。

线上线下融合（O2O）模式：通过强化线上平台与实体店的互动，YH超市提供了无缝的购物体验。消费者可以在线选择商品，选择在店内提取或者在线下店铺试用后再购买。

（3）创新成效

这些创新不仅增强了YH超市的市场竞争力，也显著提升了消费者的购物便利性和满意度。通过这些措施，YH超市能够有效地应对数字化带来的挑战，维持并扩大其市场份额。

2.商业模式创新的启示

（1）整合线上线下资源

YH超市的成功案例深刻启示了零售行业整合线上线下资源的重要性。在数字经济时代，传统零售企业不再只依赖于传统的实体店铺，而是需要构建一个紧密相连、互通有无的商业生态系统。通过将线上平台与实体店铺紧密结合，零售企业可以为消费者提供更加丰富、便捷的消费体验。通过线上线下的资源整合，企业可以实现库存、物流、销售等多个环节的优化，从而提高整体运营效率，提升用户体验。

（2）持续创新与快速适应

YH超市的案例进一步强调了在数字经济时代持续创新和快速适应市场变化

的重要性。创新是企业在竞争激烈的市场中生存和发展的关键。零售企业需要不断地探索新的技术和商业模式，以满足消费者不断变化的需求和预期。YH超市之所以能够保持行业领导地位，正是因为其不断进行创新，及时调整业务策略，快速适应市场变化，满足消费者的需求。

（3）利用数据驱动决策

在数字经济时代，大数据分析对于零售行业的重要性日益凸显。YH超市通过数据分析来优化库存管理、个性化营销策略和改善客户服务，取得了显著的成效。数据驱动的决策过程能够帮助企业更加精准地了解市场动向和消费者偏好，从而制定更加有效的业务策略，提高市场竞争力。

（4）数字化转型的全面性

YH超市的数字化转型过程展示了数字化转型不仅仅是技术的更新和在线平台的建设，更是企业文化和运营模式的全面革新。数字化转型涉及企业内部的组织结构调整、人力资源管理的优化、内部流程的重新设计以及新业务模式的探索与实践。只有在多个层面上进行调整和改进，企业才能真正实现数字化转型，迎接数字经济时代的挑战和机遇。

（二）金融行业

1.供应链金融在油气行业的应用

（1）供应链金融的重要性

在油气行业中，供应链金融的应用具有重要的意义。它不仅优化了资金流转，降低了运营成本，还帮助了中小企业改善了资金状况，增强了整个产业链的稳定性和抗风险能力。通过数字技术的应用，供应链金融实现了油气行业资金的高效流动，为企业提供了更灵活、更便捷的融资渠道，从而促进了油气行业的健康发展。

（2）实施策略

①优化资金流转

通过将核心企业的信用优势传递到供应链下游，供应链金融实现了中小企业获得更低成本资金的目标，从而提升了整个供应链的资金效率和流动性。

②风险管理与信用评估

利用大数据和人工智能技术，金融机构可以对供应链中的企业进行更精准的信用评估和风险管理，降低了贷款违约风险，提高了融资的可持续性。

③政策支持与协调

政府的政策支持和行业协调对于供应链金融的成功实施至关重要。政府在资金监管和市场准入等方面提供了重要帮助，促进了供应链金融的发展和应用。

（3）成效与挑战

①成效

供应链金融的应用提升了油气行业的资金使用效率和供应链稳定性，促进了产业链的健康发展，为企业提供了更加灵活和可持续的融资渠道，增强了整个行业的竞争力和抗风险能力。

②挑战

供应链金融在油气行业的应用也面临着一些挑战。其中包括数据安全的保障、客户获取与保持的难题以及交易背景核实的困难等。这些问题需要通过技术创新和更紧密的政策与市场协调来解决，以进一步推动供应链金融在油气行业的应用和发展。

2.商业模式创新的启示

（1）建立跨行业合作

金融行业与油气行业的合作展示了跨行业协同的重要性。通过跨行业合作，可以充分利用各自的优势，共同开发新的市场机会，提升整个产业链的竞争力。

（2）技术驱动的创新

技术在推动供应链金融发展中起到了关键作用。金融行业应持续探索和应用新技术，如区块链、云计算等，以解决资金流动、信用评估和风险管理等核心问题。通过技术驱动，企业可以更有效地整合资源，提高服务质量和效率。

（3）政策环境的适应与影响

金融行业的创新不仅需要企业内部努力，也需要适应和利用外部政策环境。政策的支持可以为供应链金融提供更广阔的发展空间，例如，国家对中小企业金融支持的政策，可以帮助这些企业更好地融入供应链金融系统。

（4）可持续性与社会责任

供应链金融的实施不仅是经济活动的一部分，也是企业履行社会责任的一种方式。通过支持供应链中的小微企业，大企业可以在推动自己业务发展的同时，帮助提升整个供应链的可持续性和抗风险能力。

第四章 数字经济对商业模式的影响

第一节 商业模式的基本概念

一、商业模式的内涵

了解企业模式的创新，首先要了解商业模式的内涵和外延，由此方能做进一步的实践应用，更好地指导企业做商业模式优化创新。亨利·切萨布鲁夫被誉为开放式商业模式创新之父，他认为，商业模式是一种十分有益的结构，它连接了初始创意、技术以及经济收益。奥斯特瓦德认为，商业模式涵盖了企业从创造到传递再到获取价值等环节。

（一）商业模式的内涵和外延

商业模式是对企业运营方式和利润逻辑的全面描述，它是企业战略的核心，涵盖了诸多方面，包括企业的价值主张、价值创造方式、盈利模式以及利益相关者之间的交互关系。从亨利·切萨布鲁夫和奥斯特瓦德的观点来看，商业模式是企业从初始创意、技术到经济收益的完整框架，贯穿了价值创造、传递和获取的全过程。

1. 价值主张

商业模式的内涵之一是价值主张，即企业向客户提供的价值，包括产品或服务的特性、功能、性能等，以及与其他竞争对手相比的优势。价值主张需要准确地定位目标客户群体的需求，以确保产品或服务能够满足客户的期望，并创造出差异化的竞争优势。

（1）定位目标客户需求

价值主张的首要任务是准确地定位目标客户群体的需求。通过深入了解客户的需求、偏好和痛点，企业可以为其提供更符合期望的产品或服务，从而赢得客户的认可和信任。这需要企业不断进行市场调研和用户反馈分析，以确保价值主张与客户需求保持一致。

（2）满足客户期望

价值主张需要确保产品或服务能够充分满足客户的期望。这意味着产品或服务的特性、功能、质量等方面都必须符合客户的预期，并且能够为客户带来实际的价值和好处。只有在满足客户期望的基础上，企业才能够建立起与客户之间的长期关系，实现持续的市场竞争优势。[1]

（3）创造差异化竞争优势

价值主张还需要突出企业与竞争对手的差异化优势。在竞争激烈的市场环境中，企业需要通过独特的价值主张来吸引客户，从而脱颖而出并取得市场份额。这可以通过技术创新、服务升级、品牌建设等方式来实现，确保企业在市场上的竞争地位稳固。

（4）持续优化和更新

价值主张需要与市场环境和客户需求保持同步，并随着时间的推移不断进行优化和更新。随着科技和社会的发展，客户的需求和偏好也在不断变化，因此企业需要及时调整和改进自己的价值主张，以适应市场的变化，并保持竞争优势的持续性和稳定性。

2. 价值创造方式

（1）资源配置和优化

价值创造方式的首要任务是合理配置和优化企业的资源。这包括物质资源如原材料、生产设备，以及人力资源如员工技能、团队协作能力等。企业需要将这些资源有效地组织和利用，以提高生产效率、降低成本，并确保产品或服务的质量和性能达到市场标准。

（2）技术和创新能力

企业需要不断引入先进的生产技术和工艺，以提高生产效率和产品质量。同时，创新能力也是企业持续发展的关键，通过不断创新产品设计、功能和服务模式，企业可以更好地满足客户需求，并在市场上赢得竞争优势。

---

[1] 石蓉姗，李丹.基于区块链技术的共享经济发展模式研究 [J].商业经济研究，2018（24）：178-181.

（3）生产效率和质量管理

高效的生产效率和严格的质量管理是确保企业价值创造方式顺利进行的关键因素。企业需要不断优化生产流程，提高生产效率，以降低成本并提高产量。同时，严格的质量管理措施可以确保产品或服务的质量稳定，提高客户满意度，从而增强市场竞争力。

（4）市场导向和客户需求

企业需要不断了解和分析市场动态，深入了解客户需求和偏好，以及竞争对手的表现和策略。只有与市场保持密切联系，才能够根据市场反馈及时调整和优化价值创造方式，确保产品或服务始终符合市场需求，从而获得持续的市场认可和竞争优势。

3.盈利模式

盈利模式涉及产品定价策略、收入来源、成本结构等方面，需要确保企业能够实现可持续的盈利，支持其业务的持续发展和扩张。在制定盈利模式时，企业需要综合考虑产品定价策略、收入来源和成本结构等多个方面，以确保实现可持续的盈利，支持其业务的持续发展和扩张。首先，产品定价策略是盈利模式的核心之一。企业需要根据市场需求、竞争情况、产品特性以及目标客户群体的支付能力等因素来确定合适的定价水平。定价过高可能导致市场份额下降，而定价过低则可能损害企业利润空间。因此，企业需要进行充分的市场调研和定价策略分析，制定出符合市场规律和企业利益最大化的定价方案。[1]其次，收入来源是盈利模式的另一个关键组成部分。企业可以通过多种方式收入来源，包括产品销售、订阅服务、广告费用、许可费用等。在确定收入来源时，企业需要考虑到市场需求、竞争情况、客户付费意愿以及长期盈利能力等因素，选择适合自身发展的收入模式，并不断优化和调整以适应市场变化。此外，成本结构也是盈利模式设计的重要组成部分。企业需要合理控制和管理成本，以确保盈利空间得以最大化。成本包括直接成本和间接成本两部分，直接成本涉及生产产品或提供服务的成本，而间接成本则包括管理费用、市场费用、人力成本等。通过精细化的成本管理和优化成本结构，企业可以提高盈利水平，增强竞争力。

[1] 袁勇，王飞跃.区块链技术发展现状与展望[J].自动化学报，2016，42（4）：481-494.

4.利益相关者关系

在建立和维护利益相关者关系时，企业需要注重合作伙伴关系的建立与维护、供应链管理以及客户关系管理等方面，以确保商业生态的良性发展和持续成功。首先，合作伙伴关系的建立与维护至关重要。企业需要与各类合作伙伴建立稳固的合作关系，包括供应商、分销商、技术合作伙伴等。通过与合作伙伴之间的密切合作和沟通，企业可以共同开发新产品、拓展市场、降低成本，并分享风险与收益，实现合作共赢。其次，供应链管理是利益相关者关系的重要组成部分。企业需要建立高效的供应链体系，确保供应链上下游之间的协调与顺畅。通过供应链管理，企业可以优化物流、降低库存成本、提高交付效率，从而实现资源的最大化利用和市场响应速度的提升。另外，客户关系管理也是利益相关者关系中的关键环节。企业需要关注客户的需求和反馈，建立良好的客户关系，提供优质的产品和服务，增强客户的忠诚度和满意度。通过客户关系管理，企业可以吸引更多的客户、提高客户终身价值，并实现持续的业务增长。

（二）商业模式创新的重要性

随着市场环境的不断变化和竞争日益激烈，传统的商业模式可能面临着各种挑战和限制。因此，通过创新商业模式，企业能够更好地适应市场的变化，提升自身的竞争力，实现长期的商业增长和发展。

1.商业模式创新有助于企业更好地满足不断变化的市场需求

随着科技的飞速发展和消费者行为的不断变化，市场需求也在不断演变，呈现出越来越多样化、个性化的趋势。在这样的背景下，传统的商业模式可能无法有效地应对这些新需求，因为它们往往过于僵化和固化，无法灵活地适应市场的变化。因此，企业需要不断地进行商业模式创新，以满足不断变化的市场需求，提供更具竞争力和创新性的产品和服务。

商业模式创新的重要性在于它可以帮助企业更好地适应市场的变化，并且提前预测和应对未来可能出现的变化趋势。通过商业模式的创新，企业可以重新审视自身的价值主张、盈利模式、资源配置方式以及与利益相关者的互动关系，从而发现新的商业机会和增长点。例如，一些企业通过引入新的技术和数字化工具，改变了产品和服务的交付方式，从而提高了用户体验和满意度。同时，一些企业也通过与其他行业的合作伙伴建立伙伴关系，共同创新和开发新

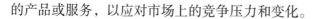

的产品或服务，以应对市场上的竞争压力和变化。

另外，商业模式创新还可以帮助企业更好地了解和满足消费者的需求。通过深入了解消费者的行为和偏好，企业可以开发出更加符合市场需求的产品和服务，提高市场竞争力。例如，一些企业通过大数据分析和人工智能技术，实现了个性化定制和精准营销，从而提高了产品的销售量和客户满意度。

2. 商业模式创新能够提升产品和服务的竞争力

商业模式创新是企业在竞争激烈的市场中取得成功的关键因素之一。通过创新商业模式，企业可以不断提升产品和服务的竞争力，从而实现更好的和业绩表现，提高市场地位。

第一，创新商业模式可以帮助企业开发出更具创新性和差异化的产品和服务。传统的商业模式往往会限制企业的发展空间，使其陷入同质化竞争的泥淖中。而通过创新商业模式，企业可以打破传统的思维定势，提出全新的商业理念和运营模式，从而开发出符合市场需求和消费者期待的全新产品和服务。[1] 这些创新性的产品和服务不仅能够吸引更多的消费者和客户，还能够为企业赢得更多的市场份额和口碑。

第二，创新商业模式有助于企业建立起良好的品牌形象和声誉。在竞争激烈的市场环境中，企业需要通过创新来区别于竞争对手，赢得消费者的信任和认可。通过创新商业模式，企业可以塑造出与众不同的品牌形象，展现出其对于市场变化的敏锐洞察力和创新能力，从而赢得消费者的青睐和支持。这种良好的品牌形象和声誉将为企业吸引更多的消费者和客户，增加市场份额，实现业务的持续增长。

3. 商业模式创新还能够帮助企业发现新的盈利点和商业机会

第一，通过重新设计商业模式，企业可以发现之前未曾发现的市场空白和利润增长点。传统的商业模式可能会使企业局限于已有的盈利方式和市场定位，而创新商业模式则能够帮助企业发现新的盈利机会和商业模式。例如，通过对现有产品或服务进行创新，提供与众不同的价值主张，企业可以吸引更多的客户群体，开拓新的市场空间。此外，通过与不同行业或领域的企业合作，共同探索市场需求和消费者行为的变化，企业可以发现并利用新的盈利点，实现利润的增长。

[1] 邵奇峰，金澈清，张召，等 . 区块链技术：架构及进展 [J]. 计算机学报，2018，41（5）：969-988.

第二，创新商业模式有助于拓展企业的业务边界，实现更广泛的盈利。通过重新定位企业的业务范围和市场定位，企业可以进入新的市场领域，提供新的产品或服务，从而拓展盈利空间。例如，传统的实体零售企业可以通过创新商业模式，将线下销售与线上渠道相结合，开拓新的销售渠道，实现盈利的多元化。此外，通过引入新的收费模式、服务定价策略或者利润分配方式，企业也可以开辟新的盈利渠道，实现利润的最大化。

（三）商业模式的多维度特性

从经济角度来看，商业模式被视为一种工具，它能够将技术创新转化为经济价值。这意味着商业模式不仅仅关注产品或服务本身，更重要的是如何通过这些产品或服务创造利润，并将技术或创新转化为经济收益。因此，商业模式需要考虑市场定位、定价策略、收益来源等经济因素，以确保企业能够获得可持续的盈利。

1.从系统角度来看

商业模式作为一个复杂的系统，具有丰富的内容和广泛的涉及面，是一个多维度的构架。其不仅仅涉及产品或服务的设计和提供，还包括了价值链中各个环节的关联以及企业与外部环境之间的相互作用。因此，从系统角度来看，商业模式的设计和运作需要考虑多个因素，以确保企业能够在复杂的商业环境中稳健运营。

第一，商业模式需要考虑供应链管理。供应链是商业活动中至关重要的一环，涉及原材料的采购、生产过程、产品的配送和售后服务等多个环节。一个有效的供应链管理系统可以确保企业的生产运作顺畅，降低生产成本，提高效率，从而增强企业的竞争力。

第二，商业模式还需要考虑客户关系管理。客户关系是企业与客户之间的互动和交流，包括市场营销、客户服务、售后支持等方面。通过建立良好的客户关系管理系统，企业可以更好地了解客户需求，提供个性化的服务，增强客户满意度，提高客户忠诚度，从而促进销售增长和市场份额的提升。

第三，商业模式还涉及合作伙伴关系。企业往往需要与其他企业或组织进行合作，共同实现商业目标。这些合作伙伴可能包括供应商、分销商、服务提供商、技术合作伙伴等。通过建立稳固的合作伙伴关系，企业之间可以共享资源、互惠互利，实现优势互补，拓展市场，提高效益。

2.从内核来看

从内核来看，商业模式不仅是一个关于盈利的策略，更是关于如何创造和提供价值，以满足客户的需求和期望的策略。商业模式的核心在于对价值的维护、主张、价值网络及创造的重要影响。

第一，商业模式需要维护和强化所提供的价值。企业的价值主张应该清晰明确，能够准确地表达出企业所提供的产品或服务的独特之处，以吸引客户的注意并建立起品牌形象。通过不断提升产品质量、优化服务体验等方式，企业能够保持其提供价值的竞争优势，并吸引更多的客户。

第二，商业模式需要积极主张价值。企业应该积极地向市场传达其所提供的产品或服务的价值，以便客户能够清晰地认识到这种价值，并愿意为之付费。有效的市场推广和品牌营销活动可以帮助企业在竞争激烈的市场中突出自己的优势，吸引更多的客户。

第三，商业模式需要构建良好的价值网络。企业不仅需要与客户建立稳固的关系，还需要与供应商、合作伙伴等其他利益相关者建立良好的合作关系。通过建立强大的价值网络，企业可以更好地利用外部资源和技术，提升自身的竞争力，实现长期的商业成功。

第四，商业模式需要不断创造新的价值。随着市场环境的变化和技术的发展，客户的需求和期望也在不断变化，企业需要不断创新，开发出符合市场需求的新产品和服务，以保持其竞争优势，并赢得客户的持续支持和信任。

二、商业模式构成要素

（一）战略定位

战略定位是企业战略选择的结果，也是商业模式体系中其他几个部分的起点。战略定位需要考虑三个方面，即：长期发展、利润增长、独特价值。商业模式中的"定位"更多的是作为整个商业模式的支撑点，同样的定位可以有不一样的商业模式，同样的商业模式也可以实现不一样的定位。

1.长期发展

在当今不断变化的商业环境中，长期的战略定位是企业成功的关键之一。

首先，长期战略定位有助于企业形成稳健的发展规划。通过深入分析市场趋势、竞争格局和消费者需求，企业可以确定适合自身发展的战略方向，明确未来发展的目标和重点领域。这样的规划有助于企业避免盲目跟风或者短期行动，保持战略的连续性和稳定性。其次，长期战略定位有助于企业建立持续的竞争优势。通过明确自身的核心竞争力和差异化优势，企业可以在市场上树立起独特的品牌形象，并建立起稳固的客户基础。这种竞争优势不仅可以帮助企业在竞争激烈的市场中脱颖而出，还可以为企业提供持续增长的动力。此外，长期战略定位还可以帮助企业应对外部环境的不确定性。在面对市场变化、政策调整、技术进步等外部挑战时，企业可以根据自身的长期战略定位进行灵活调整和应对，保持对外部环境的适应性和应变能力。

2. 利润增长

通过深入了解市场需求和竞争环境，企业能够更准确地确定自身的市场定位和发展方向，从而有效地提高产品和服务的销售收入，实现盈利水平的增长。首先，正确的战略定位有助于企业把握市场机遇，实现销售收入的增长。通过对市场需求、竞争对手和消费者行为的深入分析，企业可以更好地了解市场的需求和趋势，找准产品和服务的定位点，开发出符合市场需求的产品和服务，并制定相应的营销策略，从而吸引更多的消费者，促进销售收入的增长。其次，正确的战略定位可以提高企业的市场竞争力，实现利润水平的提升。通过明确自身的核心竞争力和差异化优势，企业能够在竞争激烈的市场中脱颖而出，建立起稳固的竞争地位，从而能够更好地掌控市场价格，提高产品和服务的附加值，实现利润水平的提升[1]。此外，正确的战略定位还可以帮助企业降低成本，提高效率，从而间接地促进利润的增长。通过合理的供应链管理、生产流程优化和成本控制，企业可以降低生产和运营成本，提高生产效率，进而提高利润水平。

3. 独特价值

通过明确企业在市场中的独特竞争优势和核心价值，企业能够建立起自己独特的品牌形象和市场地位，从而赢得客户的信任和忠诚度。这种独特的战略定位不仅可以帮助企业在竞争激烈的市场中脱颖而出，还能够提高产品和服务的附加值和竞争力。首先，独特的战略定位有助于企业树立自己的品牌形象。通过明确自身的核心竞争优势和价值主张，企业可以在市场上树立起独特的品

[1] 齐林海,李雪,祁兵,等.基于区块链生态系统的充电桩共享经济模式[J].电力建设,2017,38（9）:1-7.

牌形象，使消费者能够更加清晰地认识和理解企业的产品和服务，从而提高品牌的知名度和美誉度。其次，独特的战略定位能够提高产品和服务的附加值和竞争力。通过明确自身的独特价值和市场定位，企业能够设计出更具创新性和差异化的产品和服务，从而吸引更多的消费者，提高产品的市场占有率和销售额。这种独特的价值定位可以使企业在竞争激烈的市场环境中保持领先地位，实现持续的盈利增长。此外，独特的战略定位还能够赢得客户的信任和忠诚度。通过提供独特的产品和服务，满足客户的个性化需求，企业可以建立起与客户之间的情感连接和信任关系，使客户更加倾向于选择该企业的产品和服务，提高客户的忠诚度和满意度。

（二）业务系统

业务系统是指企业达到战略定位所需要的业务环节、各合作方所扮演的角色以及利益相关者合作方式。企业围绕战略定位所建立起来的业务系统将形成一个价值网络，明确了客户、供应商或其他合作方在通过商业模式获得价值的过程中扮演的角色。

1.业务环节的组织和管理

（1）供应链管理

供应链管理是业务系统中至关重要的一环，涉及企业与供应商之间的合作与协调。通过供应链管理，企业可以确保原材料和资源的及时供应，提高生产效率和产品质量。

（2）生产制造

生产制造环节是业务系统中的核心环节，直接关系到产品的制造和加工过程。通过优化生产制造流程和提高生产效率，企业可以降低成本，提高产品的竞争力。

（3）销售与营销

销售与营销是业务系统中与市场接触最直接的环节，涉及产品的推广和销售。通过有效的销售与营销策略，企业可以扩大市场份额，提高产品的知名度和美誉度。

（4）客户服务与售后

客户服务与售后环节是业务系统中与客户关系维护和服务保障相关的环节。

通过提供优质的客户服务和售后支持，企业可以提升客户满意度，增强客户忠诚度，实现持续的业务增长。

2.各合作方的角色和合作方式

（1）供应商

供应商是企业业务系统中的重要合作方之一，负责提供原材料和资源。通过与供应商的合作，企业可以确保原材料的稳定供应和质量保障。

（2）分销商

分销商是企业业务系统中的销售渠道之一，负责将产品推向市场并销售给最终客户。通过与分销商的合作，企业可以拓展销售渠道，提高产品的市场覆盖率和销售量。

（3）合作伙伴

合作伙伴可以是企业在业务系统中的战略合作伙伴，也可以是其他企业或组织。通过与合作伙伴的合作，企业之间可以共享资源和技术，实现优势互补，共同开拓市场。

3.构建价值网络

企业围绕其战略定位所构建的业务系统将形成一个完整的价值网络。在这个价值网络中，各个参与方共同协作，共同创造和分享价值。客户通过购买产品获得所需的价值，而供应商、分销商和其他合作伙伴也通过参与企业的业务系统中获得相应的价值回报。这种价值网络的构建使得企业能够实现持续的盈利增长。

（三）关键资源能力

关键资源能力是指业务系统运转所需要的重要资源和能力，任何商业模式构建的重点工作之一就是了解业务系统所需要的重要资源和能力有哪些，如何分布，以及如何获取和建立。不是所有的资源和能力都同等珍贵，也不是每一种资源和能力都是企业所需要的，只有和战略定位、业务系统、盈利模式、与现金流结构相契合并能互相强化的资源和能力，才是企业真正需要的。

1.关键资源的类型与分布

（1）物质资源

物质资源是指企业拥有的物质资产，包括原材料、设备、厂房等。这些资

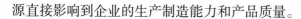

源直接影响到企业的生产制造能力和产品质量。

（2）人力资源

人力资源是企业最重要的资产之一，包括员工的技能、知识、经验和创造力。优秀的人才是企业实现创新和竞争优势的关键。

（3）知识资产

知识资产包括专利、技术、品牌、商业秘密等，是企业核心竞争力的重要来源。通过不断积累和创新知识资产，企业才能保持市场领先地位。

（4）财务资产

财务资产是企业在资金、投资和财务管理方面的资源，包括资金、投资组合、财务报表等。有效管理财务资产可以确保企业的稳健运营和盈利增长。

2. 关键能力的重要性

（1）创新能力

创新能力是企业保持竞争优势和适应市场变化的关键。通过培养创新文化、建立创新机制和投入创新资源，企业可以不断推动产品和服务的创新。

（2）生产制造能力

生产制造能力是企业实现产品交付的核心能力，直接关系到产品质量和交付效率。通过引入先进的生产技术和管理方法，企业可以提高生产制造效率和产品质量。

（3）营销能力

营销能力是企业开拓市场和提升品牌知名度的关键。通过建立有效的营销渠道和推广策略，企业可以扩大市场份额，提高产品的市场竞争力。

（4）客户服务能力

客户服务能力是企业与客户之间建立良好关系的关键。通过提供优质的客户服务和售后支持，企业可以增强客户满意度，提升客户忠诚度。

3. 资源与能力的协同作用

关键资源和能力之间存在着紧密的协同作用，能够互相强化，共同推动企业的发展。例如，优秀的人才和创新能力可以帮助企业不断创造知识资产，从而提升企业的核心竞争力；高效的生产制造能力和优质的产品可以帮助企业拓展市场，增加销售收入。因此，企业在进行资源和能力的配置时，需要考虑它们之间的协同作用，以实现最优组合和利用。

（四）盈利模式

盈利模式是指企业获得收入、分配成本、赚取利润的方式。盈利模式是在给定业务系统价值链所有权和价值链结构的前提下，相关方之间利益的分配方式。良好的盈利模式不仅能够为企业带来利益，还能为企业编织一张稳定、共赢的价值网。传统盈利模式的成本结构往往和收入结构——对应，而现代盈利模式中的成本结构和收入结构则不一定完全对应。同样是制造、销售手机，那些通过专卖店、零售终端销售手机的企业，其销售成本结构主要是销售部门的管理费用、销售人员的人工成本等，而通过与运营商提供的服务相捆绑、直接给用户送手机的制造商的销售成本结构则完全不一样，尤其是在当今的移动互联网时代，"羊毛出在狗身上、猪来买单"的例子屡见不鲜。

1. 传统盈利模式与现代盈利模式的差异

（1）成本与收入的对应关系

传统盈利模式中，成本结构和收入结构通常是——对应的，即企业通过投入成本生产产品或提供服务，然后通过销售产品或服务获取相应的收入。而现代盈利模式中，成本结构和收入结构并不完全对应，企业可能通过其他途径获取收入，例如通过广告费、许可费、会员费等，而非仅仅依赖于产品或服务的销售。

（2）多元化的收入来源

现代盈利模式更加注重多元化的收入来源，企业不仅通过产品销售获取收入，还通过其他方式实现盈利。例如，互联网公司通过提供免费的服务吸引用户，然后通过广告展示、数据销售等方式实现盈利，这种模式被称为"免费模式"。

（3）利益相关方的利益分配

在现代盈利模式中，利益相关方之间的利益分配更加灵活，企业可以根据实际情况进行调整。例如，通过与合作伙伴共享数据、技术或渠道资源，实现利益共享和互惠互利。

2. 现代盈利模式的创新与变革

（1）新兴的盈利模式

随着科技的发展和市场环境的变化，新兴的盈利模式不断涌现。例如，共享经济模式、订阅模式、平台模式等，都为企业带来了全新的盈利机会和商业模式。

（2）数据驱动的盈利模式

在数字化时代，数据被视为企业的重要资产，越来越多的企业开始将数据作为盈利模式的核心。通过收集、分析和应用大数据，企业可以更好地理解市场需求、优化产品和服务，实现精准营销和个性化定制，从而实现盈利增长。

（3）生态系统化的盈利模式

生态系统化的盈利模式强调合作与共赢，通过构建开放的生态系统，整合各方资源，实现多方共赢。例如，互联网平台企业通过吸引第三方开发者、合作伙伴和用户参与，共同构建生态系统，实现规模化盈利。

（4）社会责任的盈利模式

随着社会责任意识的增强，越来越多的企业将社会责任纳入盈利模式的考量之中。通过实施可持续发展战略、推动环保、扶贫济困等社会责任活动，企业不仅可以获得良好的社会声誉，还可以实现长期的盈利增长。

（五）现金流结构

现金流结构是指企业经营过程中产生的现金收入扣除现金投资后的状况。不同的现金流结构反映了企业在战略定位、业务系统、关键资源能力以及盈利模式方面的差异，决定了企业投资价值的高低、投资价值递增的速度以及受资本市场青睐的程度。

1.现金流结构对企业投资价值的影响

（1）现金流量的稳定性

稳定的现金流量对企业的投资价值至关重要。稳定的现金流结构意味着企业能够持续产生足够的现金收入以满足日常经营和投资活动的需要，同时有能力偿还债务和分配股利，这增强了企业的投资吸引力。

（2）现金流量的增长性

增长稳健的现金流量反映了企业良好的发展势头和潜力，对于投资者而言具有较高的吸引力。一家能够持续增长现金流的企业通常意味着其具有良好的盈利模式、有效的经营管理和持续的市场竞争优势，投资者更愿意为其投入资金。

（3）现金流量的可预测性

可预测的现金流结构使投资者能够更好地评估企业的风险和回报。具有可预测性的现金流量能够帮助投资者更准确地制定投资策略，降低投资风险，提高投资成功率。

2. 现金流结构对企业发展的影响

（1）资金运作效率

不同的现金流结构会影响企业资金的运作效率。良好的现金流结构可以有效地优化资金的使用，提高企业资金周转率，降低资金占用成本，从而提高企业的盈利水平和市场竞争力。

（2）投资方式和融资策略

不同的现金流结构对企业的投资和融资策略产生重要影响。稳定的现金流结构有利于企业实施长期投资计划，而增长性的现金流结构则为企业提供了更多的融资选择和筹资渠道。

（3）战略定位和业务模式

现金流结构反映了企业的战略定位和业务模式。不同的现金流结构可能需要采取不同的战略举措和经营策略，以适应市场需求和竞争环境的变化，保持竞争优势和盈利增长。

3. 现金流结构对资本市场的影响

（1）投资者信心

稳定性和增长性的现金流结构能够增强投资者对企业的信心和信任，提高企业的股价和市值。投资者更愿意投资于具有良好现金流结构的企业，因为他们相信这些企业有能力持续创造价值和回报投资者。

（2）融资条件

良好的现金流结构为企业提供了更好的融资条件和融资成本。具有稳定现金流的企业能够更容易地获得银行贷款和债券融资，而具有增长性的现金流结构则能够吸引更多的投资者和资本市场。

（六）企业价值

企业价值是指企业的投资价值，是企业预期未来可以产生的现金流的贴现值。企业的投资价值由其成长空间、成长能力、成长效率和成长速度等因素共同决定。

1. 现金流预期

企业价值的核心在于未来的现金流预期。这包括企业的经营活动所产生的自由现金流以及企业未来的增长潜力。投资者会对企业的现金流进行预测和估算，并根据这些现金流的大小和可靠性来评估企业的价值。

2. 成长空间和能力

企业的成长空间和能力是影响企业价值的重要因素之一。投资者会评估企业所处行业的成长前景，以及企业在该行业中的竞争地位和市场份额。具有良好成长空间和能力的企业往往被认为具有更高的投资价值。

3. 盈利能力和稳定性

企业的盈利能力和稳定性直接影响着其价值。投资者更倾向于投资那些盈利能力强、稳定性高的企业，因为这些企业更有可能产生可靠的现金流，并具有抵御市场波动的能力。

4. 资产负债结构

企业的资产负债结构也会对其价值产生影响。良好的资产负债结构可以提高企业的融资能力和债务偿还能力，从而提升企业的价值。投资者通常会关注企业的资产负债率、流动性和偿债能力等指标。

5. 管理团队和治理结构

企业的管理团队和治理结构对企业的发展和运营具有重要影响。具有专业、稳健的管理团队和有效的治理结构的企业往往更受投资者青睐，因为这有助于提高企业的经营效率和风险控制能力。

6. 市场环境和风险因素

不稳定的市场环境、行业竞争加剧以及宏观经济形势等因素都可能对企业的价值产生影响，投资者需要综合考虑这些因素来评估企业的风险和回报。

商业模式的六个要素是互相作用、互相影响的。相同的战略定位可以通过不一样的业务系统实现，同样的业务系统也可以有不同的关键资源能力、盈利模式和现金流结构。

第二节 传统商业模式面临的挑战

一、信息更加通畅

在传统商业模式中，消费者获得的信息一般是商家提供给消费者的，消费者不具备获取消息的渠道和方法，使得在经营过程中商家处于比较主动的地位。随着信息技术的广泛应用，人们可以更加便捷地从互联网获得各种信息，使原先的信息不对称得到了变更，形成了新的信息对称形势。因此，如果商家无法为消费者提供对称信息，就会失去消费者的信任和支持，最终降低市场份额。

（一）信息对称的重要性提升

1. 信息技术的普及

随着互联网、移动通信、人工智能等技术的不断发展和普及，消费者在购买商品或服务之前拥有了更多的信息来源和获取渠道，这对商业活动的各个环节都产生了深远的影响。

第一，信息技术的普及为消费者提供了更加便捷的信息获取途径。传统的信息获取方式受限于时间、空间等因素，而互联网的普及使得消费者可以随时随地通过智能手机、电脑等设备获取所需的产品信息和用户评价。他们可以通过搜索引擎快速查找到相关产品的特性、价格、用户评价等信息，也可以通过社交媒体平台了解到其他消费者的购买体验和建议。这种便捷的信息获取方式使得消费者更加理性地进行购买决策，提高了消费者的满意度和购买效率。[1]

第二，信息技术的普及改变了消费者的购物习惯和行为模式。随着电子商务的兴起和移动支付的普及，越来越多的消费者选择通过在线购物平台进行购物，而非传统的线下商店。他们可以在不出门的情况下轻松购买到所需的商品，也可以享受到更加便捷和快速的购物体验。此外，信息技术的发展还催生了新的商业模式，如共享经济、社交电商等，这些新型的商业模式更加符合消费者的个性化需求，受到了越来越多消费者的青睐。

第三，信息技术的普及对商家的营销方式和经营方式提出了新的挑战和要

---

[1] 张文超，李岩. 基于区块链技术的共享单车服务研究 [J]. 中国商论，2019（21）：28-30.

求。传统的广告宣传方式已经不能满足消费者的需求,商家需要通过社交媒体、内容营销等方式进行精准定位和个性化推广,才能吸引到更多的消费者。此外,商家还需要加强对产品信息的管理和维护,确保产品信息的真实性和准确性,避免虚假宣传和误导消费者的行为。同时,商家还需要加强对用户评价的监控和管理,积极回应用户的反馈和建议,不断改进产品和服务,提高用户的满意度和忠诚度。

2. 消费者比较能力的增强

随着互联网的普及和电子商务的发展,消费者不再受制于时间和空间的限制,可以轻松地获取到大量的产品信息和用户评价,从而提升了他们的比较能力,拥有了更多的选择权。

第一,消费者拥有了更多的信息来源和获取渠道。通过互联网、搜索引擎、社交媒体等平台,消费者可以随时随地获取到各种产品的价格、特性、品质、用户评价等信息。他们不再受制于传统的线下购物渠道,可以更加方便地进行跨店比较和价格调查,以寻找最具性价比的产品。这种便捷的信息获取方式使消费者的比较能力得到了极大的增强,有助于他们做出更加理性和明智的购买决策。

第二,消费者对产品和服务的质量和性价比要求越来越高。随着消费者比较能力的增强,他们越来越注重产品的品质、性能和服务质量,而非仅仅是价格因素。消费者倾向于选择那些性价比高、质量可靠的产品,而对质量低劣或服务不良的产品则持谨慎态度。因此,商家必须提供高质量的产品和优质的服务,才能赢得消费者的信任和支持,实现长期的商业成功。

第三,消费者之间的信息交流和分享也增强了他们的比较能力。随着社交媒体的兴起,消费者可以在各种网络平台上分享自己的购物体验和产品评价,这些用户生成内容对其他消费者的购买决策产生了重要影响。消费者更倾向于相信来自朋友、家人和其他消费者的推荐和建议,因此商家需要积极管理用户评价,保持良好的口碑和品牌形象。

3. 用户评价的重要性

用户评价在当今信息时代的商业环境中具有至关重要的作用,它不仅影响着消费者的购买决策,也对商家的品牌形象和市场竞争力产生着深远影响。

第一，用户评价是消费者购买决策的重要参考依据之一。在信息对称的环境下，消费者可以轻松地通过互联网和电子商务平台获取到大量的产品信息和用户评价。与传统的广告宣传相比，用户评价更加真实、客观，因为它是由实际购买和使用过产品的消费者所提供的。消费者往往更倾向于相信其他消费者的真实体验和评价，因此用户评价成为他们做出购买决策的重要参考因素之一。

第二，用户评价对商家的品牌形象和信誉产生着直接影响。消费者在购买产品或服务之前往往会查看其他用户的评价和反馈，如果一个产品或服务的用户评价大多数是负面的，消费者就会对该产品或服务产生怀疑和抵触情绪，从而影响到商家的销售和市场声誉。相反，如果一个产品或服务的用户评价大多数是积极的，消费者就会更加倾向于选择这个品牌或产品，为商家赢得更多的市场份额和客户口碑。

第三，用户评价也是商家了解和改进产品和服务的重要途径之一。通过分析用户评价，商家可以了解到消费者对产品或服务的真实体验和反馈，发现存在的问题和不足之处，并及时采取改进措施，提升产品和服务的质量和满意度。商家还可以通过积极回应用户反馈，建立良好的客户关系，增强客户的满意度和忠诚度。

（二）个性化需求的增加

1.消费者行为变化

传统商业模式下，消费者往往接受标准化的产品和服务，因为信息不对称限制了他们的选择。然而，随着信息的普及和互联网的发展，消费者逐渐意识到他们有权利和能力定制自己的购买体验。他们更倾向于寻找与个人偏好和需求相匹配的产品和服务，而不仅仅是被动接受市场提供的标准选择。

2.技术创新的推动

随着科技的不断进步，生产技术和供应链管理的发展使得定制化生产变得更加可行和经济实惠。3D打印技术、人工智能和大数据分析等新兴技术的应用，使得企业能够更加精确地满足消费者的个性化需求，从而提高产品的个性化程度和满足度。

3.企业竞争的转型

传统商业模式下的大规模生产往往难以满足消费者的个性化需求，因此企

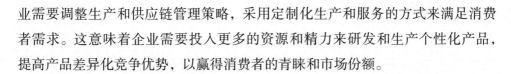

业需要调整生产和供应链管理策略，采用定制化生产和服务的方式来满足消费者需求。这意味着企业需要投入更多的资源和精力来研发和生产个性化产品，提高产品差异化竞争优势，以赢得消费者的青睐和市场份额。

二、从制造转向定制

传统中国制造业的劳动力较为低廉，因此成本具有很强的竞争力。但是随着互联网时代的来临，大规模制造业逐步向着大规模定制进行发展，批量、大规模生产的情况可能被改变，每个消费者都有对应的型号，因此生产难度加大，成本提升，需要企业寻找其他的竞争力。

（一）生产方式的转型

1. 个性化和定制化需求增加

传统的大规模生产模式虽然在降低成本、提高效率方面有着显著的优势，但难以满足消费者多样化的需求。消费者越来越希望获得与众不同的产品和服务，因为他们意识到自己的独特性和个性化需求，不再满足于传统的标准化产品。

个性化和定制化需求的增加，首先源自消费者对个性化体验的追求。现代社会，个性化已经成为一种潮流和生活方式，消费者越来越重视个性化产品和服务能够带来的独特体验和满足感。个性化产品可以更好地反映消费者的个性、品位和需求，使他们在购买和使用过程中获得更高的满意度和认同感。其次，个性化和定制化需求的增加还受到了消费者信息获取能力提升的影响。随着互联网和社交媒体的普及，消费者可以轻松地获取到大量的产品信息、用户评价和市场趋势。这些信息使消费者更加了解自己的需求，更清楚地知道自己想要什么样的产品和服务，从而更加倾向于选择个性化定制的产品。此外，个性化和定制化需求的增加也受到了消费主体的多样化和个性化的影响。随着社会的发展，消费者群体越来越多样化，他们的需求和偏好也日益多样化。传统的标准化产品往往难以满足这些不同群体的需求，因此个性化定制的产品和服务更具吸引力和竞争优势。

2. 技术创新的推动

新兴技术的不断发展和广泛应用正在推动着定制化生产的发展和普及。其

3D 打印技术作为一种快速、灵活、高效的生产方式，为定制化生产提供了前所未有的可能性。通过 3D 打印技术，企业可以根据客户的个性化需求快速制造出定制化的产品，无需传统生产线上所需的大量设备和工具，极大地降低了生产成本和周期。

另一方面，人工智能（AI）和大数据分析技术的应用也在推动定制化生产的发展。借助 AI 技术，企业可以更加智能地管理生产过程，从生产计划到质量控制，实现全流程的自动化和智能化。而大数据分析技术则能够帮助企业更好地了解消费者的需求和偏好，通过数据挖掘和分析，为产品设的计和生产提供更精准的指导和支持，从而提高产品的定制化水平和市场适应性。

除此之外，物联网技术的发展也为定制化生产提供了新的可能性。通过物联网技术，企业可以实现设备之间的互联互通，实现生产过程的数字化和智能化管理。这不仅可以提高生产效率和质量，还可以实现对产品生命周期的实时监控和管理，为产品的定制化生产提供更加全面和精准的支持。

3. 供应链管理的优化

传统的大规模生产所依赖的庞大供应链网络往往无法适应快速变化的市场需求和个性化定制的要求。因此，企业需要通过优化供应链管理来提高供应链的灵活性和响应速度，以应对定制化生产的挑战。

第一，企业需要与供应商建立更加紧密的合作关系。这意味着与传统的供应链管理方式相比，企业需要更加积极地与供应商沟通和协作，共同制定灵活的生产计划和供应计划。通过建立稳定、互信、高效的合作关系，企业可以更加及时地获取原材料和零部件，减少供应链中的延误性和不确定性，提高生产效率和响应速度。

第二，企业需要借助信息技术和数据分析来优化供应链管理。通过建立数字化的供应链平台和系统，企业可以实现对供应链的实时监控和管理，及时发现和解决供应链中的问题和瓶颈。同时，利用数据分析技术，企业可以更加准确地预测市场需求和供应链风险，制定相应的应对策略，提高供应链的应变能力和灵活性。

第三，企业还可以通过多元化的供应链策略来优化供应链管理。除了与传统的供应商合作外，企业还可以考虑建立多元化的供应渠道，包括与新兴供应商的合作、与其他行业的合作等。这样可以降低供应链的单一依赖性，提高供

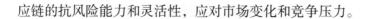

应链的抗风险能力和灵活性，应对市场变化和竞争压力。

（二）成本与竞争力的挑战

1. 生产成本增加

在传统的大规模生产模式下，企业可以通过批量生产大量相同的产品来实现规模经济，从而降低生产成本。然而，定制化生产要求企业根据每个订单的具体要求进行个性化定制，这意味着生产过程更为复杂，需要更多的人力、物力和时间投入。

第一，定制化生产需要更多的人力资源投入。与传统生产线上的自动化流水线相比，定制化生产往往需要更多的人工操作和管理，包括产品设计、工艺调整、订单跟踪等环节。这增加了人力成本和管理成本，使得生产成本相应增加。

第二，定制化生产需要调整生产设备和工艺流程。由于每个订单的需求可能不同，企业需要不断调整生产设备和工艺流程，以适应不同的产品要求。这意味着企业需要投入更多的资金和资源用于生产设备的更新和调整，增加了固定成本和折旧成本。

第三，定制化生产还需要更长的生产周期和交付周期。相比于批量生产模式，定制化生产往往需要更长的生产周期和交付周期，因为每个订单的需求都是独特的，需要更多的时间进行生产和处理。这增加了企业的库存成本和资金占用成本，为企业的资金流动性和财务状况带来了挑战。

2. 成本优势的削弱

传统企业长期以来主要依靠成本优势保持竞争力，通过大规模生产实现单位产品成本的降低，从而在市场上获取价格竞争优势。然而，随着市场需求的变化和消费者个性化需求的增加，传统大规模生产模式的局限性逐渐显现，成本优势也受到了挑战。

第一，定制化生产往往会增加生产成本。与传统的大规模生产相比，定制化生产需要更多的人力、物力和时间投入，因为每个订单的需求都是独特的，需要根据客户的具体要求进行个性化定制。这增加了生产过程的复杂性和成本，使得传统的成本优势难以维持。

第二，定制化生产还需要调整供应链管理。传统企业的供应链网络往往是为大规模生产而设计的，但定制化生产需要更加灵活和响应速度更快的供应链管理方式。企业需要与供应商建立更加紧密的合作关系，共同应对市场变化和需求波动，这可能导致供应链管理成本的增加。

第三，定制化生产还需要更长的生产周期和交付周期。相比于大规模生产的批量生产模式，定制化生产往往需要更长的生产周期和交付周期，因为每个订单的需求都是独特的，需要更多的时间进行生产和处理。这增加了企业的库存成本和资金占用成本，对企业的资金流动性和财务状况带来了挑战。

三、以消费者为中心

当前，商家的绝对优势和地位受到了挑战，当前的商业模式多以消费者为中心，以企业为中心的市场不复存在。消费者可以在网络上寻找他们想要的产品，并对价格进行控制，在这个过程中企业的优势已经不复存在。企业如果无法认识到形势的变化而改变，就将被市场所淘汰。

（一）消费者权利的提升

1. 信息普及与消费者了解权的增强

（1）信息获取途径的多样化

随着互联网的普及，消费者可以通过多种途径获取产品和服务的信息。除了传统的广告和宣传渠道外，消费者还可以通过搜索引擎、社交媒体平台、在线论坛等渠道获取其他消费者的使用体验和评价，这为消费者提供了更为全面和深入地了解产品和服务的机会。

（2）消费者信息评估能力的提升

由于信息的普及，消费者的信息评估能力得到了提升。他们可以更加客观地评估产品和服务的优劣，不再盲目受制于商家的宣传和广告。消费者可以对产品功能、性能、质量、价格等方面进行更为细致的比较和分析，从而做出更加理性和明智的购买决策。

（3）消费者对市场的了解和把握

随着消费者了解权的增强，消费者对市场的了解和把握也相应提升。他们可以更加清晰地了解市场供求关系、价格趋势和竞争格局，从而更好地把握市场的机会和风险，做出符合个人利益和需求的消费决策。

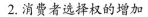

2. 消费者选择权的增加

（1）产品和服务的多样化供应

消费者选择权的增加促使企业更加注重产品和服务的多样化供应。为了满足消费者的个性化需求，企业不断推出新品种、新款式、新服务，以丰富消费者的选择空间，提高其购买满意度和忠诚度。

（2）价格透明度的提升

随着信息的普及和消费者选择权的增加，市场价格透明度得到了提升。消费者可以通过多种途径获取到产品和服务的价格信息，进行价格比较和评估，从而选择性价比最优的产品和服务，而非盲目追求品牌或价格高低。

（3）个性化定制服务的增加

消费者选择权的增加催生了个性化定制服务的兴起。企业不再采用一刀切的生产和服务模式，而是根据消费者的个性化需求进行定制化生产和服务，从而提高产品的适配性和满足度，增强消费者的购买体验和满意度。

3. 企业关注消费者需求和体验

（1）用户体验设计的重视

以消费者为中心的商业模式要求企业更加重视用户体验设计。企业不仅要关注产品的功能和性能，还要注重产品的易用性、舒适度和美观性，从而提升消费者的使用感受和满意度，增强用户黏性和忠诚度。

（2）消费者参与产品创新和改进

消费者的意见和建议成为企业改进产品和服务的重要依据。企业积极倾听和回应消费者的需求和反馈，与消费者建立起更加紧密的合作关系，共同参与产品的创新和改进，以提升产品的竞争力和市场占有率。

（3）品牌形象和口碑管理的重要性

以消费者为中心的商业模式要求企业注重品牌形象和口碑管理。消费者的满意度和消费体验直接影响着品牌的声誉和市场地位。企业需要通过提供优质的产品和服务，树立良好的品牌形象和口碑，从而得到更多消费者的关注和信赖，提升市场竞争力和品牌价值。

（二）市场竞争格局的变化

1.消费者口碑传播的影响力增强

（1）社交媒体的兴起和影响力扩大

随着社交媒体的普及和使用率的增加，消费者可以轻松地在各种社交平台上分享他们的购物体验和产品评价。这种口碑传播方式比传统广告更加真实和直接，因此具有更强的说服力和影响力。消费者的积极评价可以吸引更多潜在客户，提升企业的品牌知名度和美誉度；而消极评价则可能对企业造成严重的形象损害，影响市场地位和销售业绩。

（2）在线评价的重要性

消费者在购买产品或服务之前往往会查看其他用户的在线评价和评分。这些评价直接影响着消费者的购买决策，对企业的销售业绩和市场竞争力产生重要影响。因此，企业需要重视在线评价的管理和维护，及时回应消费者的反馈和投诉，积极改进产品和服务质量，以维护良好的企业形象和声誉。

（3）口碑传播的扩散效应

一旦消费者的口碑信息在社交网络上引发关注和讨论，其扩散效应将会迅速放大。这种口碑传播方式具有指数级的增长趋势，可以迅速传播到更广泛的受众群体中。因此，消费者的口碑传播不仅仅影响个别消费者的购买决策，还会对整个市场竞争格局产生深远影响，改变企业的品牌地位和市场份额。

2.企业与消费者关系的重构

（1）消费者参与式营销的兴起

新商业模式下，消费者不再是被动的购买者，而是企业营销活动中的积极参与者。消费者被鼓励参与产品的设计、开发和推广过程，分享他们的想法和建议，与企业共同创造价值。这种消费者参与式营销的模式有助于建立更加紧密的消费者关系，提高产品的市场适应性和用户满意度。

（2）个性化服务和定制化需求

消费者日益追求个性化和定制化的产品和服务，希望企业能够根据其个性化需求进行定制化生产和服务。因此，企业需要更加关注消费者的个性化需求，提供定制化的产品和服务，以满足消费者的个性化需求和体验。

（3）社区化营销和用户黏性

通过建立在线社区和用户群体，企业可以与消费者建立更加紧密的互动关系，促进用户之间的交流和互动，增强用户的黏性和忠诚度。这种社区化营销模式有助于提高用户参与度和品牌认知度，形成良好的口碑传播效应，促进企业的品牌发展和市场扩张。

3. 市场格局的动态调整

（1）消费者需求的引领作用

消费者的需求和偏好成为市场的主导因素，对市场格局和产品结构产生直接影响。企业需要不断地调整产品和服务，以适应消费者需求的变化，保持市场竞争力。消费者的选择和反馈对市场格局的形成和调整起到了至关重要的作用，企业需要密切关注市场动态，灵活调整经营策略和产品定位，以满足消费者的需求，保持竞争优势。

（2）品牌形象和口碑的影响

消费者对产品和服务的评价直接影响着企业的品牌形象和口碑。积极的口碑传播可以提升企业的知名度和美誉度，吸引更多消费者的关注和购买；而消极的口碑则可能对企业造成严重的形象损害，影响销售业绩和市场份额。因此，企业需要重视口碑管理，建立良好的品牌形象，提升消费者满意度和忠诚度。

（3）技术创新和市场竞争

技术创新是推动市场竞争格局变化的重要驱动力之一。企业需要不断地引入新技术、新产品和新服务，提升产品的技术含量和竞争力，以满足消费者不断增长的需求。同时，企业还需要加强与科研机构和技术公司的合作，共同推动技术创新和产业升级，保持在市场竞争中的领先地位。

第三节　数字经济下的新商业模式

数字经济时代涌现了许多新型商业模式，如基于互联网的平台模式、共享经济模式、数据驱动的商业模式等。这些新模式带来了更高的效率、更好的用户体验和更广阔的市场空间。

一、互联网的平台模式

（一）平台经济的兴起

传统的商业模式往往是以企业为中心，由企业直接向消费者提供产品或服务，而平台经济则颠覆了这种传统格局，将供需双方通过在线平台进行连接和交易，形成了一种全新的商业模式。在传统商业模式中，企业往往扮演着生产者的角色，通过自身的生产和销售渠道将产品或服务提供给消费者。这种模式存在着信息不对称和交易成本高的问题，导致市场资源的利用不充分和效率低下。然而，平台经济的兴起改变了这一格局，平台作为中介方充当着关键的角色，将供应商和消费者进行了有效的连接。通过建立在线平台，平台提供了线上服务、信息交流和交易撮合等功能，使得商业活动变得更加高效、便捷。

（二）平台生态系统的构建

1.吸引多方参与者

互联网平台的发展不仅仅是简单的交易平台，而更像是一个复杂的生态系统，吸引了多个参与者的积极加入和共同参与。这些参与者包括了用户、开发者、供应商等多方面的角色，他们共同构建了一个充满活力的平台生态系统，为数字经济时代的发展提供了强大的支撑和动力。首先，用户作为平台生态系统中最直接的参与者，是平台经济发展的关键驱动力之一。用户通过平台获得了更便捷、更高效的服务和体验，从而愿意在平台上进行消费和交易。他们的参与不仅带动了平台的流量和活跃度，也为平台经济的发展提供了稳定的市场需求和基础。其次，开发者的加入为平台生态系统注入了创新的活力。开发者通过平台提供的开放接口和工具，可以快速开发和发布新的应用程序、服务和功能，丰富了平台的内容和功能，提升了用户体验和满意度。他们的创新和贡献为平台的持续发展和竞争力发展提供了重要支持。此外，供应商作为平台生态系统中的重要参与者之一，为平台提供了丰富的商品和服务。通过与平台合作，供应商可以拓展销售渠道、扩大市场覆盖面，实现销售额的增长和业务的扩张。他们的参与丰富了平台的产品和服务种类，满足了用户多样化的需求，促进了平台经济的繁荣和发展。

2.实现规模化效益和网络化效应

平台模式的发展在吸引多方参与者的加入过程中，实现了规模化效益和网络化效应的双重增益。这种模式的关键在于其能够通过吸引大量的用户、开发者和供应商等参与者，构建一个庞大而多样化的生态系统，从而实现了规模化运营和网络化效应的双重优势。

第一，平台模式通过规模化运营实现了效益的提升。随着参与者数量的增加，平台所涉及的交易量和活动规模也会随之增大。这种规模化运营带来了成本的下降和效率的提升。例如，在数字商品交易平台上，随着商品数量和销售额的增加，平台可以通过批量采购和统一管理来降低商品采购成本和运营成本，从而提高了整体盈利能力。同时，规模化运营还能够带来资源的优化配置，实现了资源的高效利用，进一步提升了平台的竞争力和持续发展能力。

第二，平台模式通过网络效应实现了价值的增值。网络效应是指随着参与者数量的增加，平台的价值和影响力也会呈指数级增长的现象。这种效应体现在用户、开发者和供应商等参与者之间的相互促进和互动上。例如，随着用户数量的增加，平台上的信息交流、互动和交易活动也会变得更加频繁和活跃，从而吸引了更多的用户和参与者加入。这种用户的增长又进一步扩大了平台的影响力和市场份额，形成了良性的循环，加速了平台的发展和壮大。

（三）平台经济的特点和优势

1.低成本和高效率

平台经济相对于传统商业模式而言，具有明显的低成本和高效率特点。传统商业模式通常需要企业自行生产产品或提供服务，这涉及较高的生产成本、运营成本和管理成本。然而，平台经济通过建立在线平台，将供需双方直接连接起来，实现了资源的高效利用和共享。平台无需自行承担产品生产或服务提供的成本，而是通过搭建平台基础设施和提供技术支持实现了低成本运营。同时，平台的运营效率也得到了极大的提升，因为平台模式能够通过互联网技术实现自动化、智能化的运营管理，从而降低了人力和时间成本，提高了工作效率。

2.高灵活性和个性化服务

另一个平台经济的优势在于其高度的灵活性和能够提供个性化服务。平台经济通过大数据分析和智能算法等技术手段，能够深入挖掘用户数据，了解用户的偏好、行为习惯和需求。基于这些数据，平台可以为用户提供个性化的推荐和定制化的服务，使用户体验得到了极大的提升。例如，电子商务平台可以根据用户的购买记录和浏览行为，向其推荐符合其兴趣的商品；共享出行平台可以根据用户的出行需求和时间安排，提供个性化的路线规划和服务建议。这种个性化服务不仅增强了用户的满意度和忠诚度，也提升了平台的竞争力和市场地位。

3. 增强商业竞争力

平台经济的低成本、高效率和个性化服务等优势，使得企业在市场竞争中具备了更强的竞争力。通过建立和运营在线平台，企业能够更好地满足用户需求，拓展市场份额，实现商业价值的最大化。平台模式能够打破传统商业模式的局限性，使得企业能够更快速地适应市场变化，更灵活地调整产品和服务，提高市场反应速度和竞争力。此外，平台模式还能够通过吸引更多的用户和参与者加入，形成规模效应和网络效应，进一步巩固了企业在市场中的地位，实现了商业价值的持续增长。

二、共享经济模式

（一）共享经济诞生的原因

共享经济是在互联网时代下形成的，诞生的原因受到多方面因素的共同影响，下面从六个角度分析共享经济的诞生原因。

1. 移动互联网时代的快速发展

移动互联网的发展给共享经济的诞生提供了硬件基础，换言之，智能手机的普及是共享经济诞生的基础条件。美国 Zenith 机构曾有一份数据报告显示，2018 年之前，中国智能手机用户数量将达到 13 亿，位居全球第一，也就是人均一部手机的水平。这样的水平无形中推动了共享经济的诞生。

2. 互联网发展带来的新技术，是创新的支撑性条件

例如在共享经济中使用的位置定位服务（LBS）技术，该技术的工作流程是，电信移动运营商通过网络定位用户的终端具体位置，这些位置信息会统一上传至云端，并且应用云计算来计算出共享经济的范围，只要用户在联网的状

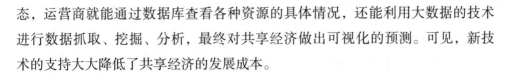

态，运营商就能通过数据库查看各种资源的具体情况，还能利用大数据的技术进行数据抓取、挖掘、分析，最终对共享经济做出可视化的预测。可见，新技术的支持大大降低了共享经济的发展成本。

3. 第三方支付技术的进步

第三方支付是共享经济中使用的支付方式。中国金融认证中心发布的《2018 中国电子银行调查报告》显示，支付宝等移动支付方式不断发展普及，第三方支付用户比例继续保持 % 以上的高速增长，达到 78% 的历史最高比例，这一数据也预示了共享经济的发展趋势。

4. 新的资源使用观念的诞生

社会生产中不可避免地出现各种闲置的资源，得不到充分利用。传统经济发展中，这些资源无法得到有效的处理。而"共享"观念的诞生，完美解决了这一问题，将闲置的资源投入共享环境中，不仅能够提升利用率，还能赚取额外的费用。这样一来，人们的需要得到了满足，共享经济的负责单位也能收获经济效益。可以说，资源使用观念的更新实现了闲置资源的再利用，是推动共享经济发展的强有力因素。

5. 经济发展进入了新的阶段

传统的经济模式逐渐显露出无法适应当前经济市场环境、无法满足经济发展需求的弊端，因此，出现了一系列问题，如经济发展滞后、企业力量不足以及效率低下等。在传统经济模式下，企业之间往往通过产业链相互连接，但由于层层加码以及企业自身协同不足，导致了交易成本的居高不下，从而影响了市场效率。这种传统模式下的商业困境，为共享经济的发展提供了难得的契机。

传统经济模式的困境主要表现在以下几个方面。

（1）交易成本高昂

传统经济模式下，由于企业之间缺乏有效协同，产业链的每一个环节都面临着高昂的交易成本。这些交易成本包括信息不对称、交易中的谈判成本以及执行成本等。高昂的交易成本使得企业难以在市场上保持竞争力，从而影响了整个市场的效率。

（2）市场效率低下

由于交易成本的居高不下，传统经济模式下市场的运作效率大大降低。交易成本的增加导致了资源的浪费和效率的降低，使得市场无法有效地分配资源，进而影响了经济的持续发展。

（3）企业自身能力有限

在传统经济模式下，企业往往只关注自身的利益最大化，缺乏与其他企业的合作和协同。这种狭隘的经营理念使得企业难以应对市场的变化和挑战，限制了企业的发展空间和竞争力。

在这样的背景下，共享经济作为一种新兴的经济模式应运而生，并逐渐成了解决传统经济模式困境的有效途径。共享经济通过平台化的方式，打破了传统经济模式下的种种局限性，实现了资源的共享和高效利用。通过共享经济平台，企业可以更加便捷地获取所需资源，降低交易成本，提高市场效率，从而实现了经济发展的新突破。

6.我国城市化建设的脚步越来越快

城市化的发展增加了城市的人口数量，人口越多，需求也就越多。在需求旺盛的情况下，共享经济也就有了更大的发展动力和发展机会。

（二）共享经济的内涵

共享经济就是第三方（商业机构、政府部门等）对线下的闲置资源进行整合，并使用信息技术搭建一个市场化平台，个人用户可以通过该平台交换闲置物品，或者提供服务。这个过程共涉及三方，分别是商品或者服务的供给方、需求方以及共享经济的平台方。

供给方就是在一定期限内让渡物品的使用权或提供服务，并获得相应的经济收入。供给方可能是个人，也可能是组织或者机构，是非常强大的需求群体。供给方拥有非常丰富的闲置资源，能够形成长期稳定的供应链，是实现资源利用的基础，也是新时代下共享经济的特有优势。

需求方就是通过租借的活动获得需求的服务或商品，这个过程并没有直接获得物品的所有权。同供给方类似，需求方也可能是个人或者组织群体。只要拥有基本的诉求，就能参与共享活动。可以说，共享经济的供给池和需求池相互影响，共享活动的过程是透明公开的，这一特点也就保证了共享活动的真实可靠。共享经济在建立时，主要将资金使用在平台的维护工作中。换言之，共享经济的投资风险较小。此外，平台能够针对不同的供给需求制定不同的服务内容，最终的目的就是保证人们能公平地使用社会资源，只不过需要在使用的过程中以某种方式付出或者收益。共享经济更多的是通过互联网进行活动，以共享平台为连接的纽带，并建立双方互评体系来维持共享活动的秩序性。

总的来说，共享经济主要有两个内涵。首先，去中介化。传统的经济活动中需要依靠中介实现资源的交易，而共享经济中，供给双方没有资金方面的限制，只要有对应的供给需求，就能够直接进行共享活动。以生活中常见的打车软件为例，运营方提供平台，乘客和司机能够进行直接的匹配。也就是说，去中介化的最大作用就是降低了中介对经济活动的约束。其次，共享经济的再中介化。这里的再中介化是指共享平台又作为新的中介，提供给双方新的活动平台。打车软件就是再中介化的媒介，帮助乘客和司机实现资金匹配，而这种由共享经济作为中间媒介的方式也被称为"新中介"。

（三）共享经济的商业模式分析

目前，我国的共享经济模式主要是由一家公司管理，共享经济的全部活动环节都是由一家公司负责。生活中常见的美团、共享单车等都是如此，公司在经营的过程中往往使用单一的共享经济商业模式，通过大数据获取用户信息，然后通过软件平台促进经济活动的进行。用户在参与该活动时，只需要下载指定的 App，或者登录相关的平台，注册并登录自己的信息，在平台中搜索自己需要的信息，就能在平台上找到自己需要的商品。供给者在收到需求者的信息后，可以直接与其进行互动，在双方达成共识的情况下完成交易活动。在这个过程中，平台主要的作用是为双方提供交流渠道，帮助完成信息交流。需要注意的是，共享活动中共享平台需要完成供给双方的实名认证，确保共享活动的公开性和真实性。

另外还存在一种商业模式，即多家企业共同合作，完成共享经济活动。这种商业模式较为新颖，尚未得到充分的技术支持，主要在一些已发展成熟的企业中得到应用。具体流程是在共享活动中，某个企业的资源被应用于另一个企业的活动中，后者则负责发布和宣传信息，推动共享活动的顺利完成。这种合作模式的最大优势在于能够最大限度地保证经济活动的有效性，为双方提供更为优质的服务内容。

三、数据驱动的商业模式

"互联网＋"时代到来，人工智能和大数据技术逐步成为现代商业不可忽视的部分，大数据技术带来了新的行业，同时也给传统行业带来改革及一些挑战和危机。在当今时代，一个企业，尤其是传统行业，想要有所突破和发展，就必须着手准备转型，与大数据技术相结合，改革传统的商业模式，以获取更多市场份额。但从一些企业商业模式创新的现状来看，还存在许多问题，比如缺乏对大数据的正确认知，基础信息技术设备不完善、缺乏一定的大数据人才等，这些均影响了大数据在商业模式中的合理应用。因此需要着重解决这类问题，促进行业的高速转型及发展。

一、大数据

"大数据"这一概念在 21 世纪一经出现便得到了迅速发展，近十多年来，社会各界都对其展开了讨论和研究，对其在社会发展中的推动作用给予了肯定。Gartner（高德纳公司）研究机构认为，大数据是一种海量、迅速增长和多样化的信息资产，其被有效处理后，往往能够增加某些事物的决策力、洞察力和作用力。所谓的大数据实际上就是借助技术，如云计算等，进行数据的筛选和整合，可以对海量的数据进行保存，也能对这些数据合理分类，从中找出有价值的信息。

（一）大数据的特征

大数据的特征主要体现在"3V"上，即数据量大、数据类型多样、数据流动速度快。数据量的巨大使得传统的数据处理方法不再适用，而数据类型的多样性和数据流动速度的加快则增加了数据处理的复杂度和难度。这些特征使得大数据处理成为一项挑战，但大数据也为各行各业带来了巨大的机遇。

（二）大数据应用的两种主要模式

目前，以大数据为主营业务的企业主要有两种类型。一种以亚马逊、阿里巴巴等企业为代表，它们利用大数据技术为客户提供管理效率相关服务，帮助企业实现对客户的精准挖掘和对公司人员的有效管理。另一种则是直接服务于目标公司，通过大数据技术进行数据获取、分析和结果呈现，为企业提供预测业务，例如电网过载、安全预警和城市交通等预测服务，帮助企业进行决策和规划。

（三）大数据在社会发展中的作用

大数据的出现和发展，不仅在商业领域带来了巨大的改变，也在社会发展中发挥着重要的作用。通过大数据分析，政府能够更好地了解民生状况和社会发展趋势，从而制定更科学的政策和规划。在医疗领域，大数据可以帮助医生提高诊断精准度，为患者提供更好的治疗方案。在教育领域，大数据分析可以帮助学校更好地了解学生的学习情况和需求，制定个性化的教育方案。总的来说，大数据在推动社会发展、提升生活品质等方面发挥着不可替代的作用。

四、大数据在商业模式创新中的意义

（一）有利于完善企业的管理流程

管理是企业发展中非常重要的一部分，涉及企业内外部的方方面面，本文通过分析发现，当下的企业在设置管理流程时主要是依据企业自身发展的相关需求，而且在运行的过程中是一成不变的，这并不利于企业的发展和创新。在大数据的背景之下，大数据可以借助其交互特性，帮助企业了解、认知外部经济环境，同时还能够对内部的管理进行考察，分析管理上存在的问题，通过合理的思考，不断优化企业管理的流程，提升管理的效率。

（二）有利于挖掘客户群体

大数据具有数据种类多元的特征，大数据信息不仅是指数字和文字信息，音视频、图片、地理位置等也都是大数据的表现方式，企业除了可以在其中获取想要的信息，还可以从不同角度体现某个活动。大数据丰富的表现形式和多维性，能给用户提供更加详尽的信息。在商业模式中，客户群体的信息非常重要，其关乎企业的经济利润和未来的发展。通过利用大数据多元化、可深入挖掘等特征，可以精准筛选客户，分析客户的需求，合理规划并设计产品，挖掘客户群体。

（三）有利于提升风险防范能力及核心竞争力

当下市场竞争非常激烈，需要企业具备一定的随机变动的能力，基于实际情况不断地调整传统的商业模式，保证企业商业模式能够和外部发展环境相适应。当然，在运行的过程中，每家企业都无法保证完全消除经营的风险。如纺织企业会存在人员流动过于频繁的风险、产品设计的风险等，通过借助大数据搭建一个防范风险的模型，将每一个板块列入其中，当其超过某个风险值时，系统就会自动报警。大数据利用信息技术的优势，提前预防风险，提升企业运行的质量及整体的核心竞争力，实现创新共赢。

五、大数据在商业模式创新中的应用现状

（一）缺乏对大数据应用的正确认知

大数据的发展趋势有目共睹，很多公司都紧跟趋势与大数据技术相结合。但当前仍有一部分企业还没有看到大数据技术能够带来的前景，没有互联网和大数据意识，没有意识到大数据技术有助于把控市场动态、提升公司管理效率，更没有把大数据技术与营销挂钩，不理解大数据理念。除此之外，即使是那些有意识引入大数据技术的企业，也存在着大数据技术能力有限的问题，缺乏更加有力、更加系统的数据收集、整合、处理和分析能力，表现在硬件设施不够全面、大数据人才缺乏，以及软件不完善等各方面。尤其是那些规模较小的企业，对大数据技术的投入更加有限，即使他们有心想要跟紧大数据技术的潮流，也很难在短期内利用好大数据技术，难以使大数据技术有效地创新内部的商业模式。

（二）缺乏软件和硬件设备

1.缺乏软件和硬件设备

大数据技术的应用为众多企业带来了新的机遇，尤其是大型纺织企业。这些企业纷纷利用大数据技术对顾客、产品及销售方面的数据进行深度挖掘和整理，以跟踪相关市场行业的实时动态，并根据数据结论有针对性地改善现阶段的商业模式。然而，一些企业由于内部缺乏资金，未能引进先进的软件及硬件设备，导致大数据应用质量受到影响。

2.软件设备不足

一些企业在引入大数据技术时面临着软件设备不足的问题。大数据应用通常需要强大的数据处理软件和分析工具，以处理海量的数据并提取有用的信息。然而，由于一些企业缺乏足够的资金投入，无法购买或租赁先进的大数据软件，导致其在数据处理和分析方面存在瓶颈。缺乏适当的软件设备会影响企业对大

数据的有效利用，降低数据分析的准确性和效率。

3.硬件设备短缺

除了软件设备，一些企业还存在硬件设备短缺的问题。大数据通常需要大型服务器和存储设备来支持海量数据的存储和处理，然而，这些硬件设备的采购和维护成本较高。由于一些企业缺乏足够的资金投入，无法购买或更新先进的服务器和存储设备，导致其在数据处理速度和存储容量方面受到限制。硬件设备短缺会影响企业对大数据的有效管理和利用，限制了企业的数据处理能力和分析水平。

4.资金限制影响大数据应用

总的来说，资金限制是导致企业缺乏先进软件和硬件设备的主要原因之一。缺乏这些关键的技术设备会影响企业对大数据的应用质量，限制了企业在数据处理和分析方面的能力，从而影响了企业的竞争力和发展潜力。因此，企业应该寻求解决资金问题的方法，如寻找合适的资金支持渠道或采取合理的资金管理策略，以确保能够充分利用大数据技术，提升企业的应用质量和竞争力。

（三）大数据在商业模式创新中应用质量不高

一些企业对大数据的理解有一定局限，没有意识到大数据不仅仅是大量的数据本身，数据本身也没有办法直接助力商业模式的创新。要想更好地利用大数据，发挥大数据在商业模式创新中的作用，首先获得的数据必须是有质量的数据，这样在数据中获取的信息、根据数据得出的结论，才能更加精准、有用。若是数据收集这个步骤不够完善，数据质量低下，就必然导致从中提取出的信息也是低质量的，甚至还会提取到无效信息。因此，数据质量的重要性不可小视，基于大数据本身数量大、种类多、处理速度快及结构复杂的特点，企业的大数据技术水平将会直接关系到数据质量，这就使得很多企业都面临着数据提取质量的挑战，不论是提取技术还是数据来源，都需要进行完善和提升。

（四）信息安全问题成为大数据应用的阻碍

在大数据时代，企业利用大数据收集数据信息的主体是顾客。为了起到精准营销的效果，企业通常会为了了解顾客的购物偏好，而收集消费者网络浏览痕迹、历史购买订单及相关个人信息等数据，为了了解目标群体的消费水平，分析消费者过去一段时间的购买记录，从而达到针对不同类型的消费群体，精准推送不同的个性化广告的目的。但是，在这样的过程中，消费者的信息虽然被企业所掌握，但也极容易泄露消费者的个人隐私。顾客历史浏览网页若是被设置了跟踪代码，就很容易被第三方跟踪，使得顾客个人隐私有着很高的被盗用和泄露的风险，给企业发展带来危机。

六、大数据在商业模式创新中的应用

（一）增强对大数据的重视程度

大数据时代已经到来，企业的前途和命运与大数据技术之间的捆绑已经越来越深，两者互相成就。而那些规模较小的企业，更加需要大数据技术为其指明道路，需要依靠大数据进行发展。大数据的使用，关系着企业的商业模式，如企业的运营管理和营销活动，大数据技术的逐渐发展也悄然改变着每一位员工对大数据的看法。在当今时代，大数据技术越来越成为企业的核心，对于企业的员工培养、人才选拔、储备人才的提升，甚至人力资源的培训，均可以借助大数据的力量使其更加精准高效。企业想要利用大数据技术，作为企业高层就应当调整自身的心态和意识，在制定企业发展决策及进行市场定位时，应充分考虑时代背景，抓住大数据带来的机遇，以发展的眼光看问题。

（二）基于大数据，创新原有内部工作流程

大数据在企业中的应用已经成为一种必然趋势，想要发挥出大数据在商业模式创新中的作用，就必须基于企业的实际现状，引进硬件和软件设备。硬件设备的引进以电脑为主，软件设备则要根据企业现有的部门和工作的内容合理地创设，可以由企业自主研发，也可以从外部引进。对于企业而言，一般包含行政管理中心、营销中心、生产中心、产品研发中心等，每一个部门均有需要负责的事务，如行政管理中心主要是进行人力资源的招聘及日常后勤事务的管理，该部门就可以借助大数据技术，提升人力招聘的科学性。营销中心也可以借助大数据分析客户的需求，针对性地设计营销方案。

（三）基于大数据形成价格策略，提升应用质量

在商业模式中，大数据的作用非常突出，其除了可以帮助企业形成大数据的创新模式之外，企业还能借助大数据的一些预判，合理分析供给与需求之间的关系，大大缩减企业运营成本，形成良好的产业链条。例如企业通过大数据

分析，了解不同客户对产品质量以及价格的需求，对于本纺织企业而言，产品重点分析点应放在年轻群体上，在价格策略上也要更偏向年轻群体。另外，企业在进行数据收集时，应在以下多个方面进行努力，以提升数据质量。

1. 基于大数据形成价格策略

在商业模式中，大数据的作用愈发凸显。除了可以帮助企业创新商业模式外，大数据还能够借助预测分析，合理分析供需关系，从而优化企业的价格策略，提升产品应用质量。通过大数据分析，企业能够更好地了解不同客户对产品质量和价格的需求，从而更精准地制定价格策略，满足不同客户群体的需求。举例来说，对于一个纺织企业而言，如果大数据分析显示年轻群体对产品质量和价格更为敏感，那么企业可以将产品重点放在满足年轻群体需求上，并采取更加灵活的价格策略来吸引这一群体的消费。这种基于大数据的价格策略不仅能够提升产品的市场竞争力，还能够提高产品的应用质量，满足客户的个性化需求。

2. 提升数据质量

为了有效利用大数据，提升数据质量是至关重要的。企业在进行数据收集时，应该在以下几个方面进行努力，以确保数据的质量。

（1）多元化的数据收集渠道

企业应该尽可能多地利用各种内外部渠道收集数据，包括企业内部系统、社交媒体、用户反馈等，以确保数据信息的丰富性和多样性。通过多元化的数据收集渠道，企业可以获取更全面、更准确的数据，为后续的分析和决策提供充分的支持。

（2）先进的数据存储技术

由于大数据的信息量庞大且类型繁多，传统的数据存储方式可能无法满足对数据的高效管理和分析。因此，企业应该采用先进的数据存储技术，如云存储、分布式存储等，以确保数据的高效存储和管理。这样可以提高数据的可访问性和可用性，为企业的数据分析工作提供更好的支持。

（四）提升网络安全技术，加强对客户隐私的保护

企业想要对消费者进行精准营销，并将营销活动转化为实际效益，就需要赢得消费者的信任，除了产品质量方面的保证，还要注意尊重消费者的个人隐私，保障消费者的信息安全，消除消费者的误解和信任危机。

1.提升网络安全技术

在当前信息化的时代，网络安全已经成为企业不容忽视的重要问题。为了保障客户的个人隐私和信息安全，企业需要不断完善网络信息安全，提升网络安全技术水平。首先，企业需要建立完善的网络安全体系，包括安全防护系统、网络监控系统和数据加密技术等。其次，企业应采用先进的网络安全技术，如防火墙、入侵监测系统（IDS）、入侵防御系统（IPS）等，及时发现和应对网络安全威胁。此外，定期进行网络安全漏洞扫描和修复，加强对网络设备和系统的管理和维护，也是保障网络安全的重要举措。

2.配备并提升匿名技术

为了保护客户的个人隐私，企业应配备并提升匿名技术，特别是在对目标客户进行广告营销推送时。匿名技术可以有效地保证客户敏感信息不被显示，例如电话号码、家庭住址、姓名等。企业可以采用匿名化处理技术，将客户的敏感信息进行加密或隐藏，只对部分不敏感信息进行显示。同时，企业还可以采用模糊查询技术，对客户信息进行模糊化处理，以保护客户隐私和数据安全。通过提升匿名技术的水平，企业可以更好地保护客户的个人信息，增强客户的信任和满意度。

3.加强员工个人隐私安全意识

企业信息部门的全体员工都应当重视对顾客私人信息的保护，增强个人隐私安全意识。首先，企业应加强员工个人隐私保护意识的培训和教育，使员工充分了解个人隐私保护的重要性和必要性。其次，企业可以建立健全的信息保密制度和安全管理制度，规范员工在处理客户信息时的行为规范和工作流程。此外，企业还可以加强对员工的监督和管理，建立信息安全责任制，明确员工在信息安全工作中的责任和义务。通过加强员工个人隐私安全意识，企业可以有效防范信息泄露和数据安全风险，保护客户的个人信息和隐私权益。

第五章　数字物流概述

第一节　物流的定义与重要性

一、物流概念和意义

（一）物流的含义

物流作为一个概念，涵盖了多个方面的含义和功能。从广义上讲，物流是指商品从生产地到消费地的全过程管理和控制，包括了从采购原材料、生产加工、仓储管理到产品配送等各个环节。具体来说，物流包括以下几个方面的内容。

1. 运输

（1）陆运

陆运作为物流活动中常见的一种方式，指通过陆地交通工具进行货物运输。它包括道路运输和铁路运输两种主要形式。道路运输通常采用卡车、货车等陆路交通工具，适用于短途、小批量的货物运输。铁路运输则是利用铁路交通工具，适用于长途、大批量的货物运输。陆运的优势在于覆盖范围广，运输网络密集，能够快速、灵活地将货物送达目的地。但同时，陆运也面临着交通拥堵、路况不佳等问题，对运输时间和成本有一定影响。

（2）水运

水运是利用水路交通工具进行货物运输的方式，包括海运和内河运输两种形式。海运是指利用海洋船舶进行跨海洋的货物运输，适用于远距离、大批量的货物运输。内河运输则是利用内陆河流进行货物运输，适用于沿河地区的货物运输。水运的优势在于运输能力大、成本低、能够跨越大片海洋或河流。但水运也面临着季节性限制、海上天气影响等挑战，对运输时间和安全性有一定影响。

（3）空运

空运是利用航空交通工具进行货物运输的方式，通常采用飞机进行货物的快速运输。空运适用于远距离、紧急的货物运输需求，具有运输速度快、时效性高的特点。空运可以快速将货物送达目的地，适用于国际贸易、急需物资等情况。但空运也面临着成本高、运输能力有限等问题，适用范围相对较窄。

2.仓储

（1）仓库管理和运营

仓库管理和运营是仓储环节的核心内容，包括仓库的选址、设计、建设和日常运营等方面。合理的仓库选址能够降低物流成本和提高运作效率，而仓库的设计和建设则需要考虑货物的特性、存储容量和操作流程等因素。在日常运营中，仓库管理人员需要对仓库进行货物存放、装卸、库存盘点等操作，确保仓库的正常运转。

（2）货物分类和保管

货物分类和保管是仓储环节的重要任务，它包括对货物进行分类、分拣、标记和归档等活动，以便于管理和检索。合理的货物分类和保管能够提高仓库的工作效率和货物的利用率，减少货物丢失和损坏的可能性，保障仓库的正常运转。

（3）出入库管理

出入库管理是仓储环节的关键环节，它涉及货物进出仓库的各个环节和流程。在出入库管理过程中，仓库管理人员需要对货物进行验收、装卸、入库和出库等操作，确保货物的安全和正确性。同时，出入库管理还需要对货物进行记录和跟踪，以便于实现货物的及时调度和管理。

3.包装

（1）包装的保护功能

包装在物流中的主要功能之一是保护商品。合适的包装材料和方式可以有效地减少商品在运输过程中的磨损、挤压和震动，降低货物受损的风险。例如，在运输易碎物品时，可以采用吸震材料或加厚包装箱来增加包装的缓冲性，保

护商品不受碰撞损坏。

（2）包装的便利搬运和存储功能

包装还可以提供便利的搬运和存储条件，使得货物的仓储和运输过程更加方便。合适的包装设计可以使货物堆放更加稳固，减少堆放空间，提高仓库利用率。同时，适当的包装标识和标签可以使货物更容易识别和管理，减少出错和混淆的可能性，提高货物的操作效率。

（3）包装的促销和传递信息功能

包装不仅仅是对商品的保护和包裹，还可以作为一种宣传和促销的工具。精美的包装设计和印刷可以吸引消费者的眼球，提升产品的品牌形象和竞争力。同时，包装上的标识、条码和说明书等信息也可以传递产品的相关信息，如生产日期、保质期、使用方法等，方便消费者使用和识别。

4.配送

（1）配送的重要性

配送作为物流流程中的最后一环，承担着将商品从仓库或生产地送达消费者手中的重要任务。它直接关系到消费者的满意度和对企业的评价，因此配送环节的效率和质量至关重要。一旦配送出现延误或错误，就会直接影响到消费者的购物体验，进而影响到企业的声誉和品牌形象。因此，建立高效的配送系统对于企业来说至关重要。

（2）配送的挑战与机遇

随着电商行业的蓬勃发展，配送环节面临着更多的挑战和机遇。一方面，消费者对于配送速度和服务质量提出了更高的要求，企业需要在保证速度的同时，提高配送的准确性和可靠性；另一方面，最后一公里配送成为物流领域的热点话题，企业需要通过技术手段和智能化管理来提升配送效率和服务质量。例如，利用物联网、人工智能和大数据技术，实现智能路线规划、配送员管理和订单跟踪，提高配送的精准度和效率。

（3）配送的发展趋势

未来，随着物流技术的不断进步和消费者需求的不断升级，配送将呈现出更加智能化、个性化和高效化的发展趋势。无人配送、智能配送车辆和自动化配送中心等技术将逐渐成熟和应用，进一步提升配送效率和服务质量。同时，配送服务的个性化和定制化也将成为未来的发展方向，企业需要根据不同地区、不同消费群体的需求，灵活调整配送策略和服务模式，提供更加贴心和优质的配送服务。

（二）物流的组成要素

物流活动涉及多个组成要素，每个要素都在不同程度上影响着物流的效率和成本。主要的物流组成要素包括以下几点。

1. 货物

作为物流活动的主要内容和目标，货物包括了原材料、半成品和成品等各种商品，它们需要在物流活动中被运输、存储、处理和配送。货物的特性和属性直接影响着物流活动的方向、方式和流程。

在物流运输中，货物的种类、数量、质量和尺寸等特征对于运输方式的选择至关重要。例如，对于大宗货物或远距离运输，通常采用海运或铁路运输；而对于轻便易腐货物，则更适合采用航空运输。此外，货物的包装形式也会影响到运输过程中的安全性和效率。良好的包装设计能够有效保护货物不受损坏，并提高货物在运输过程中的稳定性。

在物流仓储环节，货物的分类、保管和管理是至关重要的。合理的货物分类能够提高仓储空间的利用率，降低仓储成本，并便于货物的快速检索和出库。同时，对于易腐、易损货物，需要采取特殊的仓储措施，如恒温、湿度控制等，以确保货物在仓库中的安全存放。

此外，在物流配送环节，货物能否及时准确地送达消费者手中是保障客户满意度的关键。配送过程中，货物的状态和数量需要实时监控和跟踪，以确保货物能够按时到达目的地，并且在配送过程中不受损坏或遗失。

2. 信息

在物流活动中，信息的作用贯穿始终，涵盖了订单管理、库存控制、运输调度等方面。

第一，信息在物流活动中被用于指导物流活动的实施。订单信息是物流活动的重要组成部分，它指导着货物的流动和交付。通过订单信息，企业可以及时了解客户需求，安排货物的生产和配送计划。同时，库存信息也是指导物流活动的重要依据，它告诉企业哪些货物需要补货、哪些货物需要调拨，以及何时进行这些操作。基于订单和库存信息，物流管理者可以合理安排物流活动，提高物流效率。

第二，信息在物流活动中还扮演着监控的角色。通过物流信息系统，企业可以实时监控物流活动的执行情况，了解货物的运输状态、到达时间等重要信息。这有助于企业及时发现问题并采取措施加以解决，例如在货物运输过程中出现的延误或损坏等情况。同时，物流信息系统还能够帮助企业进行异常预警和风险管理，提高物流活动的安全性和可靠性。

第三，随着信息技术的不断发展，物流信息系统的建设和应用愈发重要。现代物流活动已经离不开信息技术的支持，物流信息系统通过集成各个环节的信息，实现了信息的共享和流通，提高了物流活动的管理效率和运作效果。例如，物流信息系统可以实现自动化的订单处理、智能化的库存管理和精准化的运输调度，为物流活动的优化提供了强大的技术支持。

3. 资源

人力资源是指从事物流活动的员工和人员，他们负责执行物流活动的各项任务和工作。在物流领域，人力资源的合理配置和培训至关重要，只有拥有高素质的物流人才，才能够保障物流活动的高效运行。物流人才应具备专业的物流知识和技能，熟悉物流流程和操作流程，具有良好的沟通协调能力和应变能力，以应对复杂多变的物流环境。

物质资源包括了各种原材料、设备和工具等，它们用于支持物流活动的实施和运行。物流活动需要依赖各种设备和工具来完成运输、仓储、包装等环节，例如货车、叉车、货架、包装箱等。同时，物流活动还需要消耗大量的原材料和能源，如燃料、包装材料等。因此，合理管理和利用物质资源，可以提高物流活动的效率和质量，降低成本和减少资源浪费。

财务资源是指资金和财务资产，用于支持物流活动的投资和运营。物流活动需要资金来购买设备、支付员工工资、购买原材料等，同时还需要财务资产来应对可能出现的风险和不确定性。合理的资金配置和财务管理是物流企业成功运营的关键，它直接影响着物流活动的规模和效益。科学的财务规划和风险管理，可以确保物流活动的稳定和可持续发展。

4. 设备

设备在物流活动中扮演着至关重要的角色，它们是支持各个环节的必备工具和设施，直接影响着物流活动的效率、安全性和成本。具体而言，设备主要包括运输工具、仓储设施和包装设备等，它们各自在不同的环节发挥着关键作用。

第一，运输工具是物流活动中不可或缺的一部分。汽车、火车、船舶和飞机等运输工具负责将货物从生产地点运送到消费地点，实现了跨区域和跨国家的货物流通。不同类型的运输工具具有各自的优势和适用场景，例如，汽车适用于短途运输和城市配送，而船舶则适用于长途海运。运输工具的选择和使用对物流活动的效率和成本有着直接的影响，因此，企业需要根据货物的特性和运输需求选择合适的运输工具，以确保货物能够安全、及时地到达目的地。

第二，仓储设施是物流活动中必不可少的一环。仓库、货架、堆场等仓储设施用于货物的存储、分拣和管理，确保货物在物流过程中得到妥善处理。良好的仓储设施能够提高货物的周转率和存储效率，降低仓储成本，缩短货物的停留时间，减少库存积压。同时，合理布局和管理仓储设施，可以提高物流活动的灵活性和响应速度，更好地满足市场需求。

第三，包装设备在物流活动中也发挥着重要作用。包装机械、包装材料等设备用于对货物进行包装和封装，保护货物不受损坏，并提高运输效率。精心设计的包装方案可以减少货物在运输过程中的磨损和损坏，降低运输成本，提高运输效率。同时，包装还可以提升货物的形象和价值，吸引消费者的注意力，促进销售和市场竞争力。

二、物流在商业运作中的地位和作用

（一）物流的地位

1.物流作为商业运作的纽带

（1）桥梁和纽带的角色

物流作为商业运作的纽带，在连接生产者和消费者之间扮演着至关重要的角色。它不仅仅是简单的货物运输，更是实现了供应链的高效运作，促进了商品的流通和交换。在现代商业环境中，物流的作用远远不止于此。首先，物流通过运输、仓储、包装等环节，将生产者生产的产品及时送达消费者手中。这一过程中，物流承担了从商品生产到销售的全过程管理和协调任务。它确保了商品能够准时、准确地到达消费者手中，满足了消费者的需求，推动了商品交换和市场经济的发展。其次，物流实现了供需之间的有效对接和交流。通过物流系统的运作，生产者能够及时了解市场需求，调整生产计划和供应链管理，以适应市场变化。同时，消费者也能够享受到及时的商品供应和高效的配送服务，提升了消费者的购物体验和满意度。此外，物流还承担着连接生产者和消费者之间信息传递的重要任务。在物流活动中，各种信息如订单信息、库存信息、运输信息等被及时地收集、处理和传递，为生产者和消费者提供了准确的信息支持。这种信息交流和共享有助于优化供应链管理，提高市场反应速度，增强企业竞争力。

（2）供需对接的重要性

供需对接的重要性在于它直接影响着商品的流通和市场的运作。物流作为促进供需对接的关键环节，在商业运作中扮演着至关重要的角色。首先，供需对接能够实现生产者和消费者之间的有效沟通和协调。通过物流系统的运作，生产者能够了解市场需求的变化和趋势，及时调整生产计划和供应链管理，以适应市场的变化。同时，消费者也能够享受到及时的商品供应和高效的配送服务，满足了他们多样化的购物需求。其次，供需对接有助于优化资源配置和提高市场效率。通过物流活动，商品能够迅速从生产地运送到消费地，避免了商品积压和库存问题，保持了市场供应的稳定性和连续性。这样一来，资源能够得到更加合理的利用，市场的交易效率也得到了提高。另外，供需对接还能够促进商业交易的顺利进行和市场的繁荣发展。当生产者能够根据市场需求及时调整产品供应时，消费者能够得到更好的购物体验，从而增强了他们的购买欲望和信心。这种有效的供需对接能够促进商业交易的频繁进行，推动市场的繁荣发展。

（3）促进商业流通的效率

物流作为商业运作的纽带，具有促进商业流通效率的重要作用。其高效运作和优化管理对于商品的快速流通和市场竞争力的提升至关重要。首先，物流通过优化运输和配送网络，实现了商品的快速流通。现代物流系统依托先进的技术和全球化的网络，能够将商品从生产地迅速运送到消费地。快速的运输和配送能力使得商品能够及时到达市场，满足消费者的需求，提高了商业流通的效率。其次，物流通过提高库存管理和仓储效率，实现了商品的及时供应。合理的库存管理和仓储布局能够确保商品的充足供应，避免了因库存不足或积压而导致的市场波动。通过精细化的库存管理和仓储操作，物流能够确保商品在需要时随时可得，进一步提高了商业流通的效率。另外，物流还通过提供全方位的物流服务，增强了商业流通的灵活性和可靠性。现代物流服务不仅包括了传统的运输、仓储和配送，还涵盖了信息技术、供应链管理、售后服务等多个方面。这些全方位的服务能够满足不同消费者和企业的需求，提高了商业流通的灵活性和可靠性，进一步促进了商业流通效率的提升。

2. 物流作为供应链的核心环节

（1）供应链体系的复杂性

供应链体系涉及从原材料采购到最终产品交付的全过程，需要各个环节之间的高效协同和无缝衔接。在这个复杂的网络中，物流作为连接生产和消费之间的桥梁，直接影响着整个供应链的运作效率和成本控制。

首先，供应链的复杂性体现在其涉及的环节和参与者众多。现代供应链通常包括了原材料供应商、生产商、分销商、零售商等多个参与方，每个参与方都有着自己的利益诉求和运作方式。这些参与方之间的协调和合作需要高度的组织和管理，以确保供应链的顺畅运作。

其次，供应链的复杂性还体现在其涉及的环节和流程繁多。从原材料采购到最终产品交付，供应链包括了采购、生产、运输、仓储、包装、配送等多个环节和流程。每个环节都需要精细的规划和管理，以确保整个供应链的高效运作和成本控制。

此外，供应链的复杂性还体现在其受到内外部环境因素的影响。供应链面临着市场需求波动、原材料价格变动、政策法规调整等多种内外部风险和挑战，这些因素会对供应链的稳定性和可靠性产生影响，需要及时应对和调整。

在这样复杂的供应链体系中，物流作为连接各个环节的纽带，承担着重要的责任。它通过优化运输和配送网络、提高库存管理和仓储效率、提供全方位的物流服务等方式，确保供应链的顺畅运作和高效管理。因此，物流在供应链体系中的地位至关重要，对于整个供应链的运作效率和成本控制具有重要影响。

（2）保障供应链的顺畅运转

物流通过运输、仓储、包装等环节，确保了原材料、半成品和成品在供应链中的及时流通和交付，从而为供应链的顺畅运转提供了重要保障。首先，物流在运输环节发挥着重要作用。它通过各种运输方式，如陆运、水运和空运，将产品从生产地点运送到消费地点，实现了供应链中的物流流通。运输环节的高效运作可以缩短运输时间，减少运输成本，从而提高供应链的运作效率。其次，物流在仓储环节也扮演着关键角色。仓储环节涉及货物的存储和管理，包括仓库管理、货物分类、保管等活动。通过合理的仓储管理，物流可以确保货物在供应链中的及时供应和流通，避免了因货物积压或库存不足而导致的供应链中断。另外，包装环节也是物流保障供应链顺畅运转的重要组成部分。包装不仅可以保护货物在运输过程中不受损坏，还可以提高运输效率和产品形象。通过合适的包装设计，物流可以降低货物损失率，减少运输过程中发生的意外事件，保障供应链的稳定运转。

（3）优化供应链管理的关键环节

优化供应链管理的关键环节涵盖了物流在供应链中的各个方面，从供应商到最终消费者的全过程都需要考虑到物流的作用和影响。首先，供应链的设计和规划是优化物流管理的重要环节。通过合理设计供应链结构和制定有效的物流规划，企业可以实现供应链各环节的顺畅衔接和高效协同。供应链设计涉及供应商选择、库存管理、运输路线规划等方面，需要充分考虑到物流的影响，以实现资源的最优配置和成本的最小化。其次，物流信息系统的建设和应用是优化供应链管理的关键环节之一。物流信息系统可以实现对供应链各个环节的实时监控和数据分析，为企业提供及时准确的信息支持。通过物流信息系统，企业可以实现供应链的可视化管理，及时发现和解决潜在问题，提高供应链的灵活性和响应速度。另外，供应链中的运输和仓储环节也是优化物流管理的重要环节。运输环节涉及货物的长途运输和配送，需要选择合适的运输方式和优化运输路线，以降低运输成本和缩短交货周期。仓储环节则需要合理规划仓储设施和库存管理策略，以确保货物的安全存储和高效配送。最后，物流服务质量的提升也是优化供应链管理的关键环节之一。企业需要不断改进物流服务流程和提升服务质量，以满足客户的需求并提高客户满意度。通过提供更快速、更准确和更便捷的物流服务，企业可以增强竞争力，提升市场份额。

3.物流作为商业运作的关键支撑

（1）稳定的物流服务保障

在现代商业运作中，物流不仅仅是产品的运输和配送，更是商业运作的关键支撑。它通过高效的运作流程和优化的管理方法，为企业提供了稳定的物流服务，保障了商品的及时交付和顾客的满意度。稳定的物流服务能够提高企业的信誉和品牌形象，增强企业在市场中的竞争力。

（2）提升商品交付的效率

物流的优化和改进能够提升商品交付的效率，降低了交付的时间和成本。通过运输、仓储、包装等环节的协调和管理，物流能够保证商品能够及时送达消费者手中，满足了消费者的需求，提高了交付的可靠性和满意度。

（3）促进商业运作的持续发展

物流作为商业运作的关键支撑，对于企业的发展具有重要意义。通过高效的物流管理和优化的运作流程，企业能够降低运营成本，提高生产效率，增强企业在市场中的竞争力。因此，加强物流管理，提升物流效率，对于企业实现可持续发展和提升市场竞争力具有重要意义。

（二）物流的作用

1. 保障商品的安全存储和高效配送

（1）优化仓储管理流程

在保障商品安全存储方面，物流通过优化仓储管理流程，确保了货物的有效保管和管理。这包括仓库的选址规划、货物分类摆放、温湿度控制等方面的措施，以确保货物在存储期间不受损坏或变质。

（2）提升运输安全性

物流通过运输环节的管理和控制，提升了运输过程中的安全性。采用先进的运输工具和设备、加强货物包装、实施安全监控等措施，有效减少了货物在运输过程中的损坏和丢失。

（3）优化包装设计

物流通过优化包装设计，确保了货物在运输过程中的安全性和稳定性。合理选择包装材料、采用适当的包装方式，能够有效保护货物不受外界环境影响，降低货物在运输途中的损坏率。

2. 提高商品的流通效率

（1）优化运输网络

物流通过优化运输网络，提高了商品的流通效率。合理规划运输路线、选

择快速便捷的运输方式，能够缩短商品的运输时间，加快商品的到达速度。

（2）提升运输速度

物流通过提升运输速度，加快了商品的流通效率。采用高速运输工具、优化运输组织和管理，能够缩短运输时间，减少物流周期，提高商品的周转速度。

（3）加强信息化管理

物流通过加强信息化管理，提高了商品的流通效率。利用物流信息系统、实时监控技术等手段，能够及时掌握货物的位置和状态，提高了运输过程的可控性和可视化程度。

3.促进市场的竞争力和供应链的效率

（1）提升市场响应速度

物流通过提升市场响应速度，促进了市场的竞争力。优化物流配送体系、加强运输组织和管理，能够更快地响应市场需求，提高了企业对市场变化的适应能力。

（2）降低运营成本

物流通过降低运营成本，提高了供应链的效率。优化物流运作流程、降低运输成本和库存成本，能够有效减少企业的运营成本，提高了供应链的整体效益和竞争优势。

（3）提升供应链灵活性

物流通过提升供应链灵活性，增强了供应链的应变能力。建立灵活的供应链网络、加强供应链协同和协作，能够更好地应对市场需求的变化，提高了供应链的适应性和灵活性。

第二节　数字物流的概念与特征

一、数字物流的概念

数字物流是指在仿真和虚拟现实、计算智能、计算机网络、数据库、多媒体和信息等技术的支持下，应用数字技术对物流所涉及的对象和活动进行表达、处理和控制，具有信息化、网络化、智能化、集成化和可视化等特征的技术系统。而此处的数字技术，是指以计算机硬件、软件、信息存储、通信协议、周边设备和互联网络等为技术手段，以信息科学为理论基础，包括信息离散化表述、扫描、处理、存储、传递、传感、执行、物化、支持、集成和联网等领域的科学技术集合。数字物流可根据用户的需求，迅速收集资源信息，对物流信息进行分析、规划和重组，实际上就是对物流的整个过程进行数字化的描述，从而使物流系统更高效、可靠地处理复杂问题，为人们提供方便、快捷的服务。

二、数字物流的特征

（一）物流服务一体化

物流服务，按照服务标准包括功能性、增值性、供应链、一体化四个物流服务层次。数字物流活动，既包括从企业内部的生产活动产生的全部物流活动，也包括外部的企业与个人间以及企业间的全部物流活动。物流活动一体化服务是将物流活动作为整体化服务系统，在运输、仓储、配送等活动过程中实现降本增效的快速通道与状态。

1. 功能性物流服务

功能性物流服务是指基本的物流服务，包括运输、仓储、包装、配送等，以满足客户基本的运输和仓储需求为主要目标。在数字物流中，功能性物流服务通过数字化技术实现了信息的实时监控和管理，提高了物流活动的效率和可靠性。

2. 增值性物流服务

增值性物流服务是在功能性服务的基础上，通过提供额外的增值服务来满足客户更高级别的需求，如加工、包装定制、售后服务等。数字物流通过数字化技术，实现了增值服务的个性化定制和快速响应，提升了客户满意度和市场竞争力。

3. 供应链一体化服务

供应链一体化服务是将供应链内外的各个环节进行整合和优化，实现供应链全流程的协同管理和运作。数字物流通过信息技术和数据共享平台，实现了供应链各环节的无缝连接和信息共享，提高了供应链的整体效率和灵活性。

4.一体化服务系统

一体化服务系统是指整合了物流服务的各个环节和流程，通过数字化技术实现了快速通道和状态的实时监控和管理。数字物流通过建立一体化服务系统，提供了全方位、全流程的物流服务，为企业提供了更加高效和便捷的物流解决方案。

（二）物流管理数字化

物流管理数字化实现了现代技术对物流管理在数字化、信息化和网络化方面的运用。其中，数字物流包括电子运单、机器学习、云物流、自动驾驶、机器人流程自动化（RPA）等5项关键技术。在物流活动中，物流系统运作环节间单证流、数据流、数字流，进行数字化转换，最终实现电子单。

1.电子运单

电子运单是指将传统的纸质运单转化为电子形式，通过信息技术实现运输信息的实时记录和传递。数字物流通过电子运单系统，实现了运输过程的实时监控和管理，提高了运输效率和准确性。

2.机器学习

机器学习是一种人工智能技术，通过对大量数据的分析和学习，实现了物流活动的智能化决策和优化。数字物流通过机器学习算法，实现了对物流活动的预测和优化，提高了物流管理的智能化水平。

3.云物流

云物流是指将物流管理系统部署在云端服务器上，通过互联网实现对物流活动的远程管理和控制。数字物流通过云物流平台，实现了物流信息的集中管理和共享，提高了物流活动的协同性和灵活性。

4.自动驾驶

自动驾驶技术是指利用无人驾驶车辆进行运输和配送，通过自动化技术实现了运输过程的无人化和智能化。数字物流通过自动驾驶技术，实现了运输过程的自动化和高效化，提高了运输效率和安全性。

5.机器人流程自动化（RPA）

机器人流程自动化是指利用机器人软件实现物流流程的自动化执行和管理，通过自动化技术实现了物流活动的高效运作和成本节约。数字物流通过 RPA 技术，实现了物流流程的自动化和智能化，提高了物流管理的效率和可靠性。

（三）物流要素数字化

企业进行物流活动时需要投入的人财物，构成了企业运营的物流要素。物流要素数字化是指通过数字技术，把各种信息资源的传统形式转换成计算机能够识别的二进制编码数字，进行运算、加工、存储、传送、传播、还原，形成数字化物流要素，实现企业物流要素快速优化配置。

1. 传统形式转换

传统形式转换是指将各种物流要素的传统信息形式，如文档、纸质资料等，转换为计算机可以识别和处理的数字形式，以实现信息的快速处理和传输。数字物流通过数字化技术，将各种物流要素的信息转换为数字形式，实现了物流信息的快速传递和共享。

2. 计算机加工与存储

计算机加工与存储是指利用计算机技术对数字化物流要素进行加工、存储和管理，以实现信息的高效利用和管理。数字物流通过计算机技术，对物流要素的信息进行加工和存储，实现了物流信息的集中管理和共享。

3. 信息传递与传播

信息传递与传播是指利用网络技术和通信设备，将数字化物流要素的信息传递和传播给相关方，以实现信息的及时沟通和共享。数字物流通过信息技术和通信网络，实现了物流信息的快速传递和共享，提高了物流活动的协同性和效率。

4. 数字化转换

数字化转换是指将各种物流要素的传统形式信息转换为数字化形式，包括文字、图像、音频、视频等，以实现信息的数字化处理和传输。数字物流通过数字化技术，将各种物流要素的信息转换为计算机可以处理和传输的数字形式，实现了物流信息的高效管理和利用。

（四）物流资源智能化

经济社会发展依赖于物流体系和经济活动，需要投入的各种人财物构成了经济社会发展的物流资源。通过智能技术，可以对各种社会资源的传统形式进行智能化转换，形成智能化物流资源，实现社会物流资源合理优化配置。

1.智能化转换

智能化转换是指利用智能技术将各种物流资源的传统信息形式转换为智能化形式，包括传感器、智能设备、人工智能等，以实现资源的智能化管理和运用。数字物流通过智能技术，将各种物流资源的信息转换为智能化形式，实现了物流资源的智能化管理和运用。

2.智能化运用

智能化运用是指利用智能技术对物流资源进行智能化运用和优化配置，以实现资源的合理利用和最优化配置。数字物流通过智能技术，对物流资源进行智能化运用和优化配置，提高了物流活动的效率和成本效益。

3.资源合理配置

资源合理配置是指根据物流活动的需求和实际情况，对各种物流资源进行合理配置和优化分配，以实现资源的最大化利用和效益。数字物流通过智能技术和数据分析，实现了对物流资源的合理配置和优化分配，提高了物流活动的效率和经济效益。

4.社会物流资源智能化

社会物流资源智能化是指利用智能技术对社会各类物流资源进行智能化转换和运用，包括运输工具、仓储设施、人力资源等。数字物流通过智能技术和物联网技术，实现了对社会物流资源的智能化管理和运用，提高了社会物流活动的效率和可持续发展能力。

（五）物流资源社会化

随着社会经济的快速发展，多元化的变化与需求对现代物流技术和物流管理也提出了更高的要求。企业在物流业务中，将不擅长的物流环节转交给专业物流服务提供商实现社会化服务。专业物流提供商聚集了人力、技术和市场优势，在处理物流业务时可以采用更为先进的物流技术和管理方式，以帮助客户实现物流环节的合理化，运营的效率化。

1.高效性

数字物流通过信息化和智能化技术的应用，实现了物流活动的自动化、智能化和实时化管理，提高了物流活动的执行效率和运作速度。同时，数字物流还能够减少人为操作的错误和延误，提高了物流系统的可靠性和稳定性。

2.透明度

数字物流系统能够实现对物流活动的全程监控和实时跟踪，包括货物的运输状态、仓储情况、订单处理等信息。这种透明度使得企业能够更加清晰地了解物流活动的实际情况，及时发现和解决问题，提高了物流活动的可控性和可预测性。

3.灵活性

数字物流系统具有较强的灵活性和可调性，能够根据市场需求和运营环境的变化进行及时调整和优化。例如，可以根据订单量和运输距离等因素，灵活调整运输路线和运力配置，以满足不同客户的需求，并降低运营成本。

三、数字物流的作用

（一）对经济发展的拉动作用

合理的物流网络体系可以提高区域运输的合理平衡，优化区域的经济运行环境，从而促进区域制造业的发展。从社会再生产的流通角度来看，工农业产品转化为商品的过程中，物流发挥着实现资源配置的重要作用。城市是商品集散和加工的中心，存在着与周围地区不对称的特点，以其为核心枢纽连接其他区域成为一个商品流通整体，将极大地拉动经济的发展。

第一，合理的物流网络体系可以促进区域内外贸易和市场的融合。通过建立高效的物流网络，可以实现商品在不同地区之间的快速流通和交换，打破了地理和时间的限制，促进了区域内外贸易的发展。这种贸易和市场的融合有利于资源的优化配置和产业结构的优化升级，推动了区域经济的快速增长。

第二，物流的发展拉动了制造业和服务业的发展。物流是连接生产者和消费者的桥梁和纽带，它将生产出来的商品送达消费者手中，实现了生产与销售的衔接。通过物流的发展，制造业可以更加高效地获取原材料、组装产品，并将成品送达市场，从而提高了生产效率和市场竞争力。同时，服务业也因为物流的发展而得以壮大，例如物流运输、仓储、配送等服务业的兴起，为经济的发展提供了支撑和保障。

第三，物流的发展也对城市化进程和区域经济的协调发展起到了促进作用。城市作为商品集散和加工的中心，物流网络的发展使得城市成为商品流通的重要枢纽。城市与周边地区之间形成了紧密的联系和合作，城市成为区域经济发展的核心引擎，带动了周边地区的经济增长和人口流动。同时，物流的发展也带动了城市化进程，促进了城市人口的集聚和城市规模的扩大，为区域经济的协调发展提供了有力支撑。

（二）对产业布局的带动作用

在物流网络体系形成过程中，形成了集聚在轴点上的产业集群，通过产品、信息对附近的吸引力和凝聚力，形成产业集聚的新"增长极"。一方面，物流网络利用经济技术优势，吸引周边地区的自然和经济资源向其聚集；另一方面则通过在周边地区投资设立子公司或分支机构，改造地区传统产业，优化产业结构，促进产业布局。

第一，物流网络的形成对产业结构的调整和优化起到了积极的作用。随着物流网络的发展，不同地区之间的联系和交流日益密切，各地区的产业布局也逐渐形成了相互联系和互补的格局。在这种格局下，一些具有特色和优势的产业往往会在物流轴点上形成集聚效应，促进了产业集群的形成和发展。这种产业集群的形成不仅有利于资源的集约利用和经济规模效应的发挥，还可以推动相关产业的技术创新和市场竞争力的提升，从而促进了产业结构的优化和升级。

第二，物流网络的建设对区域经济的发展和空间布局产生了深远影响。物流网络的形成不仅加强了城市与城市之间、城市与乡村之间的联系，还推动了城市群、经济区域和产业集聚区的形成和发展。这种区域间的经济联系和互动，有利于资源的合理配置和要素的流动，推动了区域经济的快速增长和城市化进程的加速推进。同时，物流网络的发展也有助于缩小区域之间的发展差距，促进了区域经济的协调发展和共同繁荣。

第三，物流网络的建设还可以促进产业的转型升级和结构调整。通过物流网络的发展，企业可以更加便捷地获取原材料、组装产品，并将成品送达市场，从而提高了生产效率和市场竞争力。这种高效的物流服务有助于企业加速产品研发和创新，提升产品附加值和品牌竞争力，推动产业向价值链高端迈进，实现产业转型升级和结构调整。

（三）对交通运输的联动作用

在物流网络体系规划中强调一体化的"综合物流节点"的规划建设，一是通过综合考虑区域内的物流条件和物流需求，以及区域内的交通状况，实现与交通网络的有效衔接和转换，促进物流设施的有效集约和物流功能的全面实现，从而达到降低成本的目的；二是以物流节点作为不同物流方式的衔接，打破固有的物流格局，对铁路和公路在物流体系中的作用进行合理分工和衔接，建立起铁路对外承担干线运输、汽车对内承担区域内集散作用的主体物流网络格局，实现区域内交通运输的联动发展。

第一，一体化规划能够降低物流成本。通过综合考虑交通网络和物流需求，规划建设物流节点，可以减少运输距离和时间，降低运输成本。同时，优化的交通网络能够提高交通运输效率，进一步降低物流成本，提升物流服务水平。

第二，一体化规划能够打破固有的物流格局，实现不同物流方式的衔接。通过将物流节点作为不同物流方式的衔接点，可以实现铁路、公路、水路等不同运输方式的有机结合。这种衔接能够充分发挥各种运输方式的优势，提高整体物流效率和运输能力。

第三，一体化规划能够实现区域内交通运输的联动发展。通过合理分工和衔接，建立起铁路对外承担干线运输、汽车对内承担区域内集散作用的主体物流网络格局。这样的网络格局可以有效整合区域内的交通资源，推动交通运输的互联互通，实现区域内交通运输的协调发展。

（四）对城市建设的推动作用

物流网络体系一般采用"物流园区——物流中心——配送中心"的基本模式，以此构建分层次的区域物流节点体系。物流园区实现了多种物流设施的集约，是物流线路的交会地；物流中心是商业配送物流和加工配送物流的主要载体；配送中心承担市区和对外运输货物的集散和中转等功能，应建在市区和开发区，为生产厂家配送服务和市民生活服务提供便利。

1.物流园区的建设与集约化发展

物流园区作为物流网络体系的重要组成部分，具有促进城市建设的重要作用。首先，物流园区实现了多种物流设施的集约化，为城市内外的物流线路提供了便利的交汇地。通过将物流设施集中在园区内，可以减少城市内部的交通拥堵和空间浪费，提高了物流运输效率。其次，物流园区的建设还能够吸引大量物流企业入驻，形成产业集聚效应，为城市的产业发展提供了有力支撑。这

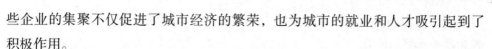

些企业的集聚不仅促进了城市经济的繁荣，也为城市的就业和人才吸引起到了积极作用。

2. 物流中心的建设与商业配送

物流中心是城市物流网络体系中的重要枢纽，也是商业配送物流和加工配送物流的主要载体。物流中心的建设能够优化城市的物流布局，提高物流配送的效率。首先，物流中心集中了大量的物流设施和资源，为城市内的商品配送提供了便利条件。其次，物流中心的规模化运作和专业化管理，能够降低配送成本，提高配送效率，从而促进城市商业的发展。此外，物流中心还能够实现商品的集中分拣和加工，为城市的商品供应提供了更加便捷和多样化的选择。

3. 配送中心的建设与城市服务

配送中心作为城市物流网络体系中的关键节点，承担着市区和对外运输货物的集散和中转功能。配送中心的建设能够有效地解决城市物流配送的最后一公里问题，提高了城市居民的生活品质。首先，配送中心的分布合理，能够实现商品的快速配送和周转，为城市居民提供了便利的购物体验。其次，配送中心的建设还能够优化城市交通流量，减少城市交通拥堵和环境污染，改善了城市居民的生活环境。同时，配送中心还能够提升城市的物流服务水平，促进城市经济的繁荣和城市形象的提升。

（五）对人文社会的融通作用

现代物流促进城市劳动要素交流增长的主要途径包括以下三点：一是不断变化的物流需求带动劳动力要素增长，二是物流技术进步促进劳动力质量提高，三是中心城市劳动力就业量增加可以进一步增加边缘城市和域外城市对中心城市商品的需求。物流效率化促进了商流规模化，进而带动劳动力市场的流动，实现区域经济社会的人文交流融通。

1. 物流需求带动劳动力要素增长

现代物流系统的发展不仅增加了商品的流动性，也带动了劳动力要素的增长。首先，随着物流业的发展，各类物流从业人员的需求不断增加。从搬运工到物流管理人员，各个岗位都需要大量的劳动力支持。这种需求的增加推动了就业市场的扩大，为更多的劳动力提供了就业机会。其次，物流行业的快速发展也催生了相关产业的兴起，如物流设备制造、信息技术服务等领域，进一步增加了劳动力的需求。这条产业链上的劳动力需求持续推动了劳动力市场的扩张和就业水平的提升。

2. 物流技术进步促进劳动力质量提高

随着物流技术的不断进步，传统的人力劳动逐渐被自动化和智能化取代，这对劳动力的质量提出了新的要求。首先，物流企业需要拥有一支高素质的员工队伍，具备良好的专业技能和管理能力，以适应物流技术的发展和应对复杂的物流环境。其次，物流技术的应用也为劳动力提供了更加灵活的工作方式，如远程监控、智能调度等，提高了劳动力的工作效率和生产水平。这种技术进步所带来的劳动力质量提高，不仅提升了物流行业的竞争力，也促进了整个劳动力市场的升级。

3. 中心城市劳动力就业量增加促进人文社会的融通

中心城市作为物流网络体系的重要节点，吸引了大量的劳动力流入就业。首先，中心城市的物流需求量大，提供了丰富的就业机会，吸引了周边城市和乡村的劳动力向中心城市聚集。这种就业量增加不仅改善了劳动力的就业状况，也促进了城市人口的流动和城市的发展。其次，随着劳动力的流入，中心城市的文化和社会氛围也得到了丰富和多样化，促进了人文社会的交流和融通。不同地区和文化背景的人们在中心城市相遇交流，促进了文化的交流和社会的融合，推动了人类社会的进步与发展。

四、数字物流的影响

数字物流带来企业组织管理流程的新一轮变革。数字物流对经济结构、产业发展、企业运营模式的影响，主要表现在以下六个方面。

（一）对企业运营模式转变的影响

1. 人群运营与品类增长

在数字经济时代，企业运营模式的转变不再局限于传统的日常活动和新客户转型，而是更加注重人群运营和品类增长。人群运营已经成为新的营销核心，企业越来越专注于提升品类增长。这种转变的影响体现在以下几个方面：

（1）以"人""品"为核心：

企业转变运营模式的核心是以"人""品"为核心。这意味着企业不再只关注产品本身，而是更加关注与产品相关的人群。通过深入了解不同人群的需求和偏好，企业能够更好地定位产品，提升品类增长的潜力。

（2）数字标签标注和定向推送：

企业在转变运营模式时，借助大数据技术对客户进行数字标签标注，并进行定向推送。通过对客户行为和偏好的深度分析，企业可以精准地推送产品和服务，提高销售转化率，从而促进品类增长。

（3）运营策划与市场成本降低

企业在转变运营模式的过程中，注重根据关键运营指标进行测试和优化，制定迭代方案。通过不断测试和优化，企业可以降低市场成本，提高营销效率，实现更好的品类增长。

2. 数据资产的挖掘与价值实现

随着企业运营模式的转变，数据资产的挖掘和价值实现成为关键的环节。企业通过运用先进的数据分析技术，对海量的数据进行深度挖掘和分析，从中发现隐藏的商机和趋势。这种数据驱动的运营模式使企业能够更好地理解市场和客户，优化产品和服务，实现更好的品类增长。

3. 定向推送与提高营销效率

在转变运营模式的过程中，企业通过定向推送等手段，实现了对客户的精准触达。这种定向推送不仅提高了产品的曝光率和销售转化率，还降低了营销成本和资源浪费。企业可以根据客户的行为和偏好，精准地推送相关产品和服务，提升品类增长的速度和效率。

（二）对企业组织管理流程优化的影响

数字化技术的渗透将优化企业的垂直分层管理，形成标准化的信息资源库、各子单位和部门的链条、闭环的业务流程和数据资源，提高企业的管理效能，形成无处不在、及时准确的信息交互模式，大大降低了沟通、审计、监督和决策的成本，从而简化了企业内部管理流程手续，全面实现信息化管理，提高内部运作效率，延长产品的商业生命周期。

1. 数字化技术对垂直分层管理的优化

数字化技术的渗透对企业的垂直分层管理产生了重要影响。通过数字化技术，企业可以建立标准化的信息资源库，实现各子单位和部门之间信息的无缝连接。这种优化可以使企业的管理更加高效，提高单位效能。同时，数字化技术还能够形成闭环的业务流程和数据资源，使得企业的管理流程更加规范和自动化。

2. 信息交互模式的改变与成本降低

数字化技术的应用改变了企业内部的信息交互模式。通过数字化技术，企业能够实现无处不在、及时准确的信息交互，从而降低了沟通、审计、监督和决策的成本。传统的沟通方式通常需要耗费大量的时间和人力资源，而数字化技术则可以在短时间内完成大量信息的传递和处理，提高了管理的效率和准确性。

3. 内部管理流程的简化与效率提升

数字化技术的应用简化了企业的内部管理流程和手续。通过数字化技术，企业可以实现全面的信息化管理，将传统的繁琐手续转化为电子化操作，提高了内部运作效率。例如，数字化技术可以使企业的审批流程变得更加简捷和高效，减少了审批环节和等待时间，加快了决策的速度。此外，数字化技术还能够延长产品的商业生命周期，通过对产品数据和市场反馈的分析，及时调整产品策略，保持产品的竞争力和市场占有率。

（三）对物流服务网络的影响

数字化建构的物流系统，使做好每个发生点直通终端点，当客户或供应链成员在网络系统中订舱后，相应的订舱数据流在整个物流链条中得到即时反映，各操作环节根据客户或成员的要求，完成环节协同的物流服务。数字化建构的物流系统为运作单位的物流活动实现网络化、协同化，形成了一个网络运用的物联网商业模式。

1. 数字化建构对物流系统的影响

数字化建构的物流系统具有直通端终点的特性，使物流服务网络得以高效运作。通过数字化技术，物流系统能够实现每个发生点的信息即时传递和反映，从而实现客户或供应链成员的需求和要求。例如，当客户或供应链成员在网络系统中订舱后，订舱数据能够在整个物流链条中得到即时反映，各操作环节可以根据客户或成员的要求，实现环节协同的物流服务。

2. 网络化和协同化的物流活动

数字化建构的物流系统使得物流活动实现了网络化和协同化。通过数字化技术，物流系统能够将各个运作单位的物流活动连接起来，形成一个网络化的物流服务网络。在这个网络中，各个运作单位可以根据客户或成员的需求，实现物流活动的协同进行。例如，不同运输公司、仓储服务提供商、货运代理等可以通过数字化系统实现信息共享和资源整合，从而提高物流服务的效率和质量。

3. 物联网商业模式的形成

数字化建构的物流系统促成了物联网商业模式的形成。物联网商业模式基于物联网技术的商业模式，通过物联网技术将各种物理设备、传感器和信息系统连接起来，实现信息的收集、传输和分析，从而实现对物流系统的智能化管理和优化。通过物联网技术，物流系统能够实现对运输车辆、仓储设施、货物状态等信息的实时监测和管理，从而提高了物流系统的运作效率和安全性。

（四）企业对内外资源协同的影响

对于实体企业而言，产业壁垒一直是产业互联无法消除的最大障碍，但数字技术的高渗透性将模糊产业边界，高度聚合的分类计算可以真正实现不同行业企业之间的互补和优化，双向甚至多方向拓宽企业营销渠道，提高企业效率，实现共赢。

1. 数字技术对产业壁垒的影响

传统产业壁垒一直是实体企业面临的重要挑战，但是数字技术的高渗透性正在改变这一现状。通过数字化技术的应用，企业可以突破传统产业边界，实现产业之间的融合和协同。例如，通过分类计算和大数据分析，不同行业的企业可以发现彼此之间的互补性，从而实现资源的共享和优化。这种数字技术带来的影响将进一步模糊产业边界，为企业内外资源协同提供了更广阔的空间。

2. 企业营销渠道的拓展与优化

数字技术的应用不仅可以突破产业壁垒，还可以拓展和优化企业的营销渠道。通过数字化平台，企业可以实现双向甚至多方向的营销渠道拓展，与不同行业的合作伙伴进行资源共享和合作，实现共同的营销目标。例如，企业可以利用社交媒体平台、电子商务平台等数字化渠道，与消费者直接进行互动和交流，提高品牌知名度和产品销售额。同时，企业还可以通过数字化技术实现对营销渠道的精细化管理和优化，提高营销效率和效果。

3. 实现企业效率的提升和共赢

数字技术的广泛应用将为企业内外资源协同带来更高效的方式。通过数字化技术，企业可以实现对内部资源的优化配置和管理，提高生产效率和运营效率。与此同时，数字化技术还能够实现企业与外部合作伙伴之间的紧密协作，共同应对市场竞争和挑战，实现共赢。例如，通过数字化供应链管理系统，企业可以与供应商、物流公司等合作伙伴实现信息共享和协同，优化供应链流程，降低成本，提高服务质量，实现供应链的高效运作和管理。

（五）对企业资本市场生命力激活的影响

完善的企业数字化架构的建立，使金融机构能够随时在线获取企业的偿付能力和长短期利润数据，大大减少时间和搜索成本。同时，将产业资本和资本数字化融合，能够提升企业的内在价值和核心竞争力，促进企业早日进入资本市场并长期稳定发展。

1. 企业数字化架构对金融机构的影响

企业数字化架构的建立对金融机构具有重要影响。首先，完善的数字化架构使金融机构能够实时获取企业的偿付能力和长短期利润数据，从而更准确地评估企业的信用风险。这样的信息获取方式不仅提高了金融机构的信用评级精度，也降低了其审批贷款的时间成本和搜索成本。其次，数字化架构为企业提供了更广泛的融资渠道，包括传统金融机构、互联网金融平台以及区块链金融等，从而促进了资本市场的活跃和多样化。

2. 资本数字化融合对企业内在价值的提升

资本数字化融合，作为产业资本与资本市场数字化的融合，深刻影响着企业的战略规划、运营管理以及未来发展方向。

第一，资本数字化融合使企业能够更高效地进行资本运作和资金管理，从而优化资本结构，降低资金成本，提高资本利用效率。通过数字化技术，企业可以实现资金流动、投资决策、风险管理等方面的自动化和智能化。例如，利用人工智能和大数据分析技术，企业可以更精准地预测资金需求，优化资金配置，降低资金闲置率，提高资本周转率。此外，数字化的资本运作平台可以提供实时的资金流动信息和财务数据，帮助企业及时了解资金状况，做出合理的资金决策，从而有效降低企业的资金成本。

第二，资本数字化融合为企业拓展了更广阔的融资渠道和更灵活的融资方式。企业在融资过程中往往受限于传统金融机构的信贷政策和融资渠道，而数字化时代下，企业可以通过互联网金融平台、数字化资产证券化等方式获取更多元化的融资资源。例如，通过数字化证券化平台，企业可以将自身的资产进行数字化、分割和打包，发行数字化资产证券，吸引更多投资者参与，从而实现融资的多元化和灵活化。此外，数字化技术还使得股权融资、债权融资、风险投资等融资方式更加便捷和高效，帮助企业更好地满足不同阶段的资金需求，推动企业可持续发展。

3. 促进企业进入资本市场并长期稳定发展

（1）数字化架构的完善提升了企业的透明度和信用度

在数字化时代，企业的运营数据、财务信息等都可以通过信息化系统进行实时记录和分析，使得企业的经营状况更加透明可见。这种透明度不仅提升了企业内部管理的效率，也增强了投资者对企业的信任。投资者可以更加准确地评估企业的价值和风险，从而更愿意将资金投入到企业中，促进企业进入资本市场。

（2）资本数字化融合为企业提供更多融资渠道和方式

进入数字化时代前，企业在融资过程中往往受限于传统金融机构的信贷政策和融资渠道，但随着数字化技术的发展，企业可以通过互联网金融平台、数字化资产证券化等方式获取更多元化的融资资源。这种多元化的融资渠道使得企业可以选择更适合自身发展阶段和资金需求的融资方式，提高了融资的灵活性和效率。

因此，通过数字化架构和资本数字化融合，企业可以更容易地进入资本市场。一方面，数字化架构提升了企业的透明度和信用度，增强了投资者的信任；另一方面，资本数字化融合为企业提供了更多元化的融资渠道和更灵活的融资方式，帮助企业更好地满足资金需求。通过资本市场获取更多的资金支持，企业可以实现规模扩张和产业升级，从而实现长期稳定的发展。

（六）对互联网革命催生出数据分析需求的影响

在数据量不断增加的环境下，数字技术的快速发展和广泛应用势必加剧企业发展的不平衡。率先全面开发和挖掘数据价值的企业，将在自身产业与数字技术融合后，占领行业新高地，成为自身行业中与数字技术融合的链主企业。

1. 数据量爆炸与数字技术发展

互联网革命的推动下，数据量呈现爆炸性增长，引发了对数据分析的巨大需求。这一趋势的背后，是互联网应用的广泛普及以及数字化转型的深入推进。在今日的社会，企业、机构和个人在日常生活和工作中持续地产生着大量的数据。这些数据来源多样，涵盖了用户行为、交易记录、社交互动等多个方面，呈现出多样性、实时性和高维度的特点。

与此同时，数字技术的迅速发展和广泛应用为数据分析提供了强大的技术支持和工具平台。人工智能、云计算、大数据技术等新兴技术的涌现，使数据分析能力得以增强。通过这些技术的不断创新和进步，数据分析能够更加高效、精确地挖掘数据的潜在价值，为企业的决策和发展提供了有力支持。

在数字技术的引领下，数据分析不仅可以对数据进行更加深入地挖掘和分析，还能够实现更高水平的自动化和智能化。例如，借助人工智能技术可以实现对海量数据的快速处理和模式识别，从而为企业提供更加精准的数据洞察和决策支持。同时，云计算技术的发展也使得企业可以更加便捷地存储和共享数据，提高了数据的可访问性和可用性。

2. 企业发展的不平衡与数字化相融合

在这个数字化时代，企业之间的差距不仅仅体现在规模和财务实力上，更体现在对数据价值的认识和应用能力上。那些能够率先意识到数据价值并全面开发、挖掘数据潜力的企业，将在数字化融合的浪潮中脱颖而出，成为自身行业中的链主企业。

链主企业凭借其在数据分析和数字技术应用方面的优势，能够更好地把握市场趋势，调整战略布局，实现自身价值最大化。通过对海量数据的深度挖掘和分析，他们能够及时捕捉到市场变化的蛛丝马迹，迅速作出反应，并采取有效的措施来应对市场竞争的挑战。此外，他们还能够利用先进的数字技术，开发出更具竞争力的产品和服务，不断提升自身的市场地位和竞争力。然而，与

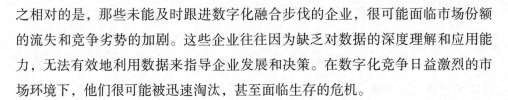

之相对的是，那些未能及时跟进数字化融合步伐的企业，很可能面临市场份额的流失和竞争劣势的加剧。这些企业往往因为缺乏对数据的深度理解和应用能力，无法有效地利用数据来指导企业发展和决策。在数字化竞争日益激烈的市场环境下，他们很可能被迅速淘汰，甚至面临生存的危机。

3. 数字技术对经济效益的提升

数字技术的迅速发展对经济效益的提升具有重大意义，为经济社会的持续发展注入了新的动力和活力。作为各种数字技术的集成，包括人工智能、区块链、云计算和大数据技术等，数字技术构建了一个多元数字化网络，重新定义了经济活动和社会交往的方式。

在这个数字化网络中，企业、个人以及企业与个人之间的联系变得更加紧密和迅速。数字技术极大地提升了信息的流动和交换效率，使得信息的传递更加便捷和迅速，促进了商业活动的全球化和普及化。通过数字技术构建的网式结构，企业之间能够直接连接，跳过传统的中间节点，进一步提高了效率，降低了交易成本。这种直接的连接方式使得企业之间的合作更加紧密和高效，促进了资源的优化配置和生产要素的高效利用。

基于区块链技术的数字信任系统为经济运行带来了革命性的变化。区块链技术通过去中心化的分布式账本和加密算法，实现了对数据的安全性和透明性的保障，建立了一种全新的信任机制。在这个机制下，交易双方可以直接进行交易，而无需通过中介机构进行信任验证，从而大大降低了交易的风险和成本。这种去中心化的信任机制将使得经济运行更加高效，减少了交易的时间和成本，促进了经济的发展和增长。

第三节　数字技术在物流中的应用

一、数字物流的研究内容

（一）基础科学和理论研究

物流的目的是要有效地管理控制物流的全过程，在保证服务质量的前提下，使其消耗的总费用最少。因此，经济指标是衡量物流系统的基本尺度。研究物流学必然涉及经济学的有关内容，特别是近代兴起的技术经济学和数量经济学。在研究物流要素的对象物以及使对象物产生时间维和空间维物理特性变化的方法、手段中，又涉及工程技术科学的许多领域。在运输技术、仓储技术、搬运技术和包装技术中融合了机械、运输、管理和电气自动化等学科的成果。对物流系统进行定性和定量的分析，必须以数学特别是应用数学、运筹学为基础，同时以计算机作为手段来实现分析和控制的目的。总之，物流是介于社会科学和自然科学之间的交叉学科，或是管理科学和工程技术科学之间的交叉学科，是融汇了技术科学和经济科学的综合学科，其研究范围极为广泛，包括物流科学、信息科学、计算机科学、管理科学、系统科学、环境科学、流通科学、运输科学、仓储科学、营销科学、再生科学、决策学、运筹学、认知科学、方法论、控制理论和机械与电子等基础科学和理论，正是他们的交叉融合形成了物流这门新兴的学科和技术。而数字物流则对信息技术等新兴技术提出了更高的要求。数字物流将力图从离散的、系统的、动力学的、非线性的和时变的观点来系统研究流通加工、包装、装卸搬运、运输、仓储、配送、技术、组织、管理、营销和控制等一系列问题。其本质是物流信息的数字化，而数字化的核心则是离散化，即将物流过程中的连续物理现象、随机现象、模糊的不确定现象、企业环境、个人的知识、经验和能力离散化，进而实现数字化。

（二）关键技术

数字物流的关键技术包括物流技术、智能物流、虚拟物流和信息化物流等，各关键技术又包含众多的基础科学理论和应用技术。

1.信息化物流

物流内在的目标就是用最少的时间和最低成本，把质优价廉的产品推向动态多变的市场，快速到达消费者手中。时间是竞争优势的最终资源，而信息系统是达到这种优势的关键。这种基于时间的竞争要求在整个物流组织内，从产品的生产加工到产品的出厂、配送、流通过程，都能在线存取信息，实现整个过程的集成。电子商务技术的广泛应用，带来了对物流的巨大需求，推动物流的进一步发展，加快了世界经济的一体化；同时，物流的进一步发展，对电子商务及其相关技术提出了新的要求。

信息化物流研究目标应着重以下几方面：

（1）系统的集成

信息化物流的研究目标之一是实现系统的集成，以确保信息资源的最大利用率。这涉及整个物流系统内部各个环节的协调和统一。具体而言，这意味着从产品生产加工开始，直至产品出厂、配送和流通过程，所有的信息都能够在线存取，并实现整个过程的集成。这种集成系统不仅服务于单个企业，也服务于整个社会和全球经济。在这样的系统中，计算机辅助采购和物流支持起着至关重要的作用。它们不仅是基于计算机集成制造系统（CIMS）的延伸，还结合了电子商务的发展。

（2）数据的处理和信息化水平提升

信息化物流的另一个重要目标是提升数据的处理水平，以满足信息采集、存储、传播、处理和输出的需求。这包括实现信息采集的在线化、信息存储的大型化、信息传播的网络化、信息处理的智能化以及信息输出的图形化。通过这样的数据处理和信息化水平提升，物流系统可以更高效地管理和控制资源，进而提高整个系统的运作效率和生产力。

（3）完善的人机交互系统

信息化物流需要建立完善的人机交互系统，以科学地贯彻执行系统的管理指令。这意味着在系统中要有效地管理和控制各种资源，包括人力、财力、物流和资金流等。通过开放型的人机交互系统，物流组织可以更加灵活地响应市场需求，提高资源利用效率，并实现更加智能化的管理和控制。

（4）优化系统的功能

信息化物流还需要优化系统的分析、计划、预测和控制功能，以更好地处理和管理信息。这包括强调对信息的深加工和管理方法的作用，以实现资源优化配置、降低成本和提高效益。通过优化系统功能，物流系统可以更好地适应市场需求的变化，提高生产效率和产品质量，从而增强企业的竞争力和可持续发展能力。

2. 智能物流

（1）智能物流的定义和范畴

智能物流不仅仅是简单地将智能化技术应用于物流系统，而是通过集成智能化技术，使物流系统更加智能、灵活和高效，从而实现物流过程的优化和提升。

第一，智能物流的定义强调了对集成智能化技术的利用。这种技术不仅包括了软件方面的智能化，如人工智能算法在物流管理和规划中的应用，还包括了硬件方面的智能化，如自动化设备的智能化设计和运行。通过集成软硬件智能，智能物流能够更加全面地实现物流系统的智能化管理和运营。

第二，智能物流的范畴涵盖了多个方面。除了传统的物流管理和规划技术外，智能物流还涉及人工智能、大数据分析、物联网技术等多个领域的应用。这些技术的综合运用，使得物流系统能够具备感知、学习、推理和解决问题的能力，从而更加适应动态多变的市场需求和环境变化。

第三，智能物流的最终目标是提高物流系统的智能化水平和效率。通过智能化技术的应用，物流系统能够实现自主决策、快速响应和持续优化，从而提高物流运作的效率性和灵活性。这不仅能够降低物流成本，提高服务质量，还能够推动物流行业向着智能化、绿色化和可持续发展的方向迈进。

（2）智能物流技术和方法

在智能物流的研究和实践中，禁忌搜索、模拟退货算法和遗传算法等优化算法被广泛应用于解决物流系统的优化问题。这些算法通过不同的搜索策略和优化思路，能够有效地寻找到问题的最优解或者近似最优解，从而提高了物流系统的运行效率和成本控制能力。

然而，随着物流系统的复杂性增强和规模的增大，单一优化算法往往难以满足实际应用的需求。因此，复合优化方法应运而生。复合优化方法将多种优化算法进行组合和集成，充分利用各自的优点，通过协同作用来解决复杂问题。例如，将禁忌搜索与遗传算法相结合，或者将模拟退火算法与蚁群算法相融合，以期望在求解速度和质量之间取得平衡，进而提高问题的求解效率和解决能力。

除了优化算法，智能物流还涉及人工神经网络、模糊逻辑、蚁群算法等技术的应用。人工神经网络模拟了人脑神经元的工作原理，能够通过学习和训练来适应复杂的非线性关系，被广泛应用于预测、分类和优化等方面。模糊逻辑则可以处理不确定性和模糊性问题，适用于物流系统中的决策和控制。而蚁群算法则借鉴了蚂蚁觅食的行为，通过模拟蚂蚁在搜索过程中的信息交流和协作，来解决优化问题。

3. 虚拟物流

物流系统是离散与连续混合型的非线性时变动力学系统，是一个多目标、多层次、多因数的复杂系统。它具有随机性和模糊性，其运作过程十分复杂，除了在十分简化的情况下，一般难以用解析方法进行分析。虚拟物流的目的在于对复杂物流系统通过虚拟运作进行事先风险评估、实时运筹调度和全局优化。

虚拟物流是指实际物流过程在计算机上的本质体现，即采用计算机仿真与虚拟现实技术，在计算机上群组协同工作，建立物流过程的三维全数字化模型，从而可以在物流设计阶段对物流过程进行分析和评价。其基础是用计算机支持技术对全部有效的物流活动进行表述、建模和仿真，用信息技术对整个物流过程进行几个层次的建模与仿真。

在实现层次上，虚拟物流技术是以物流技术和计算机支持的建模与仿真技术为基础，集计算机图形学、智能技术、并行工程、人工现实技术和多媒体信息处理等技术为一体，由多学科知识成的综合系统技术。虚拟物流应用人工虚拟现实技术，可以达到虚拟物流环境的高度真实化，并使人与虚拟物流环境有着全面的接触与交融。虚拟物流是现实物流系统在虚拟环境下的映射，既具有身临其境的真实性，又具有超越现实的虚拟性，达到沉浸其中，超越其上的效果。

二、数字技术对物流效率和成本的影响分析

（一）实时监测与智能调度

1. 实时监测技术的应用

实时监测技术在物流领域的应用是数字技术的重要组成部分，对于物流企业的运营效率和货物安全具有重要意义。通过物联网技术和传感器的部署，物流企业能够实时监测货物的位置、状态和运输条件，从而实现对整个物流链路的实时监控和管理。

传感器的部署是实现实时监测的关键。这些传感器可以安装在货物包装中、运输工具上或运输设备上，能够实时获取货物的各种信息，如温度、湿度、压力、振动等。这些数据通过物联网技术传输至监控中心或管理平台，实现了数据的实时收集和处理。

实时监测技术的应用使得物流企业能够及时了解货物的运输情况，包括货物的当前位置、运输速度、运输路线等。这些信息对于提高运输效率、减少运

输时间具有重要意义。同时，实时监测还可以帮助物流企业及时发现和解决潜在问题，如货物异常、交通拥堵、运输工具故障等，从而提高了货物的安全性和运输可靠性。

除了对货物进行实时监测外，实时监测技术还可以对运输环境进行监测和调控。例如，通过实时监测运输工具的运行状态和环境条件，可以及时采取措施保证货物在适宜的环境条件下运输，避免货物受损或变质。这种针对运输环境的实时监测和调控，有助于保持货物的品质和保证货物的运输安全。

2. 智能调度系统的优势

智能调度系统作为数字技术在物流调度领域的重要应用，具有诸多优势，为物流企业提供了高效、精准的运输计划和车辆调度服务。首先，智能调度系统利用大数据分析、人工智能等先进技术，能够实现对海量数据的快速处理和深度挖掘。通过对实时的交通情况、订单需求和货物状态等多维数据的分析，系统能够准确把握运输需求和资源分配情况，为运输计划的制定提供科学依据。其次，智能调度系统借助智能算法的优化，能够实现运输成本和空载率的最小化。系统通过对运输路线、车辆配载等方面的智能调整和优化，有效降低了企业的运营成本，提高了资源的利用效率。这种精准的调度策略不仅能够降低企业的运输成本，还能够减少环境污染和交通拥堵等不良影响，实现了经济效益和社会效益的双赢。此外，智能调度系统具有快速响应和灵活调度的特点，能够适应市场需求的变化。系统能够根据市场情况和实时数据，及时调整运输计划和车辆调度，保证货物能够按时准确地送达目的地，提高了客户满意度和企业竞争力。

3. 效益分析

首先，实时监测技术的运用使得物流企业能够及时获知货物在运输过程中的状态和位置，从而能够迅速应对潜在的问题，如货物受损、交通拥堵等，避免延误和损失，进而提高了运输的可靠性和安全性。通过实时监测技术，物流企业可以实现对货物的全程监控，及时发现异常情况并采取相应措施，保障货物运输的顺利进行。其次，智能调度系统的应用对运输计划和资源配置的优化起到了重要作用。智能调度系统利用大数据分析和人工智能技术，根据实时的交通情况、订单需求和货物状态等多维数据，自动化地进行运输计划和车辆调度，从而实现了对运输过程的精准管理。通过智能算法的优化，系统能够有效降低运输成本和空载率，提高了运输效率和利润率。智能调度系统能够根据实时情况动态调整运输计划，最大程度地利用资源，减少了不必要的成本开支，提高了运输效率，进而提升了企业的经济效益。

（二）供应链管理的优化

1. 可见性与透明度提升

第一，物联网技术的广泛应用使得企业能够实时监控供应链的各个环节。传感器和智能设备的部署使得企业能够获取实时的数据，涵盖了原材料的采购、生产过程、库存情况以及物流运输状态等多个方面。这种实时监控能力为企业提供了全面的数据支持，使其能够即时了解供应链的运作情况。

第二，大数据分析技术的运用进一步提高了供应链的可见性和透明度。通过对海量数据的收集、存储和分析，企业能够深入挖掘供应链中隐藏的规律和趋势。大数据分析能够帮助企业识别供应链中的瓶颈和风险点，发现潜在的问题，并提出针对性的解决方案。这种数据驱动的决策模式使得企业能够更加客观、科学地管理供应链，实现运作的优化和效率的提升。

第三，人工智能技术的应用进一步增强了供应链的可见性和透明度。通过机器学习和智能算法，企业能够实现对供应链数据的智能化分析和预测。人工智能技术能够从海量数据中发现隐藏的模式和规律，提供更加精准的预测和决策支持。这种智能化的供应链管理模式使得企业能够更加及时地应对市场变化和供应链波动，保持供应链的稳定性和灵活性。

2. 基于数据分析的需求预测

数据分析技术能够挖掘历史销售数据、市场调研结果以及相关因素的变化趋势，利用统计分析、时间序列分析、机器学习等方法，建立预测模型，预测未来一段时间内的产品需求情况。通过准确的需求预测，企业能够有效规划生产计划和库存策略，实现生产与需求的匹配，最大限度地降低库存成本和资金占用。此外，数据分析还能够帮助企业优化供应链的布局和资源配置。通过对供应链各环节的数据分析，企业可以了解供应链中的瓶颈和潜在风险，合理规划供应商选择、物流配送等环节，提高了供应链的适应性和响应速度。

（三）仓储布局的优化

1. 智能化仓储系统的应用

第一，智能化仓储系统的核心在于自动化设备的应用。这些设备包括自动化货架、AGV（自动导引车）、机器人等，它们能够根据预设的程序和指令，自动完成货物的存储、分拣、装载等操作。例如，自动化货架可以根据仓库管理系统的指令，将货物自动存放到指定位置，实现了货物存储的自动化管理；AGV 则可以根据仓库内部的布局和需求，自动运输货物到指定地点，实现了货物的自动化搬运；而机器人则可以在仓库内部进行货物的自动分拣和装载，大大提高了分拣效率和准确性。

第二，智能化仓储系统通过数据的实时监测和分析，实现了对仓库内部运作的智能化管理。借助物联网技术和传感器设备，仓库可以实时监测货物的位置、状态和运输情况，并将这些数据传输至仓库管理系统进行分析和处理。基于这些数据，系统可以实现对仓库内部运作的实时监控和调度，及时发现并解决潜在问题，提高了仓库的运作效率和货物的安全性。

第三，智能化仓储系统的应用带来了诸多益处，包括提高了仓库的货物周转率和存储密度，降低了仓储成本和人力成本，提升了仓库管理的精准度和灵活性，提高了客户满意度和市场竞争力。这种智能化的仓储系统不仅符合了当今物流行业对高效、智能的需求，也为未来物流行业的发展奠定了坚实的基础。随着数字技术的不断进步和应用，相信智能化仓储系统将会在物流行业发挥越来越重要的作用，为企业带来更多的商业价值和竞争优势。

2. 仓库之间的智能联动与协同操作

数字技术的广泛应用已经使得仓库之间的智能联动和协同操作成为可能。通过信息化系统和智能化设备的互联互通，企业能够实现多仓库之间的信息共享、资源调配以及协同作业，从而达到优化仓储资源利用、提高供应链效率的目的。

第一，仓库之间的智能联动可以通过信息化系统实现。现代仓储管理系统能够将各个仓库的信息集成到一个统一平台上，实现对仓库运营情况的全面监控和管理。这种系统可以实时获取仓库的货物库存、运输状态、订单需求等信息，并通过云计算技术将这些数据共享给其他仓库。这样，不同仓库之间就能够实现信息的互通和共享，使得整个仓储系统更加智能化和高效化。

第二，智能化设备的应用也是实现仓库之间协同操作的重要手段。例如，智能AGV（自动导引车）可以实现跨仓库的货物搬运和运输，根据需求自动调度并完成货物的转运任务。这样，就能够最大程度地优化仓储资源的利用，减少空载率，提高货物运输的效率和准确性。此外，智能化设备还可以实现仓库作业的自动化和智能化，进一步提升了仓库运作的效率和质量。

第三，仓库之间的智能联动和协同操作不仅可以优化企业内部的仓储管理，还能够加强企业与供应商、客户之间的协作。通过信息共享和资源调配，企业可以更好地应对市场需求的变化，提高供应链的灵活性和响应速度，从而增强了企业的竞争力和市场地位。

3. 效益分析

首先，智能化仓储系统的应用使得仓库内部操作更加自动化和智能化。通过自动化设备如自动化货架、AGV（自动导引车）、机器人等，企业能够实现货物的自动存取、自动分拣和自动装载等操作，极大地提高了仓库的货物周转率和存储密度。这种智能化操作不仅减少了人工操作的需求，降低了人力成本，还大大提高了仓库操作的精准度和效率。其次，仓库之间的智能联动和协同操作也对提高效益起到了重要作用。通过信息化系统和智能化设备的互联互通，企业能够实现多仓库之间的信息共享、资源调配和协同作业。例如，仓库管理系统和物流执行系统的联动可以实现跨仓库的货物调拨和转运，从而最大程度地优化了仓储资源的利用，降低了空载率，提高了整个供应链的运作效率和协调性。这种智能联动不仅能够减少运输成本，还能够减少库存积压和货物滞留，降低了仓储成本和资金占用。

三、数字技术在物流领域的具体应用案例

（一）商贸物流

数字化和智能化能力广泛应用于物流业的各个方面。与国外高度一体化、集中化的方式不同，中国物流业多年来的大发展依赖于产业协调、生态协调和网络协调。从中心城市到农村地区的社会协调是一个分布式的社会网络。未来的物流服务，必然从信息化走向数字化、智能化。例如，菜鸟包裹的全球化走

向数字化供应链的全球化。现代物流业具有庞杂的网络特征，在各物流企业间呈越来越多的"融合"趋势，也逐渐使得我国近年来形成了物流发展的新生态。一方面，C2C 和 B2C 正朝着 M2C 方向发展，并最终朝着 C2M 方向发展。企业从消费端得到消费倾向与偏好等数据，及时快速地将设计和生产出的商品通过数字物流送达消费者手中。另一方面，随着移动互联网的不断深耕发展，从制造商到销售商再到消费者都以手机终端作为可视化工具，变得越来越一体化和数字化。

1. 菜鸟包裹的全球化数字化供应链

（1）物联网技术在菜鸟包裹全球化供应链中的应用

菜鸟包裹通过物联网技术实现了对全球范围内货物的实时监控和管理。物联网技术将传感器、通信技术和云计算等技术相结合，使得物体之间能够实现信息的交互和传输。在菜鸟包裹的全球化供应链中，各个货物都配备了传感器设备，可以实时监测货物的温度、湿度、位置等信息，并通过云平台将数据上传至中心系统进行分析和处理。这样，菜鸟包裹可以随时了解货物的运输状态，及时发现并解决潜在的问题，保障货物的安全和可靠性。

（2）大数据分析在菜鸟包裹全球化供应链中的应用

菜鸟包裹利用大数据分析技术对全球范围内的物流数据进行深度分析，为供应链管理提供决策支持。大数据分析技术可以从海量的数据中挖掘出有价值的信息和规律，帮助企业发现潜在的商机和问题。在菜鸟包裹的全球化供应链中，大数据分析可以对货物的运输路径、运输时间、运输成本等进行分析，优化供应链的布局和运作方式，提高运输效率和降低成本。同时，大数据分析还可以实现对客户需求的精准预测，帮助菜鸟包裹更好地满足客户的需求，提升客户满意度。

（3）数字化供应链管理系统在菜鸟包裹全球化供应链中的应用

菜鸟包裹建立了数字化供应链管理系统，实现了从订单生成到货物配送的全程数字化管理。数字化供应链管理系统可以将订单信息、库存信息、运输信息等实时传输到中心系统，实现供应链各个环节的信息共享和实时监控。通过数字化供应链管理系统，菜鸟包裹可以及时响应客户订单，合理调度运输资源，提高运输的准时性和可靠性。此外，数字化供应链管理系统还可以实现对供应链的数据分析和预测，帮助企业制定更加科学的运营策略，提升竞争优势。

2.移动互联网的普及推动了商贸物流的数字化

（1）移动应用在商贸物流中的应用

随着移动互联网的普及，商贸物流逐渐向数字化和智能化方向发展。移动应用成为商贸物流领域的重要工具，为商家和消费者提供了便利的服务。通过移动应用，消费者可以随时随地进行商品的浏览、下单和支付，实现了线上购物的便捷体验。同时，商家也可以通过移动应用实时监控订单情况和库存情况，灵活调整供应链和库存策略，提高了商贸物流的运作效率和灵活性。

（2）物流跟踪功能在商贸物流中的应用

许多电商平台提供了物流跟踪功能，让消费者可以实时查看商品的配送状态和预计送达时间。这种功能的应用不仅提升了消费者的购物体验，还增强了消费者对商家的信任感。通过物流跟踪功能，消费者可以在手机端追踪自己的订单，了解订单的实时配送情况，包括货物的当前位置、配送进度以及预计送达时间等信息。这种实时可视化的物流跟踪功能，使消费者对订单的配送过程有了更直观的了解，提高了购物体验的满意度。

（二）运输物流

数字物流智能化解决方案基于区块链、分布式数字身份、可信计算、隐私保护、金融风险控制等技术，解决物流运输和资金真实性认证问题，实现数据交叉验证，帮助运输行业的上下游参与者更好地获得金融、监管机构和客户的信任。它适用于多种物流和供应链服务场景，如公路货运、航运和多式联运。例如，蚂蚁链强大的地图数据和算法引擎让智能调度更高效。作为重建信任的基石，区块链可以用于任何缺乏信任的场景。目前，蚂蚁链已登陆50多个场景，并应用于广泛领域，为实体经济服务。蚂蚁链售后支持团队提供多类型多渠道的服务支持，以满足不同客户的售后需求。蚂蚁链强大的地图数据和算法引擎让智能调度更高效，主要功能包括 API+SaaS 灵活接入的调度算法能力，支持多场景计算的 webAPI，计算结果可视化的 SDK，多约束、多目标，满足各行各业降低成本、提高效率的需求。从货车到第三方物流的多场景应用适应性，食品快消危化品大规模任务计算，支撑复杂网点和高订单峰值，高效计算数万网点，可平稳处理多个订单，支持多种路线规划，打通百度地图导航，加强司机配送管控，任务下发司机终端，实时导航位置和轨迹监控等。

1. 区块链技术在物流运输中的应用

随着全球经济的不断发展和供应链的日益复杂化，货物的运输过程面临着诸多挑战，包括信息不对称、数据篡改、信任缺失等问题，这些问题直接影响了物流运输的效率、安全性和成本。区块链技术作为一种基于去中心化、分布式账本和加密算法的新型技术手段，为解决物流运输中的信任和真实性认证等问题提供了全新的解决方案。

第一，区块链技术实现了货物运输过程的可追溯性和透明度。传统的物流运输过程中，货物的信息往往由多个中介机构进行记录和传递，容易出现信息不对称和篡改等问题。而区块链技术通过将货物的运输信息记录在不可篡改的区块链上，实现了信息的全程追踪和公开透明。运输物流企业可以利用区块链技术记录货物的出发地、目的地、运输路线、运输时间等信息，并将这些信息进行加密存储和分布式共享，确保了数据的真实性和安全性。这种可追溯性和透明度不仅提高了货物运输的可信度，也有助于减少纠纷和争议，提高了运输效率和成本效益。

第二，区块链技术实现了货物运输过程的实时监控和跟踪。在传统的物流运输中，货物的实时监控和跟踪通常需要依赖于 GPS 定位等技术手段，存在着信号不稳定、数据易被篡改等问题。而区块链技术通过智能合约等机制，可以实现对货物的实时监控和跟踪，确保货物在运输过程中的安全性和可靠性。运输物流企业可以通过区块链技术实时获取货物的位置信息、运输状态等数据，及时发现并解决运输过程中的问题，提高了货物运输的可靠性和安全性。同时，区块链技术还可以结合物联网、大数据等技术手段，实现对货物运输过程的智能化管理和优化，进一步提高了运输效率和服务质量。

第三，区块链技术还为物流运输行业的生态合作和价值共享提供了新的思路和机遇。传统的物流运输模式往往由多个独立的参与方组成，存在信息孤岛和合作障碍等问题，导致供应链的效率和协同性受到限制。而区块链技术通过建立去中心化的物流平台，实现了参与方之间的信息共享和价值共享，促进了物流运输行业的生态合作和共赢发展。运输物流企业可以通过区块链技术与供应商、承运商、金融机构等多方建立合作关系，共同优化物流运输过程，提高了整个供应链的效率和效益。

2.蚂蚁链在智能调度方面的应用

蚂蚁链作为一家领先的智能物流企业，运用其先进的技术手段和丰富的行业经验，致力于提升物流运输领域的效率和质量。在智能调度方面，蚂蚁链凭借其强大的地图数据和算法引擎，构建了一套高效的智能调度系统，为运输企业提供了全方位的智能化解决方案。

首先，蚂蚁链的智能调度系统基于先进的地图数据和算法引擎，实现了对运输车辆的智能调度和路径规划。通过实时获取交通情况、道路状况、订单需求等信息，智能调度系统可以动态调整运输车辆的路线和运输方案，最小化运输成本、缩短运输时间，并确保货物的及时交付。利用先进的算法优化，蚂蚁链的智能调度系统能够在复杂的交通网络中高效规划出最佳的运输路线，为运输企业提供了实时的运输调度决策支持。

其次，蚂蚁链的智能调度系统实现了对运输车辆的实时监控和追踪。通过与车载 GPS 设备等物联网技术的结合，智能调度系统可以实时获取运输车辆的位置、行驶速度、车况等信息，并进行实时监控和追踪。这种实时监控和追踪能力不仅可以帮助运输企业及时发现和解决运输过程中的问题，还可以提高货物运输过程的安全性和可靠性，减少货物丢失和损坏的风险，保障客户的利益和信任。

除此之外，蚂蚁链的智能调度系统还具有灵活性和可扩展性。智能调度系统可以根据不同的运输需求和业务场景，灵活调整和优化调度策略，满足不同客户的个性化需求。同时，智能调度系统还支持对运输车辆和司机的管理和评估，提高了运输企业的管理效率和服务质量。而且，智能调度系统的模块化设计和开放接口，也为运输企业和合作伙伴提供了更多的定制化和集成化服务选择，实现了与整个物流生态系统的无缝连接和协同作业。

（三）仓储物流

数字化物流要素是用数据驱动物流业务发展。数据中台是让企业的数据用起来的机制，是一种战略选择和组织形式，是构建一套持续不断把数据变成资产并服务于业务的机制。为促进数字物流发展，在管理方式、商业模式和市场预测等方面都需要进行不断创新。例如，南方电网应急管理物资区域仓，引入全新的"数字物流"管理理念，实现中台一体化管理模式。

1.南方电网智能仓储管理系统的应用

第一，南方电网的智能仓储管理系统实现了货物的智能存储和智能配送。

通过系统分析和评估货物的属性和需求，智能仓储管理系统能够自动分配最佳的货位和货架，实现货物存储密度的最大化和货物周转率的优化。这种智能存储和配送模式不仅提高了仓储效率，也减少了人工干预的可能性，降低了操作错误的风险，从而提升了仓储服务的质量和可靠性。

第二，南方电网的智能仓储管理系统实现了对仓库内部作业流程的智能化管理。通过引入自动化装卸、智能化分拣和自动化库存管理等先进技术，智能仓储管理系统能够实现货物的高效处理和流程优化。例如，系统可以根据货物的属性和目的地，自动选择最佳的装卸方式和分拣路径，减少了作业环节中的等待时间和浪费，提高了作业效率和准确率。同时，自动化库存管理系统也能够实现对库存情况的实时监控和管理，帮助仓库管理人员及时调整库存策略，避免库存积压和滞销，提高了资金周转率和库存周转率。

第三，南方电网智能仓储管理系统还具有灵活性和可扩展性。系统可以根据仓库的实际情况和需求，灵活调整和优化系统配置，满足不同规模和业务场景的需求。同时，系统还支持与其他物流信息系统和企业资源计划系统的集成，实现了信息的共享和互联互通，进一步提升了仓储作业的整体效率和协同性。

2. 中台架构在仓储管理中的应用

第一，中台架构的应用实现了仓储管理系统与其他业务系统的无缝集成。传统的仓储管理系统往往是独立开发和运行的，与其他业务系统之间缺乏有效的数据交换和信息共享机制，导致了信息孤岛和业务流程的不畅。而中台架构通过建立统一的数据标准和接口规范，实现了不同系统之间的数据对接和业务流程的协同。例如，南方电网的仓储管理系统可以与供应链管理系统、物流运输系统和财务管理系统等进行数据对接，实现了订单生成、库存管理、货物配送等环节的全流程管理。这种无缝集成和协同作业模式不仅提高了信息的及时性和准确性，也降低了企业运营成本和管理复杂度。

第二，中台架构的应用实现了仓储管理系统的数字化和一体化。通过将核心业务逻辑和数据模型抽象成中台服务，南方电网的仓储管理系统能够更加灵活地应对不同业务场景和需求变化。中台架构将仓储管理系统划分为基础上台、业务中台和应用中台等不同层级，每个中台都具有清晰的功能定位和接口规范，可以实现模块化开发和灵活组合。例如，基础上台负责提供基础设施和通用功能，业务中台负责提供特定业务领域的功能模块，应用中台负责实现具体业务场景的应用服务。这种模块化和分层的设计使得仓储管理系统更加易于扩展和维护，同时也为未来的业务创新和技术更新提供了更大的空间和可能性。

第三，中台架构的应用提高了仓储管理的整体运营效率。通过中台架构，南方电网的仓储管理系统能够更加高效地满足不同业务部门的需求，实现了资源的共享和流程的优化。例如，各个业务部门可以通过共享中台服务和数据接口，实现信息的一致性和业务流程的协同，避免了重复开发和数据冗余的问题，提高了工作效率和响应速度。同时，中台架构还可以通过统一的数据标准和接口规范，实现对仓储数据的统一管理和分析，为企业决策提供了更加准确和及时的数据支持，提高了决策的科学性和有效性。

3. 智慧物流中台的建设与应用

第一，智慧物流中台实现了对物流信息的实时感知和全流程管理。传统的物流作业往往面临着信息不对称、流程不透明等问题，导致了作业效率低下和管理成本高昂的情况。而智慧物流中台通过集成各个环节的数据源和信息系统，实现了对物流作业全流程的监控和管理。例如，通过大数据分析和人工智能技术，智慧物流中台可以实时监控仓库内部作业流程和货物流动情况，分析预测潜在问题，并通过预警机制及时介入，减少异常事件的发生，提高了仓储作业的安全性和稳定性。

第二，智慧物流中台实现了物流作业的智能调度和优化。在传统的物流作业中，调度和优化往往依赖于人工经验和规则，存在着主观性和局限性。而智慧物流中台借助于先进的算法和技术手段，实现了对物流作业的智能化调度和优化。例如，通过优化算法和实时数据分析，智慧物流中台可以自动化地对作业流程进行调度和优化，提高了物流作业的效率和质量。同时，智慧物流中台还可以根据实时的交通情况和订单需求，自动优化运输路线和运输方案，减少了运输时间和成本，提高了物流作业的整体效益。

第三，智慧物流中台还具有高度的灵活性和可扩展性。作为一个集成了各个环节和系统的中心平台，智慧物流中台能够快速响应业务需求的变化，灵活调整和优化系统配置。同时，智慧物流中台还支持与其他企业信息系统和物流平台的集成，实现了信息的共享和互联互通，进一步提升了物流作业的协同性和整体效率。

第六章　数字经济对物流模式的影响

第一节　传统物流模式面临的挑战

一、传统物流企业和现代物流企业概述

（一）传统物流企业概述

在中国，传统物流企业源自计划经济时代，其发展模式主要基于行政区划。这些企业在形成初期具备了一定的优势，例如拥有广阔的土地储备空间，这为其提供了充足的仓储资源。然而，传统物流企业的特征显然已经不适应当今复杂多变的市场环境。其物流品种单一、批量大、批次少、周期长的特点，使得其在满足多样化、小批量、高频次的现代物流需求方面面临挑战。

传统物流企业的单一运输方式、低效的商品管理和分类系统，以及缓慢的商品运输速度，都限制了其在市场竞争中的灵活性和竞争力。尤其是在信息技术快速发展的当下，传统物流企业的运营模式已经显得过时和僵化。现代物流已经向着数字化、智能化、网络化的方向迈进，而传统物流企业的技术设备和管理理念与此背道而驰，导致其在市场上日益失去竞争优势。此外，传统物流企业的服务范围相对狭窄，主要集中在货物的存储、装卸和简单的运输环节，而缺乏高附加值的增值服务。与此同时，现代物流已经呈现出了多元化、定制化、综合化的发展趋势，要求物流企业能够提供更为复杂、个性化的服务。传统物流企业若要在这个新时代立足，必须转变经营理念，加大对技术和人才的投入，提升服务水平和运营效率。

在国际市场竞争日益激烈的背景下，传统物流企业面临着更为严峻的挑战。国际物流标准的不断提高，全球供应链的复杂化和智能化程度的提升，都对传

统物流企业提出了更高的要求。要在国际舞台上立足，传统物流企业必须积极拥抱变革，加速技术升级和管理创新，提高核心竞争力。

因此，要想在当今竞争激烈的物流市场中立于不败之地，传统物流企业必须进行深刻的转型升级。这不仅仅是技术和设备上的更新换代，更需要重新审视企业的战略定位和商业模式，积极拥抱数字化、智能化、网络化的趋势，不断提升服务水平和核心竞争力，以应对日益复杂多变的市场环境。

（二）现代物流企业概述

现代物流企业在当今经济环境中扮演着至关重要的角色，其发展已经远远超越了传统的货物存储、装卸和简单运输的范畴。现代物流企业的核心理念是将信息、资金和货物流动相结合，通过优化整个供应链的各个环节，实现对产品从生产到消费全过程的高效管理和控制。

首先，现代物流企业通过信息技术的运用，实现了对整个供应链的实时监控和数据分析，从而使得物流活动更加可视化、透明化和智能化。通过物联网、大数据、人工智能等先进技术的应用，企业可以实时追踪货物的位置和状态，及时调整物流计划，提高物流运输的效率和准确性。其次，现代物流企业注重客户需求的个性化和差异化，通过灵活多样的运输方式和服务模式，满足客户对物流的个性化需求。不仅仅是简单的货物运输，现代物流企业还提供包括定制化包装、加工、分拣、配送等一系列增值服务，为客户提供更为全面、便捷的物流解决方案。再者，现代物流企业采用了"合同物流招投标"式营销方式，即通过招标形式与客户签订物流服务合同，从而实现了物流成本的有效控制和管理。这种方式既能够保证企业的盈利能力，又能够为客户提供具有竞争力的物流服务，实现双赢局面。此外，现代物流企业还借助线上线下相结合的运营模式，充分发挥了互联网和物流网络的优势。通过建立在线物流平台和物流配送中心，企业可以实现货物的快速集中、分拣和配送，提高了物流运输的效率和灵活性。

总的来说，现代物流企业已经不再局限于传统的货物运输和仓储管理，而是通过信息技术的运用和服务创新，实现了对整个供应链的全面优化和协调。随着社会经济的不断发展和技术的不断进步，现代物流企业将会继续发挥其重要作用，为经济的健康发展和社会的持续进步提供强有力的支撑。

二、传统物流企业经营管理存在的问题

（一）物流运营能力较弱

大部分的传统物流企业都是从大型企业的储运部门和传统仓储运输企业发展而来，因此传统物流企业对市场经济发展的感知能力不足，不能及时发现市场需求，企业运营能力较弱。传统物流企业长期的客户主体商品是大宗的、单一的，加上企业较弱的运营能力，很容易误导企业只接"商品单一、大宗"的订单。长此以往，当市场出现商品种类多，且订单批次大的物流快递时，传统物流企业没有与这一业务相匹配的订单处理能力，企业就不能接到此类业务，其利益会大打折扣如近年来网购物流快递商品的种类非常多，几万到几十万甚至几百万不等，且日运输批次也越来越多，传统物流企业没有相应的流程设计实施能力，管理也不够严谨，加之又没有先进的一体化信息技术做辅助，就会逐渐被现代物流企业取而代之。

1. 市场需求多样化与传统物流企业的运营能力不足

市场经济的持续发展和消费者需求的日益多样化对传统物流企业构成了严峻挑战。尤其是随着电商和网购的迅速兴起，市场上商品种类的多样性和订单批次的增加，使得对物流企业的要求变得更加复杂。然而，传统物流企业在面对这种多样化市场需求时，由于运营能力的不足，往往难以胜任。

传统物流企业的管理水平相对较低，缺乏严谨的流程设计和执行能力。面对成千上万种不同的商品以及日益增加的运输批次，传统物流企业往往无法有效地应对。其管理模式常常过于僵化，缺乏灵活性和创新性，导致企业在处理多样化市场需求时显得力不从心。另外，传统物流企业还缺乏先进的一体化信息技术的支持，这更加削弱了它们的竞争力。现代物流业务需要依赖于先进的信息技术，以实现对供应链各环节的实时监控和数据分析，从而提高运营效率和服务质量。然而，传统物流企业的技术设备和信息系统往往滞后于时代发展，无法满足日益复杂的市场需求。

2. 现代物流企业的崛起与传统物流企业的落后

现代物流企业以其先进的信息技术应用，实现了对整个供应链的高效管理和控制，为客户提供了更为个性化、灵活的物流解决方案。这种变革不仅对传统物流企业的商业模式提出了挑战，同时也对整个行业格局产生了深远的影响。

传统物流企业所面临的的挑战首先体现在其落后的管理理念和技术手段上。传统物流企业长期以来主要依赖人工操作和传统的管理方式，缺乏对信息技术的深入应用和创新。相比之下，现代物流企业通过引入先进的信息系统、物联网技术和大数据分析等手段，实现了对供应链各个环节的实时监控和优化，大幅提升了运营效率和服务水平。例如，物流巨头亚马逊通过其先进的数据分析系统，实现了订单预测、库存管理和配送路线优化，使得其能够快速、准确地满足客户的需求，从而在市场竞争中占据领先地位。其次，现代物流企业的崛起也加剧了传统物流企业在市场竞争中的压力。现代物流企业通过构建完善的物流网络和供应链体系，实现了全球范围内的物流服务覆盖，具备了更强的竞争力和市场影响力。与此同时，传统物流企业往往受限于地域性和传统经营模式，难以与现代物流企业相匹敌。例如，顺丰速运作为中国领先的现代物流企业，凭借其高效的配送网络和强大的信息技术支持，迅速占据了市场份额，成为行业的领军者，而传统的小型快递公司则面临着日益激烈的竞争，生存空间逐渐被挤压。另外，现代物流企业的个性化、定制化服务也对传统物流企业提出了新的挑战。随着消费者对物流服务的个性化需求不断增加，现代物流企业通过灵活的业务模式和多样化的服务产品，能够更好地满足客户的特定需求。相比之下，传统物流企业往往局限于传统的物流服务模式，难以提供个性化、定制化的服务。这种差异使得传统物流企业在竞争中处于劣势地位，面临着市场份额的不断流失。

（二）企业缺乏营销手段

传统物流企业没有市场竞争紧迫感，不能针对市场物流需求做出正确的营销方式和策略，还有很大一部分企业缺乏主动的推销意识和服务观念，仍然采用守株待兔的被动营销方式，或者采用拉回头客的方式来维持企业的日常运转，企业自主宣传促销意识薄弱，竞争观念、服务观念不到位。同时，传统物流企业没有完善的营销体系，营销管理方面不够严谨，企业营销力量相对分散，没有真正以市场为导向，市场观念落后于市场的变化，对市场需求研究分析不够，了解不够，开拓不力，使企业整体营销效果大打折扣。

1.缺乏市场竞争意识和主动营销策略

（1）市场竞争意识的缺失

传统物流企业的市场竞争意识相对较弱，这在很大程度上制约了它们对市场物流需求的准确把握和相应营销策略的制定。与现代物流企业相比，传统企业缺乏紧迫感，常采取被动地守株待兔的营销方式。他们过度依赖于既有的客户资源和传统的经营模式，往往忽视了市场的变化和新兴需求。这种被动的营销态度使得企业在市场竞争中处于不利地位，难以适应激烈的市场环境，更谈不上取得长期的竞争优势。

（2）主动营销策略的缺乏

除了市场竞争意识的不足外，传统物流企业还缺乏主动的营销策略。它们往往守株待兔，依赖现有客户的回头订单来维持日常运营，而对于开拓新客户和市场的积极性不高。这种被动的态度使得传统物流企业在市场上缺乏灵活性和竞争力，难以抓住市场的机遇，也无法有效地应对市场的挑战。与之相比，现代物流企业更加注重市场的开拓和拓展，积极采取各种营销手段和策略来提升品牌知名度和市场份额。

2. 缺乏完善的营销体系和市场导向

（1）营销体系的不完善

传统物流企业的营销体系存在严重的不完善之处。这些企业往往缺乏统一而完善的营销管理体系，导致营销力量的分散和效率的低下。由于缺乏统一的市场导向，企业难以准确捕捉市场的变化和需求，也无法有效地制定相应的营销策略。传统物流企业往往将营销视为一种维持日常运转的手段，而非战略性的重点工作。这种营销体系的不完善使得企业在市场竞争中处于弱势地位，难以实现长期的持续发展。

（2）缺乏市场导向

另外，传统物流企业缺乏明确的市场导向，这也是导致其营销体系不完善的重要原因之一。由于市场观念的落后，这些企业往往无法充分了解市场需求，缺乏针对性的市场分析和研究。传统物流企业往往过于依赖现有的客户资源和传统的经营模式，而忽视了市场的变化和新兴需求。这种市场导向的缺失导致了企业对市场的反应迟缓，营销效果大打折扣。

3. 缺乏现代营销理念和技术运用

（1）缺乏对新知识和新技术的运用

传统物流企业在营销过程中存在着对新知识和新技术运用不足的问题。这些企业往往过于固守于传统的营销方式，未能及时跟进和应用现代化的营销理念和技术手段。相比之下，现代物流企业积极借助电子信息技术、大数据分析等先进工具，开展精准的市场定位和个性化的营销活动，从而更好地满足客户需求并提升市场竞争力。传统物流企业若未能紧跟时代潮流，将无法与现代企业竞争，并逐渐失去市场份额。

（2）缺乏现代化营销理念和专业人才

另一方面，传统物流企业的营销团队往往缺乏现代化的营销理念和专业人才。这些企业通常依赖于传统的推销模式和渠道，而未能善用互联网等新媒体渠道拓展市场覆盖面。现代物流企业则注重培养具备数字化思维和创新意识的营销人才，他们能够更好地把握市场趋势和消费者需求，从而提高营销效率和效果。传统物流企业缺乏现代化的营销理念和专业人才，势必影响企业的市场竞争力和持续发展能力。

（三）企业没有树立正确的市场品牌形象

企业的市场品牌形象是一个企业的"面子"，能让顾客对企业首先有个直观、客观的印象，是顾客进行商品首次选购时的参考和一种"安全感"，是一种信誉的标志。传统大型物流企业固步自封，忽视品牌影响力的塑造和客户满意度，其运营缺乏详尽可行的规章制度，经营不规范，没有将品牌塑造纳入企业长远战略发展规划，只是一味地注重自身内部业务处理能力，而忽视了树立良好的企业口碑，或者在尽力打造好企业口碑时没有很好地进行企业品牌形象推广宣传。同时，传统物流企业缺少利用公关系统、环境系统以及网络传媒推广企业形象的经验，虽然自己的物流性价比较高，但是外界市场并不知情，同等条件下客户会选择企业品牌形象较好的现代物流企业。

1.缺乏正确的市场品牌形象塑造

（1）市场品牌形象塑造方面面临的挑战

传统大型物流企业在市场品牌形象方面面临着严峻的挑战。这些企业由于长期固步自封，沉湎于传统的经营模式和运营方式，导致忽视了市场品牌形象的重要性，进而影响了企业在竞争激烈的市场中的地位和发展前景。相比之下，现代物流企业通过积极的品牌推广和形象塑造，成功树立了良好的企业形象和品牌价值，从而吸引了更多的客户和资源。因此，传统物流企业迫切需要调整战略，积极进行品牌塑造和推广，以应对市场竞争的挑战，确保企业在激烈的竞争环境中立于不败之地。

（2）市场品牌形象的重要性

市场品牌形象是企业在市场中的"面孔"，是客户对企业的第一印象，直接影响着客户的选择和忠诚度。一个良好的品牌形象能够增强客户的信任感和认可度，提高企业的竞争力和市场份额。然而，传统物流企业由于忽视了市场品牌形象的塑造，往往无法充分展现自身的优势和特点，导致客户对其了解不足，从而影响了企业的市场地位和发展前景。

2.运营缺乏详尽规章制度和经营不规范

（1）运营与经营方面面临的挑战

传统物流企业在运营方面面临着缺乏详尽规章制度和经营不规范的严峻挑战。这些企业常常忽视规章制度的建立和执行，导致业务流程的混乱和服务质量的参差不齐，从而影响了客户的满意度和品牌形象。相比之下，现代物流企业注重规章制度的建立和执行，通过严格控制业务流程，保障服务质量和提升客户满意度，赢得了客户的信赖和口碑。传统物流企业若未能改善运营管理，将难以在市场竞争中获得竞争优势和提升品牌形象。

（2）规章制度的重要性

规章制度是企业运营管理的重要基础，对于确保业务流程的有序进行和服务质量的提升具有重要意义。然而，传统物流企业常常忽视规章制度的建立和执行，导致业务流程的混乱和经营不规范，从而影响了企业的市场形象和客户满意度。相比之下，现代物流企业注重规章制度的建立和执行，通过严格遵循规定的流程和标准，提升了服务质量和客户体验，赢得了客户的信赖和口碑。

3.缺乏有效的品牌形象推广宣传

在当今竞争激烈的物流市场中，传统物流企业面临着诸多挑战，其中一项主要挑战便是缺乏有效的品牌形象推广宣传。尽管这些企业可能拥有出色的物流性价比，然而，由于缺乏利用公关系统、环境系统以及网络传媒推广企业形象的经验，它们的优势和特点往往被外界市场所忽视。

品牌形象推广宣传在当今商业环境中占据着至关重要的地位。传统物流企业的困境在于，它们往往过于专注业务本身，而忽视了品牌形象的建设和推广。

然而，要想在竞争激烈的市场中脱颖而出，单纯依靠产品和服务的质量已远远不够。品牌形象是企业的精神象征，是企业文化、价值观和承诺的具体体现，而其宣传推广则是将这些价值传达给目标受众的关键途径。

相比之下，现代物流企业在品牌宣传和形象推广方面取得了明显的成功。它们善于利用多渠道的推广手段，包括公关活动、社交媒体、网络广告以及品牌合作等，以此来提升品牌的知名度和影响力。通过持续而有针对性的宣传活动，现代物流企业成功地树立了自己在行业中的专业形象，吸引了更多的客户和资源，实现了良性循环的发展。

而传统物流企业若未能加强品牌形象的推广宣传，将难以获得更多的市场份额和客户认可。面对日益激烈的市场竞争和消费者日益增长的需求，仅仅依靠产品和服务的质量是远远不够的。品牌形象推广宣传不仅可以帮助企业树立起良好的企业形象，更能够提升客户对企业的信任度和忠诚度，从而为企业赢得更多的市场份额和持续的竞争优势。

因此，对于传统物流企业而言，加强品牌形象的推广宣传已迫在眉睫。企业需要意识到，品牌不仅仅是一个商标或标识，更是企业的核心竞争力和市场价值的体现。只有通过全方位、多渠道的品牌宣传和形象推广，传统物流企业才能够在激烈的市场竞争中立于不败之地，实现可持续的发展和增长。

（四）信息化程度不高

传统的物流企业大多还没有建立全面而先进的信息系统，其配送、运输及管理等仍采用人工管理与记账的方式，不仅增加工作量，而且造成管理困难，更容易出现差错。很多传统物流企业无法与供应商或客户进行数据交换，实现信息共享，无法制定准确的库存计划，难以形成应对市场需求变化的快速反应能力，不仅影响单一企业的市场竞争力，而且整个供应链的竞争能力均会受到影响。

1. 信息化程度低下的挑战

（1）信息化程度低下的管理挑战

传统物流企业倾向于依赖人工管理和传统的纸质记账方式，而没有采用全面、先进的信息系统。这种过时的管理方式导致了一系列的管理挑战，影响了企业的运营效率和竞争力。

第一，传统物流企业的人工管理方式增加了员工的工作量。例如，在订单处理和信息记录方面，员工需要花费大量的时间和精力来完成繁琐的手工操作。这不仅增加了企业的人力成本，也影响了员工的工作效率和积极性。与此同时，人工管理容易引发错误和延误，特别是在信息处理量大、时间紧迫的情况下。例如，手工记录订单信息可能导致数据错误或遗漏，进而影响货物的准时配送和客户的满意度。这种管理方式的缺陷使得企业难以实现高效、精准的运营管理。

第二，传统物流企业的管理困难也体现在对信息的及时性和准确性的要求上。在信息化程度较低的情况下，企业往往无法及时获取准确的市场信息和供应链数据，无法做出及时的决策和调整。例如，企业可能无法及时了解客户需求的变化或市场竞争对手的动态，从而无法灵活调整产品组合或价格策略。这种信息的滞后性使得企业在市场竞争中处于劣势地位，难以应对市场变化和挑战。

第三，传统物流企业在管理方面还面临着对数据安全和隐私保护的需求。在信息化程度较低的情况下，企业往往采用纸质文档或简单的电子表格来存储和处理重要数据，这种方式存在着信息泄露和数据丢失的风险。例如，员工可能会不慎将重要文件遗失或泄露给竞争对手，导致企业的商业机密被泄露，造成不可挽回的损失。因此，传统物流企业迫切需要建立起安全、可靠的信息系统和数据管理机制，保障企业数据的安全性和隐私性。

（2）信息化程度低下的运营挑战

传统物流企业在信息化程度低下的情况下，面临着诸多运营挑战，这些挑战直接影响了企业的运营效率和服务质量。缺乏有效的信息系统支持，使得企业难以实现数据的及时、准确和全面管理，导致了一系列的运营问题。

第一，传统物流企业在订单处理方面存在着严重的问题。由于信息化程度低下，订单处理往往依赖于人工操作和纸质文档，导致了订单处理流程的复杂和低效。例如，订单信息需要通过传真或传统邮件的方式传递，而且需要人工逐一处理和记录，这不仅增加了处理时间，还容易引发错误和遗漏。在订单处理过程中出现错误或延误会导致订单错发、漏发或延迟发货，影响了客户的满意度和企业的声誉。

第二，库存管理是传统物流企业面临的另一个重要挑战。传统物流企业往往缺乏有效的库存管理系统，无法实现对库存的实时监控和精准管理。这导致了库存信息的不准确和滞后，使得企业难以及时了解库存情况，无法有效地规划采购和销售策略。例如，由于库存信息不准确，企业可能会出现库存积压或库存短缺的情况，导致资金的浪费和客户订单的流失。

第三，运输跟踪也是传统物流企业面临的一大难题。传统物流企业往往无法实现对货物运输过程的实时监控和跟踪，导致了运输信息的不透明和延迟。例如，客户无法及时获取货物的运输状态和预计到达时间，无法作出相应的安排和准备。这不仅影响了客户对企业的信任和满意度，也增加了客户的不确定性和不便，可能导致客户流失和订单损失。

（3）信息化程度低下的竞争挑战

信息化程度低下使得传统物流企业在与信息化程度高的竞争对手竞争时处于明显的劣势地位，主要体现在以下几个方面：

第一，信息化程度低下导致传统物流企业无法快速、准确地响应市场需求和客户要求。在信息化程度高的竞争对手面前，传统物流企业往往需要花费更多的时间和资源来处理订单和调整运营计划。例如，如果市场需求发生突然变化，信息化程度高的企业可以利用先进的信息系统和大数据分析技术，迅速捕捉市场信号并做出相应调整；而传统物流企业则可能需要依赖人工操作和简单的信息系统，导致反应速度较慢，无法及时满足客户的需求。

第二，信息化程度低下使得传统物流企业在服务质量方面难以与竞争对手相匹敌。信息化程度高的企业可以通过信息系统实现对货物运输过程的实时监控和跟踪，确保货物安全、及时送达，提供高效、可靠的物流服务。而传统物流企业由于信息不畅通，往往无法做到货物运输过程的实时监控，容易出现运输延误或货物损坏等问题，降低了服务质量，影响了客户的满意度和忠诚度。

第三，信息化程度低下也影响了传统物流企业在市场营销和客户关系管理方面的竞争力。信息化程度高的企业可以通过先进的客户关系管理系统和市场营销平台，实现对客户的精准定位和个性化服务，从而提升客户满意度和忠诚度。而传统物流企业由于信息系统的限制，往往难以做到精准的市场定位和个性化的服务，导致客户流失和市场份额的下降。

2. 数据交换与信息共享的障碍

（1）传统信息交流的缺陷

信息不对称是指在信息传递过程中，由于依赖人工操作，不同环节的工作人员可能会有不同的理解和处理方式，导致信息在传递过程中发生失真和偏差。这种现象在传统物流企业中尤为突出，影响了企业对市场需求和供应链情况的准确把握，从而影响了企业的决策效果和业务运作。

第一，信息不对称导致了企业在获取市场信息和客户需求方面的困难。在传统的信息交流模式下，企业往往无法及时了解市场的实际情况和客户的真实需求。例如，由于信息的不对称，销售人员可能无法准确地了解客户的需求和偏好，而生产部门也无法及时了解市场的实际需求，导致生产计划的不准确和产品库存的积压。这种信息不对称使得企业无法有效地把握市场机会和客户需求，从而影响了企业的市场竞争力和业绩表现。

第二，信息不对称也影响了企业与供应链伙伴之间的合作和协同。在传统的信息交流模式下，企业往往无法与供应商或客户进行及时的沟通和信息共享。例如，由于信息的不对称，企业可能无法准确了解供应商的生产能力和交货时间，导致供应链的不稳定和订单的延误。这种信息不对称使得企业与供应链伙伴之间的合作关系变得脆弱和不稳定，影响了企业整个供应链的运作效率和服务水平。

第三，信息不对称也影响了企业内部的管理效率和决策效果。在传统的信息交流模式下，由于信息的不对称，企业往往无法及时了解各个部门之间的工作进展和问题反馈，导致管理者难以做出准确的决策和调整。例如，由于信息的不对称，生产部门可能无法及时向销售部门反馈生产进度和产品质量问题，而销售部门也无法及时向生产部门反馈市场的实际需求和客户的反馈意见。这种信息不对称使得企业内部的协作和协调变得困难，影响了企业的管理效率和业务运作。

（2）数据交换的延迟与易错性

在信息需要经过多个环节和人员手动处理的情况下，往往会增加传递的时间成本和风险。特别是在信息传递的过程中，可能会发生纸质文档的遗失、错误记录和信息泄漏等问题，进一步加剧了信息交流的不确定性和不稳定性。这种延迟和易错性不仅使得企业无法及时获取准确的市场信息和供应链数据，也给企业带来了一系列的运营问题和挑战。

第一，数据交换的延迟导致了企业在获取市场信息和客户需求方面的困难。由于信息需要经过多个环节和人员手动处理，传统物流企业往往无法及时了解市场的实际情况和客户的真实需求。例如，在订单处理和客户反馈方面，由于数据交换的延迟，企业可能无法及时了解客户的订单情况和投诉意见，无法及时作出相应的调整和改进。这导致了企业难以把握市场机会和客户需求，影响了企业的市场竞争力和业绩表现。

第二，数据交换的易错性使得企业面临着更大的风险和不确定性。在传统的信息交流模式下，由于人工操作和纸质文档的使用，数据往往容易发生错误和遗漏。例如，在订单处理和库存管理方面，员工可能会因为疏忽或错误操作而导致订单错发、漏发或库存错误。这种错误和遗漏不仅增加了企业的运营成本，也会影响到客户的满意度和信任度，进而影响了企业的市场声誉和品牌形象。

第三，数据交换的延迟和易错性也影响了企业与供应链伙伴之间的合作和协同。在供应链管理中，及时准确的数据交换对于保持供应链的稳定和高效运作至关重要。然而，由于数据交换的延迟和易错性，企业往往无法及时了解供应链伙伴的实际情况和需求，导致了供应链的不稳定和运作效率的降低。这进一步影响了企业的供应链管理和产品供应能力，加剧了企业在市场上的竞争劣势。

（3）信息孤岛的影响

信息孤岛是指在企业内部或与供应链伙伴之间存在着信息封闭和隔离的状态，缺乏实时的数据交换和信息共享机制，从而导致了沟通和合作的困难。这种现象对企业的影响十分深远，既影响了内部管理效率，也限制了企业与供应链伙伴之间的协同作业和资源共享，从而制约了整个供应链的竞争力和应对市场变化的能力。

第一，信息孤岛对企业内部管理效率造成了严重影响。在信息孤岛的状态下，企业往往无法实现内部各部门之间的信息共享和协同作业。例如，销售部门可能无法及时向生产部门传递订单信息，导致了生产计划的不准确和生产效率的降低；或者生产部门无法及时向采购部门传递生产需求，导致了原材料的缺乏和生产延误。这种信息孤岛使得企业内部的管理流程复杂化和低效化，增加了企业的运营成本和管理风险。

第二，信息孤岛也限制了企业与供应链伙伴之间的协同作业和资源共享。在供应链管理中，信息共享和协同作业是保持供应链高效运作的关键。然而，由于信息孤岛的存在，企业往往无法及时了解供应链伙伴的实际情况和需求，难以实现对供应链的全面监控和调度。例如，由于信息孤岛，企业无法及时了解供应商的生产能力和交货时间，无法做出合理的采购计划和供应安排，导致了供应链的不稳定和生产延误。这进一步影响了企业的产品供应能力和客户服务水平，降低了企业的市场竞争力。

第三，信息孤岛还给企业带来了一系列的风险和不确定性。在信息孤岛的状态下，企业往往无法及时了解市场的变化和竞争对手的动态，难以做出及时的调整和应对措施。例如，由于信息孤岛，企业可能无法及时捕捉到市场需求的变化和客户的反馈意见，导致了产品的不合时宜和市场份额的流失。这种不确定性和风险使得企业在市场竞争中处于被动地位，难以把握市场机遇和实现可持续发展。

3. 缺乏快速反应能力的影响

（1）信息化程度低下的市场竞争挑战

信息化程度低下使得企业难以及时获取市场信息和客户需求变化的反馈，从而导致企业无法做出及时的调整和响应。在当今竞争激烈的市场环境中，市场信息的敏感度和响应速度是企业保持竞争优势的关键。而传统物流企业由于信息获取渠道有限，往往无法第一时间了解市场动态和客户需求变化，导致企业在市场竞争中处于被动地位。

（2）市场动态变化与竞争对手挑战

信息化程度低下使得企业无法有效预测市场趋势和竞争对手的动态，无法迅速调整战略和业务模式以适应市场变化。与此同时，信息化程度高的竞争对手往往能够更快速地捕捉市场机会、把握客户需求，并迅速调整自身战略以应对市场变化，从而形成对传统物流企业的竞争压力。

（3）市场份额萎缩与业务发展受阻

长期以来，传统物流企业由于缺乏快速反应能力，在市场上逐渐失去竞争优势，导致市场份额逐渐萎缩，业务发展受阻。缺乏快速反应能力使得企业无法有效应对市场挑战和客户需求变化，导致客户流失和市场份额下降。随着时间的推移，这种市场份额的萎缩会进一步加剧企业的困境，最终可能导致企业的衰退和退出市场。

第二节　数字经济促使的物流模式创新

一、共享经济模式下的物流商业模式

近年来共享经济发展迅速，逐渐成为互联网经济的焦点，其对传统经济的商业模式带来挑战，使得原商业经营模式逐渐显现出劣势。

（一）共享经济模式下物流企业存在的问题

1. 风险控制机制有待完善

（1）融资活动中的短期效应与长期可持续性

在共享经济中，物流企业往往通过大规模的融资活动来支持其快速扩张和市场占有率的提升。然而，这种短期的资金注入并不总是符合企业长期发展的需要，因为它可能会导致企业过度依赖外部资金而忽视了商业模式的可持续性。过度的融资活动可能会导致企业的财务负担过重，进而影响企业的盈利能力和资金流动性。因此，物流企业需要审慎评估融资活动的风险与收益，以确保商业模式的长期可持续性。

（2）扎堆效应与市场资源浪费

共享经济市场往往存在着扎堆效应，即大量的投资者涌入某一领域，导致资源过度集中和浪费。在物流领域，如果过多的物流企业聚集在同一市场，可能会导致竞争激烈、价格战频繁，进而影响整个市场的健康发展。此外，扎堆效应也容易导致资源的浪费，因为过度竞争可能会导致一部分企业无法生存，从而造成资源的浪费和损失。因此，物流企业需要通过合理的市场调节和资源配置，避免扎堆效应对市场的不利影响。

（3）消除伪需求与伪共享

共享经济中存在着一定比例的伪需求和伪共享现象，即一些消费者并非真正需要共享物流服务，或者共享物流服务并非真正实现了资源共享。这种现象不仅会误导企业的发展方向，还会造成资源的浪费和市场的混乱。因此，物流企业需要通过市场调研和需求分析，准确识别真实的市场需求，并采取相应的措施，以消除伪需求和伪共享，实现资源的有效利用和市场的健康发展。

2. 现有法律法规的滞后性

（1）法律法规与共享经济的适应性

当前，我国的法律法规相对滞后于共享经济的发展需求，无法有效应对共享经济中出现的新问题和挑战。例如，在物流共享经济中，存在着物流服务的标准化、责任分配等方面的法律空白和模糊地带，这给企业的合规经营和消费者的权益保护带来了一定的困扰。因此，需要及时修订和完善相关法律法规，以适应共享经济的发展需求，保障市场秩序和消费者权益。

（2）法律环境与创新发展的平衡

当前法律法规的滞后性可能会对物流企业的创新发展产生一定的阻碍和限制。在共享经济中，物流企业可能会涉及新的业务模式和服务形态，而传统的法律法规并未对这些新形态进行充分的规范和约束。这给企业的创新发展带来了一定的不确定性和风险，可能会阻碍其创新动力和积极性。因此，需要加快法律环境的更新与完善，创造良好的创新发展环境，促进共享经济的健康发展。

（3）法律监管与共享经济的协调

在共享经济中，物流企业需要面对来自政府监管部门的法律监管和规范。然而，由于法律法规的滞后性，监管部门可能无法及时了解共享经济的发展特点和存在的问题，导致监管措施的不适应性和不协调性。因此，需要加强政府监管部门与物流企业之间的沟通和协调，及时了解企业的发展需求和问题，制定出有针对性的监管政策和措施，保障共享经济的良性发展和市场秩序的稳定。

3. 商业模式运行模糊

（1）伪需求背后的商业风险

在共享经济中，存在着一定比例的伪需求，即消费者并非真正需要共享物流服务，而是出于跟风或模仿的目的进行消费。这种伪需求背后隐藏着商业风险，因为这些消费者的参与会对企业的运营和发展产生一定的影响。首先，企业可能会过度依赖这些虚假的需求数据，而忽视了对真实市场需求的准确把握，导致了产品的过度生产和库存积压。其次，这些虚假的需求可能会使得企业在市场竞争中失去竞争优势，因为它们无法真正满足消费者的实际需求，从而导致产品销售量的下滑和市场份额的流失。因此，物流企业需要通过市场调研和需求分析，准确识别并满足真实的市场需求，避免过度依赖伪需求而陷入商业风险。

（2）虚假共享与企业信誉受损

在共享经济中，一些企业可能会采取虚假共享的行为，即虽然声称提供了共享物流服务，但实际上并没有真正实现资源共享和利益共享。这种行为不仅会误导消费者，造成消费者的不满和投诉，还会损害企业的信誉和声誉。一旦企业的信誉受损，将极大地影响其在市场上的形象和地位，进而影响到企业的长期发展和生存。因此，物流企业需要建立诚信经营的理念，真正实现资源共享和共同发展，以树立良好的企业形象和信誉。

（3）盈利模式的可持续性与商业运营模糊性

在共享经济中，一些企业可能会采取短期盈利模式，即通过短期的促销和优惠活动来吸引消费者，但缺乏长期的盈利保障和持续的商业模式。这种盈利模式的不稳定性会对企业的商业运营产生负面影响，可能会导致企业的盈利能力下降和商业模式的不稳定。因此，物流企业需要从长远考虑，建立可持续的盈利模式和商业运营机制，注重产品品质和服务质量，以保障企业的长期发展和盈利能力。

（二）共享经济下物流商业模式对策

1.完善风险控制机制

共享经济在物流经营模式下的对策首先是完善风控机制。物流中心运营服务共享是指物流系统集成商的投资建设。高度自动化的物流仓储中心将充分利用专业技术的优势承担物流中心的运营管理，开放仓储物流联合服务，按照原有的实操程序和收费标准来收取费用。这种整合模式要求物流仓储中心不仅要有先进的物流技术，而且还要有较高的经营水平。物流信息平台是降低物流成本、提高物流服务水平、提高物流资源利用效率的前提和基础，信息共享平台的建设对物流业的发展具有重要作用。但由于物流业现如今还缺乏统一的服务标准。不同的所有权实体的闲置资源暂时很难共享。

（1）物流中心运营服务共享的优势与挑战

物流中心运营服务共享是共享经济下物流企业的一种新型经营模式，其优势在于能够充分利用物流中心的专业技术和自动化设备，提高物流效率和服务水平。然而，实施这种模式也面临着一些挑战，其中之一就是风险控制的不足。由于物流中心的运营涉及大量资金和技术投入，一旦出现运营风险，将直接影响到企业的经营稳定性和可持续发展。因此，完善风险控制机制是共享经济下物流企业的重要对策之一。

（2）加强信息共享平台建设

信息共享平台的建设对于物流企业实施风险控制具有重要意义。通过建立统一的信息平台，物流企业可以实现对各个环节的数据实时监控和分析，及时发现和应对潜在的风险。例如，利用物流信息平台可以对物流运输过程进行实时跟踪和监控，及时发现异常情况并进行应急处理，从而降低运营风险的发生概率。

（3）强化运营管理水平

除了技术手段外，物流企业还需要强化运营管理水平，加强对运营过程的监督和管理。通过建立科学合理的运营管理体系，制定规范的操作流程和应急预案，加强人员培训和技能提升，提高运营管理的专业水平和应变能力，从而有效降低运营风险的发生率，保障企业的稳定运营。

2. 推动法律法规发展

共享经济的生存和发展中最重要的是企业资源。共享经济资源大部分属于企业资源范畴，因此必须加强对企业的保护。我们要制定科学合理的共享经济产业规划，充分发挥总体规划的作用，达到开发、建设和保护共享经济企业资源的目的。

（1）制定共享经济产业规划

为了保障共享经济的可持续发展，需要制定科学合理的共享经济产业规划。该规划应包括对共享经济的发展方向、重点领域、政策支持等方面的明确规定，为共享经济企业的发展提供有力的政策支持和指导。

（2）健全法律法规体系

当前我国的法律法规体系尚未完全适应共享经济的发展需求，因此需要加快法律法规的修订和完善。特别是针对共享经济领域的特殊情况和问题，应制定专门的法律法规，明确企业的权利和义务，规范市场秩序，保护消费者的合法权益。

（3）加大监管和执法力度

除了法律法规的制定外，还需要加强对共享经济企业的监管和执法力度。政府部门应加大对共享经济市场的监督检查力度，及时发现和处理违法违规行为，维护市场秩序和公平竞争环境，为企业的健康发展提供良好的外部环境。

3.构建清晰商业模式

投资者对资金技术的支持对于共享物流的兴起至关重要。大量融资已成为各种共享物流公司占领市场的第一步，下一步则是扩大市场，通过上市股价回馈消费者或投资者，这种方式使得企业的商业模式更加清晰与透明化。

（1）完善资金技术支持体系

共享物流企业需要充分利用资金和技术的支持，才能实现其商业模式的清晰和可持续发展。政府可以加大对共享经济企业的资金支持力度，同时鼓励企业加强技术创新和应用，提高物流服务水平和竞争力。

（2）建立透明化的商业运营机制

企业需要建立透明化的商业运营机制，确保企业的运营行为和决策过程公开透明，避免出现不当行为和负面影响。通过建立健全的内部管理制度和监督机制，加强对企业运营的监督和管理，提高企业的运营透明度和合规性。

（3）强化社会责任意识

共享物流企业应树立社会责任意识，积极履行企业社会责任，关注环境保护、员工权益、消费者权益等方面的问题。通过开展公益活动、参与社会公益事业等方式，积极回馈社会，树立企业良好形象，赢得消费者信赖和支持。

二、大数据物流 3.0 平台模式

平台模式具有资源集聚和再分配能力，物流产业与平台经济的融合有利于集合社会物流资源，并利用各自优势，形成良性物流生态系统。

（一）物流 3.0 平台模式内涵及发展演变

1.物流 3.0 平台模式内涵

物流 3.0 平台是一种综合性系统平台物流，是物流产业与信息化产业深度融合的产物。在互联网信息技术赋能下，物流 3.0 平台以客户需求为中心，可对基于平台的物流产业链各环节进行独立且详尽的数据分析，不断对物流服务功能和品质进行提升。物流平台的信息中介与共享功能可同时为双边市场创造价值，更好地为促进实体经济发展创造必要基础条件，物流 3.0 平台模式是基于现代互联网信息技术的新商业模式，是为物流供需及其上下游参与者提供交互、连接与匹配等功能服务的媒介组织形式。物流3.0平台模式不仅可以合理配置物流资源，发挥不同主体优势特征，提升物流产业运作效率，加速经济发展，还可以带动相关产业联动发展，促进经济朝向高质量发展转型。

与其他物流模式不同，物流3.0平台模式还具备平台经济优势：第一，基于双边平台理论，物流平台具有连接和整合物流资源的能力，利用大数据准确连接消费者和此时闲散的物流资源，同时满足双边需求，尤其是消费者的个性化需求，对资源的调动能力更强，可为物流供需双方创造价值；第二，物流平台具有网络效应，包括直接网络效应和间接网络效应。在规模报酬理论中，随着物流平台的不断扩张，其服务内容与功能会不断增加，且服务成本会不断降低。同时物流平台将过去松散式联动转变为高效式联动，逐步使供应链呈现扁平化发展趋势，可提升物流服务质量和运行效率，真正意义上实现物流产业的降本增效；第三，数据是物流产业的全新生产要素，是物流企业的重要战略资产。大数据和云计算等技术有助于物流企业挖掘数据更深层次含义，并服务于整个物流产业链，成为物流企业的核心竞争力要素。此外，在新技术如区块链等技术赋能下，物流平台模式还将具有可追溯功能，可有效解决食品与药品产业的安全问题。

2. 物流3.0平台模式的发展演变

从物流产业的发展历程与演变路径来看，物流3.0平台模式经历了两次重要的产业升级。在物流1.0时期的传统物流模式中，物流企业只提供基本的物流服务。物流企业通过对物流市场的细分化，不断演变出多种物流运作形式，如第三方物流或第四方物流等。此时物流企业关注的是物流服务中的成本问题。物流2.0模式伴随着信息技术的发展逐渐演变，并以"智慧化"物流模式为典型代表。此阶段的物流模式是以信息管理技术升级为基础，其物流服务方式具有灵活性和适应性特征，物流企业的服务功能日益丰富，并与客户建立了一站式服务关系。物流2.0模式在物流运作各环节，如采购、仓储、运输及配送等环节均实现了信息化，整个物流供应链系统都实现了信息共享。同时，在GPS、传感器和RFID技术的支持下，物流2.0模式又具备可视化、自动化与智能化优势。物流3.0平台模式则是现代互联网信息技术发展的产物，在大数据、云计算、人工智能及物联网等技术赋能下，形成了新的物流资源配置方式和服务模式，该平台不仅加强了传统物流企业之间联系，打破跨领域物流服务壁垒，为物流模

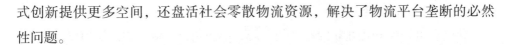

式创新提供更多空间，还盘活社会零散物流资源，解决了物流平台垄断的必然性问题。

（二）互联网技术赋能下的物流 3.0 平台模式创新

1. 互联网经济对物流平台模式发展要求的内在逻辑分析

互联网经济是利用现代互联网信息技术的一种新型经济模式，是助力供给侧结构性改革，拉动传统经济转型的重要形式。在互联网经济模式影响下，传统产业将不断与互联网深入融合，催生出新模式和新业态。对于物流产业而言，物流企业将进行以下调整：第一，以产品服务为中心转变为以消费者服务为中心。物流企业会关注物流选址和消费者购物体验，全面提升消费者的认同感与参与感；第二，以数字信息为核心驱动力，重塑物流产业链，打通线上和线下渠道，不断融入新技术，对整个产业链，包括设计、生产、采购等环节进行有效实时指导，全面实现数字化转型。

在创新升级路径方面，物流企业将从商品质量、用户体验质量及优化供应链等环节实现，进而形成具有平台特征的物流平台模式。具体而言：第一，在商品质量方面，物流企业可采用产地直采形式，保证商品质量。这需要物流企业具有全面的网络化布局，通过资源集聚和再分配方式，选择最优产品采购方案，保证产品质量；第二，重视逆向物流建设与物流售后服务，提升用户体验。当前，无论何种物流模式创新，都属于正向物流模式，即由商家配送到消费者手中。然而，随着线上消费的增加，线上退货情况也随之增加，即对逆向物流需求也在增加。但相比于正向物流而言，逆向物流更具有零碎性特征，物流企业难以形成规模经济。因此，物流企业要开展逆向物流服务，需要平台模式，即通过大数据和云计算的深入分析，合理对其进行分配，避免物流资源浪费，形成新物流模式循环；第三，重塑物流产业链，减少非必要中间环节，全面优化与降低物流成本。由于互联网经济具有碎片化和多样化特征，因此对物流服务的时效性要求较高。但传统物流模式成本居高不下的问题，已经成为制约物流企业发展的重要因素，因此难以满足互联网经济发展需求。对此，需要平台化发展，通过平台的资源中心化减少物流产业链中其他物流企业的非必要支持，将所有的中间环节由平台处理，合理分配物流资源，达到降低供应链物流成本目标。

2. 物流 3.0 平台模式创新

伴随着电子商务及互联网经济的发展，中国物流产业正进入快速发展阶段，物流服务及相关产品日益多样化，涌现出了许多具有创新特征的物流企业。

当前我国物流平台模式虽然百花齐放，但物流企业之间仍然各自为战，企业与企业之间的业务模式重叠较多，无形中造成了物流资源大量浪费。且同一类的物流平台模式只能从事其相关领域物流服务，不同类型的物流服务之间存在壁垒问题，很容易存在一家独大的垄断行为。因此，构造综合性物流平台模式，即物流 3.0 平台模式意义重大。一方面，它打破跨领域物流服务壁垒，为物流模式创新提供更多空间。另一方面，加强市场竞争，避免单一物流企业垄断某一领域，降低市场效率。物流 3.0 平台模式共有三个主体及一个数据交换窗口。其中，物流企业属于静态物流资源，是社会物流服务提供主体，而社会化物流资源属于动态物流资源，是在互联网技术赋能下利用社会闲散物流资源进行物流服务，二者可根据中心互联网物流平台的数据分析，进行合理资源配置或组合，保证物流高效运作。

（三）推动物流平台持续健康发展的建议

1. 宏观上加大政府政策支持力度，打造良好物流平台发展环境

（1）加强互联网信息与物流基础设施建设

在加强互联网信息与物流基础设施建设方面，政府应当积极推动物流网络枢纽的统一规划和布局，以实现全国物流网络的均衡发展。这包括规划建设高效的物流基础设施，如物流园区、交通枢纽、智能物流仓储设施等，以便更好地支持物流平台的发展和运营。同时，应当加强对物流网络的信息化建设，构建覆盖全国各地的物流信息网络，提高物流信息的采集、传输和处理效率。通过加强物流基础设施和信息网络的建设，可以为物流平台的发展提供良好的基础环境和支撑条件。

此外，政府还应当制定相关政策和措施，鼓励和引导地方政府部门积极参与物流基础设施建设，加大对中西部地区物流基础设施建设的支持力度，促进物流资源的均衡配置和利用。同时，应当加强对物流网络枢纽的管理和运营，提高其运营效率和服务水平，以满足不断增长的物流需求和市场需求。

（2）创新物流平台监管规则与模式

在创新物流平台监管规则与模式方面，政府应当加强对物流平台的监管和管理，推动物流市场机制体制的改革和完善。首先，应当深化"放管服"改革，简化物流企业的行政审批手续，降低企业的市场准入门槛，激发企业的创新活力和发展潜力。同时，应当建立透明、公开且高效的物流平台标准和规范，明确物流平台企业的责任与义务，保护消费者的合法权益，规范市场秩序，促进物流产业的健康发展。

其次，政府应当建立完善的物流平台监管机制，加强对物流平台的监测和预警，及时发现和解决物流市场中存在的问题和风险。同时，应当加强对物流平台的价格监管，完善价格形成机制，保证物流市场价格的合理性和稳定性，防止垄断和不正当竞争行为的发生。通过建立健全的监管机制，可以有效地规范物流平台的市场行为，保障市场秩序的良好运行。

最后，政府还应当鼓励行业组织和协会发挥监管和管理职能，加强对物流平台的自律管理和监督指导，引导企业遵守法律法规，规范经营行为，提高市场信誉度和竞争力。同时，应当建立健全的信用监管体系，加强对违规企业的处罚和惩罚，保障市场秩序的公平公正，促进物流产业的可持续发展和健康发展。

2.微观上加速物流企业数字化转型，实现平台转型升级

（1）推进物流企业数字化转型

在推进物流企业数字化转型方面，应该采取一系列策略来加速产业平台模式的转型升级。首先，物流企业需要意识到数字化转型是一项长期而复杂的过程，需要循序渐进地进行。一方面，物流企业应该提供一站式的数字化升级产品和服务，重点关注业务运营的数字化转型，从提升企业后端的信息化处理能力入手，全面提高物流企业的运营效率和市场竞争力。例如，通过采用先进的物流管理系统和人工智能技术，实现对物流运输、仓储和配送等环节的数字化管理和智能化操作，从而提升物流服务的质量和效率。

另一方面，物流企业应该秉持开放的理念，与其他企业合作，引入第三方资源，实现数据驱动，为客户经营和资源管理赋能，丰富企业的服务内容和拓展营收渠道。例如，与电商平台、供应链企业等合作，共同构建物流信息平台，实现物流数据的共享和交换，提高物流服务的整体水平和市场竞争力。同时，物流企业还可以利用大数据分析技术，对物流运输路线、货物配送等方面进行深入分析，为客户提供个性化的物流解决方案，提升客户满意度和忠诚度。

最后，物流企业需要完善数据搜集、分析和共享功能，强化企业的数字化运营能力，积累数据资产，为未来的转型和创新模式提供基础。通过建立健全的数据管理体系，加强数据安全和隐私保护，确保数据的准确性和完整性，为企业的发展提供可靠的数据支撑和决策依据。

（2）依据物流企业自身资源和能力选择合理的平台转型路径

在选择合理的平台转型路径方面，物流企业应根据自身资源和能力来确定最适合的转型策略。首先，对于一些具有较强物流资源和技术实力的大型物流企业来说，可以考虑以自身为核心企业创建自有平台模式。这种模式下，企业可以充分利用自身的物流资源和技术优势，打造独立运营的物流平台，掌握自主权利和更好的发展空间。其次，对于一些已有平台或链接大型物流产业链的企业来说，可以选择作为平台的重要环节，服务核心物流企业，通过高效协作和联合作业等方式获取收益。这种模式下，企业可以充分发挥自身的平台优势，服务于整个物流产业链，实现共赢和持续发展。最后，对于一些资源相对薄弱的物流企业来说，可以选择与第三方企业合作，共建物流平台体系。通过资源共享和互补的形式，实现共建物流平台生态体系，促进信息共享和协同发展，提高整个物流产业链的效率和竞争力。这种模式下，企业可以充分利用外部资源，弥补自身的不足，实现资源整合和优势互补，推动物流产业的转型升级和创新发展。

第七章　区块链技术与数字化货物跟踪

第一节　区块链技术的概念和原理

区块链技术是一种去中心化的分布式账本技术，其核心思想是将数据以区块的形式链接在一起，形成一个不可篡改的、去中心化的数据库。其工作原理主要包括以下几个方面。

一、去中心化

（一）区块链技术的去中心化网络结构

1. 传统集中式系统与区块链网络的对比

传统的集中式系统在数据存储和管理方面具有明显的中心化特征。数据存储和管理完全依赖于单一的中心机构或服务器，这种中心化结构带来了一系列问题，包括单点故障、数据篡改风险、信息不对称等。相比之下，区块链技术以其独特的去中心化网络结构，颠覆了传统模式，为数据管理带来了全新的范式。

2. 区块链的去中心化特性

（1）多节点共同维护

区块链网络中的数据存储和管理不再依赖于单一实体，而是由网络中的多个节点共同维护和管理。每个节点都拥有完整的数据副本，并通过协议约定的方式对数据进行验证、传输和存储，形成了一个去中心化的网络结构。

（2）去中心化自治

区块链网络中的节点之间是平等的，不存在统治关系。节点通过共识机制达成对网络状态的一致认同，任何节点都没有特权地位，所有的决策和操作都是基于网络的共识达成的。这种去中心化自治的特性确保了网络的公平性和透明度。

（二）去中心化的意义与优势

1.分散化管理的重要性

（1）系统稳定性的提升

在传统的集中式系统中，数据存储和管理由单一的中心机构控制，一旦该中心机构出现故障或者遭受攻击，整个系统将面临崩溃的风险。而去中心化的区块链网络中，数据存储和管理由多个节点共同承担，消除了单点故障的风险，大大提高了系统的稳定性和可靠性。

（2）数据管理的民主化

去中心化的数据管理方式使得网络中的每个节点都有权参与数据的管理和决策过程，实现了数据管理的民主化。节点之间通过共识机制达成一致，确保了数据的准确性和安全性，从而提高了网络的可信度和韧性。

2.降低单点攻击风险的重要性

（1）多节点共同防御

在传统的集中式系统中，一旦中心服务器被黑客攻击，整个系统将面临严重的安全威胁。而在去中心化的区块链网络中，攻击者需要同时攻击多个节点才能篡改数据，这大大降低了攻击的成功率。因此，去中心化的网络结构有效降低了单点攻击的风险，提高了网络的安全性。

（2）加密技术的支持

去中心化的区块链网络通过加密技术保障数据的安全性，在数据传输和存储过程中使用密码学方法对数据进行加密，防止数据被篡改或者窃取。这种加密技术的支持进一步提高了网络的安全性，保护了用户的隐私和资产安全。

3.提高网络的透明度和公平性

（1）平等的节点地位

去中心化的区块链网络确保了每个节点都具有平等的地位和权利，不存在特权节点，所有节点都有权参与数据的验证和交易的确认。这种平等的节点地位确保了网络的公平性和民主性，减少了数据管理过程中的不公平现象。

（2）交易的透明性

区块链网络中的交易记录是公开可查的，任何人都可以查询和验证交易的

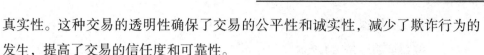

真实性。这种交易的透明性确保了交易的公平性和诚实性，减少了欺诈行为的发生，提高了交易的信任度和可靠性。

二、分布式账本

（一）分布式账本的基础原理

分布式账本是指将账本数据分散存储在网络中的多个节点上，每个节点都拥有完整的账本副本。区块链技术通过密码学方法和共识机制确保了分布式账本的安全性和一致性。

1. 密码学保障

（1）区块链中的哈希链接

区块链中的每个区块都包含了前一个区块的哈希值，形成了一个不可篡改的数据链。这种哈希链接的特性保证了数据的完整性和安全性。由于每个区块的哈希值都取决于其自身的数据以及前一个区块的哈希值，因此任何对数据的篡改都会导致后续所有区块的哈希值发生变化，从而被网络中的其他节点所拒绝。

（2）加密处理的交易数据

区块链中的交易数据经过加密处理，确保了数据的隐私和安全。交易数据经过加密算法处理后，只有拥有相应私钥的用户才能解密和操作数据，保障了交易的安全性和不可篡改性。这种密码学保障机制为区块链网络的安全性奠定了坚实的基础。

2. 共识机制确保一致性

（1）工作量证明（PoW）

工作量证明是区块链中最常见的共识机制之一，通过节点之间的竞争来解决新区块的产生权问题。节点需要通过解决一定难度的数学题来证明自己对网络的贡献，从而获得产生新区块的权利。其他节点验证这一证明的有效性，并同意接受新的区块记录。

（2）权益证明（PoS）

权益证明机制根据节点持有的加密货币数量来确定其对网络的贡献度，持有更多货币的节点获得生成新区块的机会更大。这种机制促进了节点的积极参与和共识达成，确保了网络的稳定性和安全性。

（3）权益证明股份（DPoS）

权益证明股份机制是权益证明的一种改进，通过代表性选举产生一定数量的"见证人"，这些见证人负责验证交易并生成新区块。DPoS 机制降低了网络的能耗成本，提高了交易处理速度，同时确保了网络的安全性和一致性。

（二）分布式账本的优势

1. 去中心化的特性

（1）提升系统安全性

传统的中心化账本易受攻击，因为攻击者只需攻击单一中心化存储即可瘫痪整个系统。相比之下，分布式账本的去中心化特性将数据存储在网络中的多个节点上，即使部分节点遭受攻击，整个系统依然可以正常运行，从而大大提高了系统的安全性。

（2）降低单点故障风险

分布式账本的去中心化特性降低了单点故障的风险。传统中心化系统一旦出现故障，整个系统将受到影响甚至瘫痪，而分布式账本的多节点架构使得即使某些节点出现故障，系统仍然可以继续运行，保障了系统的稳定性和可靠性。

2. 数据的安全性和可靠性

（1）密码学方法的应用

分布式账本通过密码学方法保障数据的安全性。每个区块都包含前一区块的哈希值，任何对数据的篡改都会影响到后续所有区块的哈希值，从而被网络中的其他节点所拒绝。这种加密保障机制确保了数据的完整性和安全性。

（2）共识机制的作用

共识机制确保了分布式账本中数据的一致性。节点通过共识机制达成对账本状态的一致认同，确保了数据的同步更新。即使部分节点出现故障或者被攻击，系统也可以通过共识机制保持一致，不会丢失数据或者遭受篡改。

3. 透明和不可篡改的特性

（1）公开可查的数据

分布式账本中的数据是公开可查的，任何人都可以查看账本上的交易记录，从而实现了数据的透明性。这种透明性有助于建立信任，提高了系统的可信度。

（2）数据的不可篡改性

一旦数据被记录到分布式账本上，就不可篡改。每个区块都包含了前一区块的哈希值，任何对数据的篡改都会被网络中的其他节点所拒绝。这种不可篡改的特性保证了数据的真实性和完整性。

三、区块链接

（一）区块链的概念与演进

1. 区块链技术的兴起

区块链技术的兴起标志着人类社会迈向数字化时代的重要一步。它不仅是一种新型的信息技术，更是一种新的组织形式和价值交换方式。区块链最初作为比特币的底层技术而被提出，但随着时间的推移，其应用领域逐渐扩展，从金融领域延伸到供应链管理、物联网、医疗健康、政府治理等多个领域。

2. 区块链的核心思想与特点

（1）去中心化

区块链的核心思想是去中心化，即不依赖于单一中心机构或服务器的数据存储和管理。相比传统的中心化系统，区块链技术将数据存储在网络中的多个节点上，每个节点都有完整的数据副本，从而实现了数据的分布式管理和共享。

（2）不可篡改

区块链中的数据以区块的形式存储，并通过密码学哈希函数链接在一起，形成一个不可篡改的数据链。每个区块包含了一定数量的交易信息以及上一个区块的哈希值，任何对数据的篡改都会影响到后续所有区块的哈希值，从而被网络中的其他节点所拒绝。

（3）共识机制

为了确保网络中所有节点对数据状态的一致认同，区块链引入了共识机制。常见的共识机制包括工作量证明（PoW）、权益证明（PoS）、权益证明股份（DPoS）等。通过共识机制，节点可以达成对账本状态的一致认同，保证了数据的一致性和可靠性。

3. 区块链中的核心概念——区块链接

（1）区块的生成与链接

区块链中的数据以区块的形式存储，每个区块包含了一定数量的交易信息以及一个指向前一个区块的哈希值。当新的交易发生时，这些交易被打包成一个新的区块，并通过哈希值链接到上一个区块，形成一个连续不断的数据链。

（2）区块链的作用与意义

区块链是保证数据不可篡改性的重要机制。由于每个区块的哈希值都包含了前一个区块的哈希值，任何对数据的篡改都会影响到后续所有区块的哈希值，从而被网络中的其他节点所拒绝。这保证了数据的完整性和安全性，确保了区块链中的数据是不可篡改的。

（二）区块链中的数据结构：区块

1. 区块的基本概念与组成

在区块链中，区块是数据存储和传输的基本单位。每个区块包含了一定数量的交易信息以及与前一个区块相关的元数据，其中最重要的元数据是指向前一个区块的哈希值。区块的组成通常包括以下几个要素。

（1）交易信息

区块链中的交易信息是指参与者之间的价值转移或数据交换。这些交易信息被打包成一个区块，并记录在区块链上，构成了数据的内容部分。每个区块可以包含一个或多个交易，具体数量取决于区块链的设计和协议规定。

（2）区块头

区块头是区块的元数据部分，包含了描述区块的重要信息，例如时间戳、随机数（Nonce）等。最重要的是，区块头中包含了指向前一个区块的哈希值，这个哈希值将前一个区块与当前区块链接起来，形成了连续的区块链。

（3）区块哈希

区块哈希是区块头通过哈希函数计算得到的一个固定长度的字符串。该哈希值是由区块头中的所有信息计算而来，任何对区块头的修改都会导致哈希值的变化。因此，区块哈希可以视为区块的唯一标识，保证了数据的完整性和不可篡改性。

2. 区块链中的区块链接机制

（1）哈希值链接

区块链中的每个区块都包含了前一个区块的哈希值，通过这种链接方式将所有区块连接成一个链式结构。当新的交易发生时，这些交易被打包成一个新的区块，并通过哈希值链接到上一个区块，形成一个连续不断的数据链。

（2）保证数据的时序性和连续性

由于区块链中的区块通过哈希值链接起来，因此数据的存储和传输具有了时序性和连续性。每个区块都包含了前一个区块的哈希值，任何对数据的篡改都会影响到后续所有区块的哈希值，从而被网络中的其他节点所拒绝。这保证了数据的完整性和安全性，确保了区块链中数据的顺序性和连续性。

（3）确保数据的不可篡改性

区块链中的区块链接机制确保了数据的不可篡改性。任何对区块的篡改都会导致哈希值的变化，从而被网络中的其他节点所拒绝。这保证了数据的完整性和安全性，确保了区块链中的数据是不可篡改的。

（三）哈希链接的作用与机制

1. 保证数据的不可篡改性

（1）区块链中的哈希值

区块链中的每个区块都包含了一个哈希值，这个哈希值是通过对该区块的数据进行哈希计算得到的。哈希值是一个固定长度的字符串，它对应着区块中的所有数据，包括交易信息、区块头等。因此，任何对区块中的数据进行修改的行为都会导致哈希值的变化。

（2）链式结构的作用

区块链中的区块通过哈希值链接在一起，形成了一个链式结构。重要的是，每个区块的哈希值都包含了前一个区块的哈希值。这种链式结构使得任何一个区块的数据发生变化都会导致其哈希值的变化，进而影响到后续所有区块的哈希值。因此，即使对区块链中的某个区块进行了篡改，其后续所有区块的哈希值也会发生变化，从而被网络中的其他节点所拒绝，确保了数据的不可篡改性。

2.哈希函数的特性

（1）单向性

哈希函数具有单向性，即无法从哈希值反推出原始数据。即使知道了哈希值，也无法确定原始数据的具体内容，因为哈希函数是不可逆的。这种特性保证了数据的安全性，防止了信息的泄露。

（2）唯一性

哈希函数保证了不同的数据输入会产生不同的哈希值，即使原始数据只有微小的改变，也会导致完全不同的哈希值。这种唯一性保证了哈希值的唯一性，可以作为数据的唯一标识符。

（3）抗碰撞性

哈希函数具有抗碰撞性，即难以找到两个不同的数据输入产生相同的哈希值。这意味着即使有人试图故意修改数据以产生相同的哈希值，也是非常困难的。这种特性保证了哈希值的安全性和可靠性，防止了数据的篡改和伪造。

第二节　区块链在货物跟踪中的应用

一、区块链技术在运输各环节中的应用

（一）区块链技术在发送作业中的应用

货物发送作业是货物运输的重要环节。目前，在发送作业中仍存在着货物装不上、装车效率低和货物配载不合理等问题。结合区块链技术，以共同竞争记账方式存储信息，可以实现自动分类货物，合理地进行车辆调度和货物安全配载，并且生成精细化的装车方案，大大提高货物装车的作业效率，缩短装车作业时间，保证装车质量。

在此作业环节，区块链技术主要应用于具有维护区块链的主节点，以及若干个节点的物流信息网络系统。在发送作业准备工作中，从寄件节点上传承运人、车辆、货物等信息到区块链主节点，针对货物生成货物信息，将货物进行自动分类，根据货物情况选择合适的车型与车辆尺寸，以及合适的装车方法，合理地进行车辆调度和配载，可以有效解决大量的车内容积或载重过剩的问题。

发送作业前根据货物分类情况和车辆配载情况，生成详细的货物装车方案，包括货物装车具体作业过程和方式方法、货物在车厢内的摆放位置示意图、货物的捆扎和紧固方案等，及时更新并自主决定运输路线和日程安排进行发送作业。从资金流方面来看，结合区块链建立信任机制，企业支付的运费可以直接转为物流代币发到承运人或者司机的账户，同时在装车过程中，如果货物发生损坏，应进行责任划分，相关责任方进行代币赔偿。运用区块链技术后的发送作业流程如图 7-1 所示。

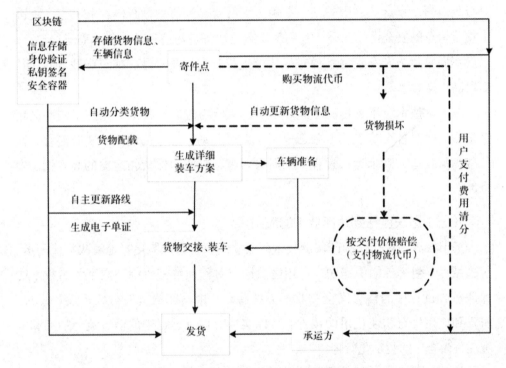

图 7-1　发送作业与区块链技术的结合

从整个物流发送作业的交易来看，运用区块链技术实际上提高了整个系统的效率，将信息流、物流、资金流更好地结合起来，保证了货物装车效率最大化，同时满足货物发送时限要求，并提升了车辆利用效率。借助区块链技术的信任创造功能和在支付交易系统中的高效率交易优势，可以有效地解决交易主体之间诚信机制的建立问题，并提高了物流发送作业的交易效率。

（二）区块链技术于在途运输中的应用

货物在途作业主要指货物在各中转物流节点分拣和运输作业，在途作业中往往存在中转仓库空间利用率不高、货物配送线路不合理、往返装载率不均衡等现象。在途作业应用区块链技术时，主要由托运方通过购买虚拟货币，创建、储存信息于单个区块中，并利用区块链技术自动规划路线、车辆配载。

承运人通过购买区块，获取密钥，按照规划安排完成节点配送，同时货物在该阶段的物流动态也将自动储存于区块中。相较于普通运输方式，应用区块链的最大优势在于线路规划和协作，从而实现共同配送；托运方和承运方基于区块链技术对货物随时追踪和监测，与同一线路中的不同配送节点进行联系，对货物单号、承运人、中转站、车辆、货物动态等信息进行储存和共享，提高了物流信息的安全性。此外，利用区块链技术将货物信息及货物动态进行储存，以供不同承运人及车辆终端通过区块链进行查询，及时做好配车配载准备，从而提高物流效率。

区块链技术应用到物流在途环节中，能使物流途中各个节点处于同一区块链条中，同时各个节点又单独形成了一个可互动、协作的终端，实时储存、监控货物从托运人到承运人过程中的所有步骤，以此确保货物运输的高效性、安全性。

（三）区块链在到达作业中的应用

基于物流到达作业和区块链技术而建立的收货系统能更好地解决物流配送、包裹结算、包裹传输等问题。利用区块链非对称加解密机制和数字签名技术能保证签收过程中的信息安全和收货方的隐私。根据区块链发行代币设计思想，研发和应用发行物流代币的技术，可以实现对物流过程中的信息流、物流和资金流三流合一的数字化管理。

收货时为了省去查验相关证件的时间，可在区块链技术中采用实名制方案，实现高安全级别的身份认证和访问控制，利用区块链分布式存储信息的不可篡改性，为数字身份认证的原始比对信息提供真实性保障。这样不仅可以让包裹信息更加明确，避免出现错送、误送等问题，也能够保证包裹内信息的安全性和可追溯性。运用区块链技术后，当包裹出现事故需要根据交易信息、包裹传输信息来追溯相关事故发生进行责任划分时，区块链存储的信息能及时地为交易双方提供查询。如遇到货到付款的情况，基于区块链发行代币的设计思想，可由交易双方事先在区块链系统中进行充值，托管于系统内，之后区块链系统可以将部分资金兑换成物流代币，并自动扣除相应代币以作为物流费用，大大提高了货物派送效率。

区块链技术与物流到达作业的结合，不仅可以提高信息存储和数据存储的安全性，还可以提高身份识别的准确性，运用物流代币能够减少物流收货的中间环节，避免信息丢失、损毁、丢包爆仓、错领误领等问题，进而更加科学高效地进行物流收货管理。

二、区块链与货物运输系统相结合的应用

（一）区块链技术在货物发送节点的应用

在现代物流体系中，货物的发送是整个供应链的第一步，也是非常关键的一环。通过将区块链技术与货物发送节点相结合，可以实现货物信息的实时追踪和安全可靠的数据记录。首先，区块链技术可以确保货物信息的不可篡改性和透明性，从发货人处生成的交易记录将被安全地存储在区块链网络中，确保其在整个运输过程中的完整性和可追溯性。

具体而言，当货物准备出发时，区块链技术可记录以下信息。

1.货物信息的区块链应用

货物信息的准确记录和实时更新是物流供应链管理中至关重要的一环。区块链技术为货物信息的管理提供了全新的解决方案，其去中心化、不可篡改的特性保证了货物信息的安全性和可信度。

在区块链技术的应用下，货物信息的详细记录包括以下几点。

（1）货物种类：涵盖了从原材料到成品的各种货物类型，如电子产品、食品、化工品等。

（2）数量和重量：确保对货物数量和重量的准确追踪，避免漏运或超载等问题。

（3）体积：记录货物的体积信息，为运输方案的制定提供参考依据。

（4）起始地点和目的地点：明确标注货物的发货地和收货地，便于后续的运输和配送计划。

区块链技术通过建立一个分布式的账本系统，确保货物信息在整个供应链中的透明度和一致性。每一次货物信息的更新都会被记录在区块链网络中，并

经过加密保护，确保只有授权人员才能进行访问和修改。这样的机制不仅提高了货物信息的安全性，也降低了信息错误或被篡改的风险，为供应链管理提供了更可靠的数据支持。

2. 交易合同的区块链应用

在物流供应链中，货物的发送通常需要与承运方签订交易合同，以明确双方的权利义务和交易条款。传统的合同签订和管理方式存在着信息不对称、合同风险等问题，而区块链技术的应用则可以有效解决这些问题，提高交易合同的安全性和可靠性。

区块链技术在交易合同管理方面的应用包括以下几点。

（1）合同智能化：利用智能合约技术，将交易合同编码为可执行的计算机程序，实现合同的自动化执行和监控。

（2）权益确认：通过区块链技术记录合同的签订和修改历史，确保交易双方权益的有效确认和保护。

（3）交付期限监控：利用区块链技术实时监控货物的运输状态和交付进度，自动触发合同中的交付期限条款。

区块链技术的应用使得交易合同管理变得更加高效和安全。智能合约的使用可减少合同执行的人为错误和延误，同时通过区块链网络的透明记录，保障了合同交易过程的公平性和合法性。

3. 安全认证的区块链应用

货物运输过程中的安全认证是保障货物安全和合法性的重要环节。传统的安全认证方式通常依赖于纸质文件和中心化管理，容易造成信息不对称和篡改风险。而区块链技术的应用则可以实现安全认证的数字化管理和去中心化监管，提高货物运输过程中的安全保障水平。

在区块链技术的支持下，安全认证的管理包括以下几点。

（1）合规证书记录：将货物的安全检验合格证书、运输许可证等相关文件数字化存储于区块链网络中，确保证书的真实性和可信度。

（2）安全检验追溯：利用区块链技术记录货物的安全检验历史和检验结果，实现对货物安全质量的追溯和监控。

（3）风险预警管理：基于区块链技术实时监测货物运输过程中的安全风险，

及时发出预警并采取相应的风险应对措施。

区块链技术的应用使得安全认证管理变得更加透明和可信。货物的安全信息在区块链网络中得到可靠记录，不仅提高了监管部门对货物运输安全的监控能力，也增强了消费者对货物安全的信任度。

（二）区块链技术在货物在途运输节点的应用

货物在途运输是整个物流过程中最容易出现问题的环节之一，如货物丢失、损坏或延误等。通过将区块链技术应用于货物在途运输节点，可以实现货物状态的实时监控和信息共享，以及运输过程中的风险管理和问题解决。

具体而言，区块链技术在货物在途运输节点可以实现以下功能。

1. 实时监控的区块链应用

在货物在途运输的过程中，实时监控是确保货物安全和运输效率的关键。区块链技术为实现货物状态的实时监控和追踪提供了可靠的解决方案。首先，区块链技术可以实现对运输车辆和载货状态的实时记录和更新。通过将运输车辆和货物装载状态等信息链接到区块链网络中，可以确保这些信息的安全性和不可篡改性。当货物运输过程中发生状态变化时，如货物装载、卸载、运输途中的位置更新等，这些变化将被记录在区块链上，并实时更新到网络中，供相关各方查阅和参考。其次，区块链技术的应用可以实现对货物状态的实时监控和追踪。通过智能合约等技术手段，可以设定监控节点，当货物状态发生异常或超出预设范围时，系统将自动发出警报并通知相关方，以便及时采取应对措施，确保货物的安全和运输效率。最后，区块链技术的实时监控功能不仅可以提高货物运输过程的安全性，还可以为运输方提供更加准确的数据支持，帮助其优化运输路线、提高运输效率，从而降低运输成本，提升服务质量。

2. 风险管理的区块链应用

在货物运输过程中，风险管理是保障货物安全和减少损失的关键环节。区块链技术为风险管理提供了全新的解决方案，通过实时记录和不可篡改的特性，有效降低了货物运输过程中的各种风险。首先，当货物发生丢失、损坏或延误等问题时，区块链技术可以记录相关信息，并自动触发预设的应对措施。例如，系统可以根据智能合约设定的条件，自动启动保险索赔流程，为受损方提供及时的赔偿和补救措施，从而降低风险和损失。其次，区块链技术的应用可以提高风险管理的效率和准确性。通过将风险事件和应对措施记录在区块链网络中，可以实现对风险事件的全面追踪和监控，及时发现并解决潜在风险，避免风险扩大化。最后，区块链技术的风险管理功能还可以为保险公司和监管部门提供更加准确和可靠的数据支持，帮助其更好地评估和管理货物运输过程中的各种风险，为货物运输提供更加安全和可靠的保障。

3. 信息共享的区块链应用

在货物运输过程中，信息共享是保障供应链协同和提高运输效率的重要环节。区块链技术为信息共享提供了安全、透明和高效的解决方案，有效提高了供应链合作效率和信息共享的质量。首先，通过将运输过程中产生的所有信息记录和共享到区块链网络中，可以实现信息的透明度和实时共享。当货物运输过程中产生相关信息时，如货物状态更新、运输车辆位置变化等，这些信息将被记录在区块链上，并实时更新到网络中，供相关各方查阅和参考，实现信息的全面共享和协同管理。其次，区块链技术的应用可以实现信息的安全共享和保护。由于区块链网络的去中心化和加密特性，确保了信息的安全性和不可篡改性，有效防止了信息泄露和篡改的风险，为信息共享提供了可靠的保障。最后，区块链技术的信息共享功能还可以为供应链管理提供更加准确和可靠的数据支持，帮助其优化供应链设计、提高供应链效率，从而降低运输成本，提升服务质量。

（三）区块链技术在货物到达作业节点的应用

货物到达作业节点是货物运输过程中的最后一环，也是货物最终交付的地点。通过将区块链技术应用于货物到达作业节点，可以实现货物交付的自动化和数字化管理，提高货物交付的效率和可靠性。

具体而言，区块链技术在货物到达作业节点可以实现以下功能。

1. 交付确认的区块链应用

在货物到达作业节点时，交付确认是确保货物交付和收货方确认的关键环节。区块链技术为交付确认提供了自动化和可靠的解决方案，保障货物的及时交付和确认。首先，当货物到达目的地时，相关信息将被记录在区块链网络中。这些信息包括货物到达时间、地点、交付状态等，确保信息的真实性和完整性。通过区块链的不可篡改性，可以保证货物交付信息的可信度，避免信息被篡改或丢失。其次，一旦货物到达目的地，区块链技术将自动触发交付确认流程。智能合约技术可以设定交付确认的条件和触发机制，例如货物到达指定位置、交付方签收确认等。一旦条件满足，智能合约将自动执行交付确认，确保货物交付的及时性和准确性。最后，通过区块链技术的交付确认功能，可以实现货物交付信息的实时共享和透明化。相关各方可以随时查阅区块链上的交付确认记录，了解货物交付情况，提高信息透明度和合作效率，减少交付纠纷和误解。

2. 支付结算的区块链应用

货物到达作业节点后，支付结算是确保货款及时支付和结算的关键环节。区块链技术为支付结算提供了安全、高效和可追溯的解决方案，促进了货款的及时结算和流动。首先，根据货物到达的实际情况，区块链技术可以自动计算运输费用。通过智能合约技术，可以设定运输费用的计算规则和支付条件，例如按照货物数量、重量、距离等因素进行计费。一旦确认货物到达，智能合约将自动执行运输费用的计算，确保费用的准确性和公正性。其次，区块链技术可以启动支付结算流程。一旦运输费用计算完成，智能合约将自动触发支付结算流程，将货款从付款方账户转移到收款方账户。由于区块链技术的去中心化和不可篡改性，可以确保支付过程的安全性和可靠性，避免支付纠纷和风险。最后，支付结算信息将被记录在区块链网络中，实现支付信息的实时共享和透明化。相关各方可以随时查阅区块链上的支付结算记录，了解支付情况，提高信息透明度和信任度，促进交易的顺利进行和合作的持续发展。

3. 评价反馈的区块链应用

货物到达作业节点后，评价反馈是收货方对服务质量和货物状态的评价和反馈。区块链技术为评价反馈提供了安全、透明和可信的平台，促进了服务质量的持续改进和客户满意度的提升。首先，货物到达作业节点的相关信息将被记录和共享到区块链网络中。这些信息包括货物到达时间、地点、交付状态等，以及收货方对货物的评价和反馈。通过区块链技术，可以确保评价反馈信息的真实性和完整性，避免信息造假或被篡改。其次，评价反馈信息将被记录在区块链网络中，并实时更新。相关各方可以随时查阅区块链上的评价反馈记录，了解客户对服务质量和货物状态的评价，及时发现问题并采取改进措施，提高服务质量和客户满意度。最后，通过区块链技术的评价反馈功能，可以实现客户和服务提供方之间的信任建立和互动。客户的评价反馈将被记录在区块链上，为服务提供方提供改进方向和参考，促进双方的合作关系更加紧密和稳固。

三、区块链技术在货物跟踪和供应链管理中的应用

区块链技术在货物跟踪和供应链管理中的应用案例包括以下几点。

（一）食品安全追溯

1. 生产环节的数据记录

（1）生产时间的数据记录

在食品生产环节，生产时间的记录是确保食品新鲜度和时效性的重要步骤。通过区块链技术，生产时间可以被准确记录，并保证数据的安全和不可篡改性。这项记录包括以下几点。

①精确的时间戳记录：记录食品生产的具体时间，包括年、月、日、时、分、秒等信息，确保时间的准确性。

②生产时段分析：将生产时间分段，分析在不同时间段内的生产效率和质量，为生产过程的优化提供参考依据。

③时效性管理：根据食品的特性和要求，设定生产时间的有效期限，以确保食品的新鲜度和品质。

（2）生产地点的数据记录

食品的生产地点记录是为了提供食品溯源的地理信息，并确保食品的生产地点符合相关标准和规定。这项记录包括以下几点。

①生产地点详细信息：记录食品的生产地点，包括农场、加工厂等，以及具体的地理坐标信息，为食品的溯源提供准确的地理信息。

②生产地点认证：对生产地点进行认证和审核，确保生产环境符合食品生产的卫生、安全和环境标准。

③生产地点监控：通过传感器等技术手段监控生产环境和生产过程，确保生产地点的安全性和合规性。

（3）生产工艺的数据记录

生产工艺的记录是为了提供食品生产过程的详细信息，包括原料采集、加工过程等，为后续环节提供依据。这项记录包括：

①生产工艺流程：记录食品的生产工艺流程，包括原料的采集、加工方法、温度控制等，确保食品生产过程的规范性和质量稳定性。

②生产参数监测：监测生产过程中的关键参数，如温度、湿度、压力等，确保生产过程的稳定性和一致性。

③质量控制记录：记录生产过程中的质量控制信息，如检验、抽样等，确保食品质量符合相关标准和规定。

（4）生产批次的数据记录

生产批次的记录是为了对食品进行区分和追溯，确保食品生产过程的可追溯性和质量稳定性。这项记录包括以下几点。

①批次标识符：为每批次食品分配唯一的标识符，包括批次号、序列号等，确保每批食品的唯一性和可追溯性。

②批次管理系统：建立批次管理系统，对每批食品的生产过程进行记录和管理，包括生产时间、生产地点、生产工艺等信息。

③批次追溯体系：建立批次追溯体系，通过区块链技术记录每批食品的生产过程和流通轨迹，确保食品的可溯源和质量安全。

2.运输环节的数据记录

（1）运输路径的数据记录

在食品运输环节，记录食品的运输路径是为了提供食品运输过程的地理信息，以确保食品的安全和合规性。这项记录包括以下几点。

①起始地点记录：记录食品运输的起始地点，包括生产地点或发货地点，为运输轨迹的起点提供地理信息。

②途经地点记录：记录食品运输途中的经过地点，包括中转站、检查点等，提供运输过程中的中间轨迹信息。

③目的地点记录：记录食品运输的目的地点，包括配送地点或收货地点，为运输轨迹的终点提供地理信息。

（2）运输车辆的数据记录

记录运输食品的车辆信息是为了确保食品运输的安全性和合规性，以及提供车辆追踪和监控功能。这项记录包括以下几点。

①车辆类型记录：记录运输食品的车辆类型，包括货车、冷藏车等，确保选用合适的车辆类型进行食品运输。

②车牌号记录：记录运输食品的车辆牌照号码，为车辆的追踪和识别提供依据。

③车辆检查记录：记录对运输车辆的检查情况，包括车辆的外观、设备、卫生状况等，确保运输车辆符合食品运输的安全标准和规定。

这些数据同样通过区块链技术记录在分布式账本上，并经过加密保护，确保数据的安全性和不可篡改性。运输车辆的数据记录为食品运输的安全和合规性提供了可靠的信息支持。

（3）运输温度的数据记录

记录食品在运输过程中的温度变化是为了确保食品的质量和安全，这在冷链运输中尤为重要。这项记录包括以下几点。

①温度监测记录：记录运输过程中食品的温度变化情况，包括起始温度、途中温度变化、目的地温度等，确保食品在适宜的温度条件下运输。

②异常温度报警：设定温度异常范围并监测运输过程中的温度变化，一旦出现异常情况及时报警，确保对异常情况的及时处理和调整。

3.销售环节的数据记录

（1）销售时间的数据记录

在食品销售环节，记录销售时间是为了提供食品销售情况的时间线索，以及为后续的销售分析和追溯提供数据支持。这项记录包括以下几点。

①具体时间记录：记录食品销售的具体时间，包括年、月、日、时、分、秒等信息，确保销售时间的准确性。

②销售时段分析：将销售时间分段，分析不同时间段内的销售情况和销售趋势，为销售策略的调整提供依据。

③季节性销售分析：分析销售时间与季节、节假日等因素的关系，探索季节性销售规律，为销售活动的安排提供参考。

（2）销售地点的数据记录

记录食品销售的地点是为了提供食品销售轨迹的地理信息，以及为后续的销售追溯和地理分析提供数据支持。这项记录包括以下几点。

①销售地点详细信息：记录食品销售的具体地点，包括超市、餐馆、食品店等，为销售轨迹的起点和终点提供地理信息。

②销售地点类型分类：对销售地点进行分类，如零售点、批发市场等，分

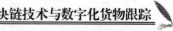

析不同类型销售地点的销售情况和特点。

③销售地点分布分析：分析销售地点的地理分布情况，探索销售热点区域和销售盲区，为销售布局和策略的优化提供依据。

（3）交易金额的数据记录

记录食品的销售价格和交易金额是为了确保销售过程的透明和公正，以及提供销售收入的准确记录。这项记录包括以下几点。

①销售价格记录：记录食品的销售价格，包括单品价格和总销售金额，确保销售过程的透明和公正。

②支付方式记录：记录食品销售的支付方式，如现金、银行卡、电子支付等，为销售交易的资金流向提供追溯依据。

③交易明细记录：记录每笔销售交易的详细信息，包括销售商品、销售数量、单价等，确保销售数据的准确性和完整性。

（二）药品溯源

1. 生产环节的数据记录

（1）生产时间的数据记录

在药品生产环节，记录药品的生产时间是为了确保药品的生产周期和时效性，并为后续的生产追溯提供时间线索。这项记录包括以下几点。

①具体时间记录：记录药品生产的具体时间，包括年、月、日、时、分、秒等信息，确保生产时间的准确性。

②生产周期分析：将药品生产时间分为不同阶段，包括原料准备、生产加工、质量检验等，为生产过程的管理和优化提供依据。

③时效性管理：根据药品的特性和要求，设定生产时间的有效期限，以确保药品的时效性和品质稳定性。

这些数据通过区块链技术记录在分布式账本上，并经过加密保护，确保数据的安全性和不可篡改性。生产时间的数据记录为药品生产过程的追溯和管理提供了可靠的时间信息。

（2）生产地点的数据记录

记录药品的生产地点是为了提供药品生产的地理信息，并为药品溯源和质量控制提供依据。这项记录包括以下几点。

①生产地点详细信息：记录药品的生产地点，包括药品生产厂家、工厂等，提供生产地点的详细地理信息。

②生产地点认证：对生产地点进行认证和审核，确保生产环境符合药品生产的卫生、安全和质量标准。

③生产地点监控：通过传感器等技术手段监控生产环境和生产过程，确保生产地点的安全性和合规性。

这些数据同样通过区块链技术记录在分布式账本上，并经过加密保护，确保数据的安全性和不可篡改性。生产地点的数据记录为药品生产过程的追溯和质量管理提供了可靠的地理信息支持。

（3）生产工艺的数据记录

生产工艺的记录是为了提供药品生产过程的详细信息，包括原料采集、制药过程等，为药品质量控制和生产优化提供依据。这项记录包括以下几点。

①生产工艺流程记录：记录药品的生产工艺流程，包括原料的采集、制药方法、温度控制等，确保药品生产过程的规范性和质量稳定性。

②生产参数监测：监测生产过程中的关键参数，如温度、湿度、压力等，确保生产过程的稳定性和一致性。

③质量控制记录：记录生产过程中的质量控制信息，如检验、抽样等，确保药品质量符合相关标准和规定。

2.流通环节的数据记录

（1）流通路径的数据记录

在药品流通环节，记录药品的流通路径是为了提供药品流通过程的地理信息，以及为药品溯源和质量控制提供数据支持。这项记录包括以下几点。

①流通路径详细信息：记录药品的流通路径，包括从生产厂家到批发商、零售商等的具体路线，提供药品流通轨迹的地理信息。

②流通中转站记录：记录药品流通过程中的中转站信息，包括物流中心、仓库等，提供流通路径的中间节点信息。

③流通终点记录：记录药品流通的最终目的地，即最终销售或使用的地点，为药品流通路径的终点提供地理信息。

（2）流通企业的数据记录

记录参与药品流通的企业信息是为了确保药品流通的合规性和透明性，以及提供企业追踪和监管功能。这项记录包括以下几点。

①企业名称记录：记录参与药品流通的企业名称，包括生产厂家、批发商、零售商等，确保流通企业的可识别性。

②企业注册信息：记录企业的注册信息，包括注册地址、注册资本、经营范围等，为企业的合法性和资质验证提供依据。

③企业资质认证：对流通企业进行资质认证和审核，确保企业具备合法的经营资质和质量管理能力。

（3）流通数量的数据记录

记录药品的流通数量是为了追踪药品的流通过程，并为药品追溯提供依据。这项记录包括以下几点。

①药品批次记录：记录药品的流通批次信息，包括批次号、生产日期、有效期等，确保对药品流通过程的批次管理和追踪。

②流通数量统计：统计药品的流通数量，包括进货数量、销售数量等，为药品流通过程的监管和管理提供数据支持。

③异常数量报警：监测药品流通过程中的异常数量情况，如损耗、滞销等，及时报警并进行处理，确保药品流通的畅通和稳定。

3. 销售环节的数据记录

（1）销售时间的数据记录

在药品销售环节，记录药品销售的时间是为了提供药品销售情况的时间线索，以及为后续的销售追溯和分析提供数据支持。这项记录包括以下几点。

①具体时间记录：记录药品销售的具体时间，包括年、月、日、时、分、秒等信息，确保销售时间的准确性。

②销售时段分析：将销售时间分段，分析不同时间段内的销售情况和销售趋势，为销售策略的调整提供依据。

③季节性销售分析：分析销售时间与季节、节假日等因素的关系，探索季节性销售规律，为销售活动的安排提供参考。

（2）销售地点的数据记录

记录药品销售的地点是为了提供药品销售轨迹的地理信息，以及为药品销售追溯和地理分析提供数据支持。这项记录包括以下几点。

①销售地点详细信息：记录药品销售的具体地点，包括药店、医院等，提

供销售轨迹的地理信息。

②销售地点类型分类：对销售地点进行分类，如零售点、医疗机构等，分析不同类型销售地点的销售情况和特点。

③销售地点分布分析：分析销售地点的地理分布情况，探索销售热点区域和销售盲区，为销售布局和策略的优化提供依据。

（3）交易金额的数据记录

记录药品的销售价格和交易金额是为了确保销售过程的透明和公正，以及提供销售收入的准确记录。这项记录包括以下几点。

①销售价格记录：记录药品的销售价格，包括单品价格和总销售金额，确保销售过程的透明和公正。

②支付方式记录：记录药品销售的支付方式，如现金、银行卡、电子支付等，为销售交易的资金流向提供追溯依据。

③交易明细记录：记录每笔销售交易的详细信息，包括销售商品、销售数量、单价等，确保销售数据的准确性和完整性。

第三节　区块链技术的优势和挑战

一、区块链技术相对于传统货物跟踪技术的优势和不足

（一）优势

1.去中心化

传统的货物跟踪系统往往依赖于单一的中心机构或服务器来存储和管理数据。这种中心化的架构存在诸多弊端，其中包括单点故障和数据篡改的风险。一旦中心机构发生故障或受到攻击，整个系统都会陷入瘫痪状态，导致数据丢失或被篡改，进而影响货物跟踪的准确性和可靠性。然而，区块链技术的出现改变了这一局面。区块链将货物信息存储在网络中的多个节点上，每个节点都具有完整的数据副本。这种去中心化的架构极大地提高了系统的稳定性和可靠性，具体表现在以下几个方面。

（1）免疫单点故障

区块链技术消除了传统中心化系统的单点故障风险。由于货物信息分布在网络中的多个节点上，即使某个节点发生故障，其他节点仍然可以继续运行并提供服务，系统不会因为某个节点的失效而完全瘫痪。

（2）数据的高可用性

区块链网络中的每个节点都具有完整的数据副本，这意味着即使部分节点失效，数据仍然可以通过其他节点进行访问和查询。这种高可用性保证了货物跟踪系统始终能够提供及时、可靠的数据服务，即使在网络出现异常的情况下也能够正常运行。

（3）防止数据篡改

区块链技术通过密码学哈希函数和共识机制来确保数据的安全性和完整性。每个区块都包含了前一个区块的哈希值，任何对数据的篡改都会导致哈希值的变化，从而被网络中的其他节点所拒绝。这种机制有效防止了数据被篡改或伪造，保障了货物跟踪信息的准确性和可信度。

2. 不可篡改

在区块链技术中，不可篡改性是其最重要的特征之一，也是其在货物跟踪系统中的关键优势之一。这一特性使得区块链成为一种理想的解决方案，能够有效地防止数据的篡改和操控，保障货物运输过程的安全性和可信度。

不可篡改性是通过区块链中的哈希链和共识机制来实现的。在区块链中，每个区块包含了一定数量的货物跟踪信息，以及前一个区块的哈希值。区块链中的哈希链是通过密码学哈希函数将每个区块的数据连接在一起的，这意味着每个区块的哈希值都包含了前一个区块的哈希值。因此，任何对数据的篡改都会导致该区块的哈希值发生变化，进而影响到后续所有区块的哈希值。这种链接结构使得数据的篡改变得极为困难，因为篡改一个区块的数据将会导致整个链的数据不一致，从而被网络中的其他节点所拒绝。

举例来说，假设有一个货物跟踪系统使用区块链技术进行数据存储和管理。每个区块代表着一次货物的运输过程，包含了货物的起始地点、目的地点、运输时间、运输车辆等信息。当货物运输时，相关信息被记录在一个新的区块中，并通过哈希函数链接到前一个区块上。如果有人试图篡改某个区块的信息，比如修改货物的目的地点或运输时间，那么这个区块的哈希值将会发生变化。而由于区块链中的每个区块都包含了前一个区块的哈希值，这一变化将会扩散到整个链中，导致后续所有区块的哈希值发生变化。因此，其他节点会拒绝接受被篡改的区块，从而保护了数据的完整性和安全性。

不可篡改性的实现还依赖于区块链网络中的共识机制。共识机制确保了所有节点对数据的一致认同，任何篡改行为都会被网络中的多数节点所拒绝。例如，在区块链网络中常用的共识机制之一是工作量证明（Proof of Work），它要求节点通过解决复杂的数学难题来验证交易的有效性，从而保证了数据的一致性和不可篡改性。

3. 透明可追溯

透明可追溯是区块链技术在货物跟踪系统中的重要优势之一，它为货物的运输过程提供了全程可见和可追溯的特性，从而提高了管理效率和信息可信度。

在传统的货物跟踪系统中，由于信息的不对称性和数据的封闭性，往往导致了货物信息的不透明和无法追溯。例如，在供应链管理中，货物的来源、生产过程、运输路线等信息常常难以获取，造成了信息不对称和信任缺失的问题。而区块链技术的出现改变了这一局面，通过其去中心化、不可篡改的特性，实现了货物跟踪信息的全程透明和可追溯。

首先，区块链技术通过分布式账本的方式将货物跟踪信息存储在网络中的多个节点上。每个节点都有完整的数据副本，并通过共识机制保证了数据的一致性和安全性。这意味着任何参与者都可以查看和验证货物的信息，而且所有的数据都是公开可查的，不存在信息的隐藏和不对称问题。举例来说，在供应链管理中，通过区块链技术可以实现对原材料采购、生产制造、运输配送等环节的全程追溯。每一笔交易都会被记录在区块链上，并与前后的交易信息进行链接，形成一个不可篡改的数据链。这样，从货物的原始生产到最终的消费，整个供应链过程都可以被透明地追溯和记录，有助于参与各方发现和解决潜在的问题，提高了供应链的可信度和效率。其次，区块链技术还可以通过智能合约等功能实现货物跟踪过程的自动化和智能化。智能合约是一种基于区块链的编程代码，可以在特定条件下自动执行预先设定的操作。通过智能合约，可以实现货物的自动追踪和监控，一旦发现异常情况，智能合约就会触发相应的处理流程，提高了货物跟踪的效率和准确性。

4. 高安全性

在传统的货物跟踪系统中，数据的安全性常常受到威胁，例如数据泄露、篡改或被恶意攻击等问题。而区块链技术通过其独特的安全机制，在一定程度上解决了这些问题。首先，区块链中的数据以加密的形式存储，每个区块都经过哈希计算并链接在一起，形成一个不可篡改的数据链。这意味着一旦数据被记录到区块链上，就无法被修改或删除，从而保证了数据的完整性和不可篡改性。举例来说，在供应链管理中通过区块链技术记录货物的运输信息，每个运输信息都会被记录到区块链上，并通过哈希链接形成一个链条。这样，即使有人试图篡改某个区块中的数据，由于每个区块的哈希值都包含了前一个区块的哈希值，篡改后的数据会导致后续所有区块的哈希值发生变化，从而被网络中的其他节点所拒绝，确保了数据的安全性和完整性。其次，区块链技术还通过权限控制实现了对数据的严格管理。在区块链网络中，只有具有相应权限的节点才能访问和修改数据，其他节点无法进行任何操作。这种权限控制机制有效地防止了未经授权的访问和恶意篡改，保障了数据的安全性。此外，区块链技术还通过共识机制确保了网络中所有节点对数据的一致认同。在区块链网络中，所有节点都需要达成共识才能对数据进行修改，这种分布式的共识机制有效防止了单点故障和数据伪造，提高了货物跟踪系统的安全性和可靠性。

（二）不足

1. 应用成本较高

（1）基础设施建设费用

建立区块链基础设施需要投入大量资源，包括硬件设备、软件平台、网络连接等方面的费用。

第一，建立区块链网络需要购买和配置相应的硬件设备。区块链网络的节点是系统的核心组成部分，每个节点都需要拥有足够的计算能力和存储空间来处理和存储数据。因此，需要购买一定数量的服务器、计算机等硬件设备，并进行相应的配置和安装工作。这些硬件设备的价格较高，加之区块链系统的分布式特性，需要配置多个节点以确保系统的稳定性和可靠性，进一步增加了基础设施建设的费用。举例来说，在建立供应链管理系统时，需要配置多个供应链节点来记录和管理货物的运输信息。每个节点需要具备足够的计算能力和存储空间，以处理和存储大量的货物跟踪数据。此外，为了确保系统的高可用性，通常还需要建立备份节点和灾备系统，以应对意外情况发生时的数据恢复和系统迁移。

第二，建立区块链基础设施还需要投入人力资源和技术支持。区块链技术的应用涉及多个领域，包括网络安全、加密算法、分布式系统等，需要具备相应的技术人员来进行系统的设计、开发和维护工作。此外，还需要进行相关人员的培训和技术支持，以确保系统的正常运行和维护。

第三，建立区块链基础设施还需要考虑软件平台和网络连接方面的费用。区块链系统通常需要采用特定的软件平台来支持其运行，这些软件平台可能需要购买或者订阅，需要支付一定的费用。同时，区块链网络的连接也需要投入一定的费用，包括网络带宽、数据传输费用等方面的支出。特别是在建立跨地域或者跨国的区块链网络时，网络连接费用可能会较高。

（2）网络维护费用

在区块链网络中，维护网络的正常运行需要一支专业的技术团队。这个团队需要具备丰富的区块链技术知识和经验，包括网络架构设计、节点管理、安全加密、共识算法、智能合约等方面的专业技能。他们负责监控网络的运行状态、处理异常情况、更新软件版本、优化网络性能等工作，以确保区块链网络的稳定运行。举例来说，在供应链管理系统中，维护区块链网络需要一支专门的技术团队。他们负责监控货物跟踪信息的录入和验证、处理节点之间的数据同步问题、解决网络拥堵和延迟等技术难题。同时，他们还需要及时更新系统的软件版本，修复漏洞和安全问题，确保系统的安全性和可靠性。

除了人力成本，网络维护还需要考虑硬件设备和软件平台的费用。区块链网络的运行需要一定数量的服务器、计算机和存储设备来支持，这些硬件设备的购买、配置和维护都需要一定的费用。同时，区块链系统通常需要采用特定的软件平台来支持其运行，这些软件平台可能需要购买或者订阅，也需要支付一定的费用。此外，网络维护还需要考虑数据传输和网络连接方面的费用。区块链网络需要稳定的网络连接来支持数据传输和节点之间的通信，这可能涉及网络带宽、数据传输费用等方面的支出。特别是对于跨地域或者跨国家的区块链网络而言，网络连接费用可能会较高，需要进行合理的预算和规划。

（3）人员培训费用

由于区块链技术的复杂性和新颖性，企业需要投入大量资源对员工进行培训，以提升其技能水平和专业知识，从而确保他们能够有效地理解、应用和维护区块链系统。首先，区块链技术本身具有一定的复杂性，涉及密码学、分布式系统、共识机制、智能合约等多个方面的知识。因此，企业需要对员工进行全面地培训，使其了解区块链的基本概念、原理和工作机制。培训内容包括区块链的基本概念、工作原理、常用算法、智能合约的编写和执行等方面，以及相关的技术工具和平台的使用方法。其次，区块链技术的应用场景和行业特点不同，对员工的技能需求也各有不同。例如，在金融行业中，员工可能需要了解区块链在支付结算、数字资产管理等方面的应用；在供应链管理领域，员工可能需要学习区块链在物流跟踪、供应链透明度提升等方面的应用。因此，企业需要根据自身业务需求，设计定制化的培训计划，确保员工能够掌握与企业业务相关的区块链技能。此外，区块链技术的发展日新月异，需要员工不断学习和更新知识。因此，企业还需要投入一定资源进行持续的培训和教育，使员工保持与时俱进的技能水平，能够应对新的技术挑战和变化。

为了有效地管理人员培训成本，企业可以采取一些措施。例如，建立内部培训机制，培养内部专家团队，通过内部分享和交流来降低外部培训成本；利用在线培训资源和开放式课程平台，提供灵活的学习机会，降低培训成本和时间成本等。

2. 技术门槛较高

（1）专业知识需求

区块链技术涉及密码学、分布式系统、智能合约等多个领域的知识，对于普通企业而言，要想真正理解和应用这些知识，需要投入较长时间进行学习和掌握。例如，理解区块链的工作原理需要对哈希函数、共识机制、分布式账本等概念有深入的了解；而开发智能合约则需要掌握 Solidity、Vyper 等智能合约编程语言。这些专业知识的掌握对于企业内部技术团队来说是一项挑战，需要不断学习和积累。

（2）开发和维护难度

区块链应用的开发和维护相对复杂，需要高水平的技术团队进行支持。首先，在区块链系统的架构设计和开发过程中，需要考虑诸如共识算法的选择、智能合约的编写、数据存储和访问等方面的技术难题。这些技术难题需要具备深厚的技术功底和经验才能有效解决。其次，在区块链系统上线后，需要对其进行持续的监控、维护和更新，以确保系统的稳定性和安全性。这涉及对系统性能的优化、安全漏洞的修复以及新功能的添加等工作，需要投入大量的人力和物力资源。

3.解决扩展性和性能问题

（1）交易速度较慢

区块链网络在处理大量交易时，每个区块的确认时间可能较长，从而导致交易速度较慢。这主要是因为区块链采用的共识机制（如工作量证明）需要节点竞争来验证交易并生成新的区块，这个过程可能需要一定的时间。例如，比特币网络每个区块的确认时间约为10分钟，而以太坊网络的确认时间约为15秒至数分钟不等。对于货物跟踪系统而言，需要处理大量的实时数据和交易信息，交易速度较慢可能影响到货物信息的及时更新和跟踪。

（2）吞吐量较低

区块链网络的吞吐量有限，即每秒钟能够处理的交易数量有限。这对于一些大型的货物跟踪系统来说可能会成为性能瓶颈。由于区块链的设计特性，每个区块的大小和存储容量是有限的，而且需要满足网络中所有节点的同步和验证，这限制了网络的吞吐量。例如，比特币网络每秒处理的交易数量约为7笔，而以太坊网络的处理能力也受到区块大小和Gas限制的制约。对于货物跟踪系统来说，如果需要处理大量的货物信息和交易数据，可能会超出区块链网络的处理能力范围，导致系统性能下降或交易堵塞。

二、区块链技术在商业生态中的发展前景和挑战

区块链技术在商业生态中的发展前景广阔，可以为供应链管理、物流跟踪、食品安全等领域带来革命性的变革。然而，区块链技术的应用还面临诸多挑战，如技术标准、法律法规、隐私保护等方面的问题，需要政府、企业和技术社区共同努力解决。

（一）区块链技术的发展前景

1.革命性变革供应链管理

第一，区块链的透明度和可追溯性为供应链管理带来了巨大的改变。传统的供应链管理往往存在信息不对称的问题，各个环节之间的数据交换不够透明，导致信息不完整、不准确，难以及时发现和解决问题。而区块链技术通过分布式账本的特性，将供应链中的所有数据都记录在不可篡改的区块中，实现了数据的全程透明和可追溯，任何参与者都可以查看和验证数据，确保了信息的准确性和可信度。

第二，区块链技术在供应链管理中的智能合约应用也是一项重要的创新。智能合约是一种基于区块链的自动化合约，它可以在满足特定条件时自动执行，并在区块链上不可更改地记录交易。在供应链管理中，智能合约可以代替传统的人工合同，实现自动化的交易执行和结算，大大简化了供应链中的各种业务流程。例如，当某一批货物到达目的地时，智能合约可以自动释放付款，无需人工干预，从而降低了交易成本，提高了交易效率。

第三，区块链技术还可以帮助解决供应链管理中的信任问题。由于区块链的去中心化特性，所有参与者共同维护和管理数据，不存在单一的权威机构，因此供应链管理中的信任问题得到了有效解决。通过区块链技术，供应链上的每个参与者都可以实时查看和验证数据，不再依赖于第三方的信任，降低了被欺诈和失误的风险，提高了供应链的整体安全性和可靠性。

2.食品安全保障

第一，区块链技术可以确保食品从生产到销售的全程可追溯性。在传统的食品供应链中，食品的来源和生产过程往往存在信息不透明的问题，消费者无法得知食品的具体生产地点、原料来源和加工过程。而通过区块链技术，每一道工序和环节的数据都被记录在区块链上，消费者可以通过扫描产品上的二维码或者查询相关平台，获取到完整的生产信息，了解食品的全过程，包括原料采购、生产加工、运输流向等，从而确保食品的来源和质量。

第二，区块链技术还可以防止食品伪造和虚假宣传，提高食品行业的信任度和竞争力。在传统的食品市场中，由于信息不对称和监管不足，食品伪造和虚假宣传的现象时有发生，消费者很难辨别真伪。而区块链技术的去中心化特性和不可篡改性保障了数据的真实性和可信度，任何对数据的篡改都会被其他节点所拒绝，从而有效防止了食品信息的造假和欺诈行为。消费者可以通过区块链平台查询到食品信息，从而提高了对食品的信任度，促进了食品市场的健康发展。举例来说，一些食品企业已经开始使用区块链技术来实现食品溯源和信息透明。例如，某些水果企业利用区块链技术记录水果的种植、采摘、包装和运输等全过程信息，并将这些信息上传到区块链平台，供消费者查询。消费者可以通过扫描水果上的二维码或者输入相关信息，查询到水果的产地、采摘时间、运输路径等详细信息，确保了水果的新鲜和安全。

3.金融服务创新

第一，智能合约是区块链技术的核心应用之一，在金融服务中具有重要意义。智能合约是一种基于区块链的自动化合约，可以在没有第三方干预的情况下执行和执行合同条款。这种自动化的合约执行方式可以降低交易的成本和风险，提高交易的透明度和效率。例如，智能合约可以用于自动化执行借贷合同、保险索赔、期权交易等金融交易，简化了交易流程，减少了中间环节，降低了操作成本，提高了交易的安全性和可靠性。

第二，数字货币和区块链支付系统为金融服务领域带来了更加便捷和安全的支付方式。区块链支付系统利用区块链技术实现了去中心化的支付网络，可以实现全天候、跨境、实时的支付服务，无需银行或第三方支付机构的介入，降低了跨境交易的成本和时间。例如，比特币和以太坊等数字货币的出现，使得全球范围内的支付变得更加简单和便捷，为金融服务的全球化提供了支持。

第三，区块链技术还可以应用于证券交易、投资管理、风险管理等方面，为金融行业带来更多的创新和发展机会。例如，证券交易可以通过区块链技术实现实时结算和透明化交易，提高了交易的效率和安全性；投资管理可以利用区块链技术实现资产数字化和智能化管理，提高了资产配置和投资组合的效率；风险管理可以通过区块链技术实现风险数据的实时监测和分析，防止了金融风险的发生和传播。

（二）挑战

1.技术标准缺乏

缺乏统一的技术标准导致了区块链技术生态的碎片化，使得不同的区块链平台和协议难以相互兼容和交互操作。这种碎片化的现象不仅增加了技术集成

和应用开发的难度，也限制了区块链技术在商业生态中的发展。

第一，区块链技术的标准化问题主要体现在区块链平台的多样性和协议的多样性。当前存在着多种不同的区块链平台，如比特币、以太坊、超级账本等，它们之间的区别包括底层技术架构、共识机制、智能合约语言等方面，缺乏统一的标准导致了不同平台之间的互操作性差，使得跨链交易和数据交换变得困难。

第二，区块链技术的标准化问题还表现在智能合约和数据格式等方面。智能合约是区块链技术的重要应用之一，但目前智能合约的开发语言和标准缺乏统一，不同的区块链平台使用不同的智能合约语言，使得智能合约难以在不同平台之间进行迁移和兼容。此外，区块链中的数据格式也缺乏统一标准，不同的区块链平台可能使用不同的数据格式和编码规范，导致数据交换和共享受到限制。

2. 法律法规不完善

区块链技术的广泛应用涉及数字资产、智能合约、数据隐私等多个领域，而现行的法律法规往往无法完全覆盖这些新兴技术的特殊需求，给区块链技术的发展和应用带来了一定的不确定性和风险。

第一，数字资产的法律地位尚未明确。在区块链技术中，数字资产如加密货币、代币等起到了重要作用，但是目前各国对数字资产的法律地位和监管政策存在差异，有些国家甚至对数字资产的合法性持保留态度，这给数字资产的流通和交易带来了不确定性。

第二，智能合约的法律效力值得关注。智能合约是区块链技术的重要应用之一，它可以自动执行合同条款，但是智能合约的法律效力在不同国家和地区存在差异，有些国家还没有明确智能合约在法律上的地位和效力，这给智能合约的应用和合同履行带来了一定的风险。

第三，数据隐私保护是区块链技术面临的另一个法律难题。区块链技术的公开透明性和数据不可篡改性与个人隐私保护之间存在一定的矛盾，尤其是在涉及个人身份信息和敏感数据的情况下。当前，各国对于区块链技术中个人数据的保护还没有统一的法律标准和监管机制，这给个人隐私带来了一定的风险和挑战。

3. 隐私保护问题

随着区块链技术的应用范围不断扩大，涉及个人隐私和商业机密的问题日益凸显，需要采取有效措施来解决隐私保护问题。

第一，区块链上的数据不可篡改性可能会导致个人隐私的泄露。一旦个人的身份信息或敏感数据被上链，即使采取了加密措施，也难以保证其永久安全。例如，如果某个区块链上存储了个人的医疗记录，一旦这些信息被泄露，可能会对个人的隐私和安全造成严重影响。

第二，区块链技术的匿名性可能会被滥用，导致不法分子利用区块链网络进行非法活动，如洗钱、恐怖主义资助等。虽然区块链技术本身并不支持非法行为，但匿名性和不可追溯性为犯罪活动提供了便利，增加了打击犯罪的难度。

第三，区块链上的智能合约可能会包含敏感商业机密，一旦合约被篡改或泄漏，可能会给企业带来巨大的损失。例如，某公司的供应链管理智能合约包含了与供应商的交易细节和价格信息，如果这些信息被泄露，可能会导致商业竞争对手获得不正当的竞争优势。

第八章　数字经济催生的数字物流与商业生态创新

第一节　数字经济催生的数字物流对商业生态的间接影响

一、数字物流对商业生态的影响和改变

（一）提升供应链效率和可视性

1. 实现信息实时化管理

通过数字化管理和实时监控，企业可以更加有效地管理和控制货物的流动、库存状态以及订单进程，从而提高了供应链的效率和响应速度。

第一，数字化订单处理系统的应用使得订单信息能够实时传递和处理。传统的订单处理通常依赖于人工操作和纸质文档，这容易导致订单信息传递延误和错误。例如，在传统的人工订单处理中，订单需要逐级审核和手工录入系统，而数字化订单处理系统则可以实现订单的自动化处理和实时更新。这样，一旦客户下单，订单信息就可以立即传输到供应链系统中，从而加速了订单处理流程，减少了处理时间和错误率。

第二，数字化库存管理系统的运用实现了库存信息的实时监控和管理。传统的库存管理往往依赖于周期性的人工盘点和手工记录，这容易导致库存数据的不准确和滞后。而数字化库存管理系统通过传感器和 RFID 技术实现了库存的实时监控和更新。例如，在仓库中安装传感器和 RFID 标签，可以实时监测货物的出入库情况和位置变化，将数据实时传输到数据库中进行记录和更新。这样，企业可以随时了解库存情况，及时调整供应链计划，避免了因为库存不足或过

剩而造成损失和滞销现象。

第三，数字化的运输监控系统也实现了货物运输过程的实时跟踪和管理。通过 GPS 定位和物联网技术，企业可以实时监控货车、船舶或飞机的位置和运行状态。例如，通过 GPS 定位系统，企业可以实时跟踪货物的运输路线和运输工具的行驶速度，及时发现并解决可能出现的运输延误或异常情况。这样，企业可以及时调整运输计划，确保货物按时到达目的地，提高了物流运输的效率和可靠性。

2. 提高供应链的可视性

数字物流技术的应用切实提高了供应链的可视性，使企业能够更加准确地了解货物的运输情况和状态，从而有效管理和优化供应链的运作。这种可视性的提高有助于企业实现及时响应市场需求、降低成本、提高效率等目标。

第一，通过物联网技术和传感器设备的应用，企业可以实时监测货物的位置、温度、湿度等关键信息。例如，在食品行业中，利用传感器设备和物联网技术，企业可以实时监测食品的温度和湿度，在运输过程中及时发现并解决食品可能面临的质量问题，确保食品的安全和质量。这种实时监测不仅提高了货物的安全性和可靠性，也增强了企业对供应链的控制和管理能力。

第二，数字物流技术还可以实现对运输车辆和物流节点的实时监控和追踪。通过 GPS 定位和实时数据传输，企业可以随时了解货车、船舶或飞机的位置和运行状态。例如，在物流配送中，企业可以通过 GPS 定位系统实时监控配送车辆的行驶轨迹和运输情况，及时调整路线和分配资源，提高了配送效率和客户满意度。这种实时监控不仅有助于降低运输成本，还提高了物流运作的可视性和透明度。

第三，数字化的供应链管理系统也为企业提供了实时的数据分析和报告功能。通过数据分析和可视化报告，企业可以更清晰地了解供应链的运作状况、瓶颈问题和优化方向。例如，利用供应链管理软件生成的实时报告，企业可以了解订单处理的状况、库存水平和供应商绩效等关键指标，及时发现并解决可能存在的问题，优化供应链运作。这种实时的数据分析和报告功能提高了企业对供应链的可视性和管理能力，有助于实现供应链的持续改进和优化。

（二）优化物流运输环节

1. 智能调度和路径优化

（1）大数据分析和人工智能算法的应用

数字物流技术的智能调度和路径优化依赖于大数据分析和人工智能算法的应用。企业可以利用历史运输数据、实时交通情况、货物需求等信息，通过大数据分析和人工智能算法，对运输路线和车辆调度进行智能化优化。例如，利用历史数据分析，可以了解不同路段的拥堵情况和交通状况，结合实时交通信息，选择最佳的运输路线；同时，根据货物的实时需求和优先级，调度合适的运输车辆，实现最优的运输方案。

（2）实现运输效率的提升

通过智能调度和路径优化，数字物流技术可以实现运输效率的提升。优化的运输路线和车辆调度可以减少运输时间和成本，提高了物流运输的效率。例如，避免了拥堵和延误的情况，减少了车辆在路上的停留时间，从而提高了货物的运输速度和准时率。这种提升的运输效率不仅降低了企业的运营成本，还缩短了货物的交付周期，提升了客户的满意度和体验。

2. 实现实时监控和反馈

（1）物联网技术和传感器设备的应用

数字物流技术实现了对运输过程的实时监控和反馈，这依赖于物联网技术和传感器设备的应用。企业可以在运输车辆和货物上安装传感器设备，通过物联网技术实现对运输过程的实时监控。例如，通过 GPS 定位系统实时监控运输车辆的位置和行驶轨迹，通过温湿度传感器实时监测货物的环境条件，实现对运输过程的全程监控。

（2）及时发现和解决运输问题

通过实时监控和反馈，企业可以及时发现和解决运输过程中的问题，确保货物的安全和质量。例如，在运输过程中，如果发现运输车辆偏离了预定路线或者货物的温度超过了安全范围，系统可以及时发出预警，提醒相关人员进行处理。企业可以通过调整运输路线、控制运输速度或者调整环境条件等方式，及时解决运输问题，保证货物的安全和质量。这种实时监控和反馈的机制有助于降低运输风险和损失，提升了运输的可靠性和安全性。

二、数字物流与商业生态之间的相互关系和作用机制

（一）促进商业生态的优化和升级

1. 响应市场需求的灵活性提升

数字物流技术的应用在提升企业对市场需求的灵活性方面发挥了重要作用，这种灵活性不仅体现在企业对生产和供应链的调整上，还影响着整个商业生态的适应性和竞争力。

第一，数字物流技术实现了供应链的实时监控和管理，使企业能够及时了解市场需求的变化。通过实时监控库存和订单状态，企业可以随时了解市场的需求情况，包括某一产品的需求量是否突然增加或减少，以及某一地区或渠道的需求变化情况等。例如，某电商平台通过数字物流技术可以实时监控各个地区的订单量和销售情况，及时调整库存和配送计划，以满足不同地区消费者的需求。

第二，数字物流技术提供了灵活的供应链管理工具，使企业能够快速作出相应的调整。传统的供应链管理往往依赖于人工操作和纸质文档，导致了信息传递延误和反应速度慢的问题。而数字物流技术则实现了信息的实时化和数字化管理，使得企业可以通过软件系统进行订单处理、库存管理和供应计划的调整，从而实现对供应链的灵活控制。例如，一家零售企业可以通过数字物流系统实时调整库存补给和采购计划，以应对市场需求的变化，确保商品供应的及时性和充足性。

第三，数字物流技术还提供了智能化的运输和配送方案，使企业能够更加灵活地调整物流运输和配送策略。通过物联网技术和大数据分析，企业可以实现对运输车辆和货物的实时监控和路径优化，从而提高了运输效率和灵活性。例如，一家物流企业可以利用智能调度系统根据实时交通情况和货物需求，灵活调整车辆的配送路线和时间，以确保货物及时送达，同时降低运输成本。

2. 减少库存积压和订单滞留

第一，数字物流技术实现了实时监控库存和订单状态，使企业能够及时发现和处理库存过剩和订单滞留的问题。传统的供应链管理往往面临着信息传递滞后和反应速度慢的问题，导致了库存积压和订单滞留的现象。而数字物流技术的应用可以实现库存和订单的实时监控，企业可以随时了解库存量和订单状

态，及时发现异常情况。例如，亚马逊公司采用了先进的数字物流系统，能够实时监控库存和订单状态，一旦发现某种商品库存过多或订单滞留，便会立即调整价格或加强促销，以促进销售并减少库存积压。

第二，数字物流技术提供了智能化的库存管理和订单处理机制，有助于企业更有效地处理库存积压和订单滞留问题。通过数字化和自动化的供应链管理工具，企业可以根据实时数据和分析结果，制定有效的库存补给和采购计划，及时调整产品的上架和促销策略。例如，京东采用了先进的数字物流系统，能够根据销售数据和市场需求实时调整商品的上架和价格，确保库存水平和订单处理效率。

第三，数字物流技术还提供了智能化的物流运输和配送方案，加快订单处理速度，降低订单滞留的风险。通过物联网技术和大数据分析，企业可以实现对运输车辆和货物的实时监控和路径优化，提高了运输效率和灵活性。例如，顺丰速运利用智能调度系统和路线优化算法，能够根据订单量和货物类型实时调整车辆的配送路线，确保订单及时送达，减少订单滞留的可能性。

（二）推动数字物流行业的发展和壮大

1. 电子商务和物流需求的增长

（1）电子商务的兴起

随着互联网技术的不断演进和普及，以及电子商务平台的蓬勃发展，商业活动的本质已经发生了根本性的改变。这一变革不仅改变了消费者的购物习惯，也对传统零售业、物流行业以及整个供应链管理方式带来了深远影响。

首先，电子商务的兴起带来了消费者购物行为的革命性变化。过去，人们购买商品往往需要前往实体店面，消耗时间和精力。而如今，通过电子商务平台，消费者可以在家中或者任何有网络连接的地方便捷地浏览和购买商品。这种便利性不仅大大节省了时间成本，也为消费者提供了更为多样化的购物选择，从而满足了个性化消费的需求。

其次，电子商务的快速发展推动了商品流通量的增加。随着越来越多的消费者选择在线购物，商品的销售量呈现出爆发式增长的趋势。尤其是在诸如"双11""618"等大型促销活动期间，电商平台的交易额往往能刷新历史纪录。这种大规模的购物活动不仅为商家带来了可观的收益，也加快了商品的流通速度，促进了整个供应链的运转。

与此同时，电子商务的兴起也对物流服务提出了更高的要求。传统的物流体系可能无法满足电商平台高速增长的需求，因此，数字化物流成为必然趋势。通过先进的信息技术和物流管理系统，可以实现对物流过程的实时监控和调度，提高物流效率，降低成本。而且，智能化的配送技术，如物联网、人工智能和自动化机器人，也为物流行业带来了新的发展机遇。

在我国，阿里巴巴的淘宝、天猫等电商平台是电子商务兴起的典型代表。这些平台汇聚了数以亿计的消费者和商家，构建了一个庞大的在线交易生态系统。每年的双 11、618 等大型促销活动都成为全球关注的焦点，其巨大的交易量不仅创造了惊人的商业价值，也推动了数字物流行业的蓬勃发展。

（2）物流需求的增长

物流需求的增长是当今商业环境中的一个显著趋势，其背后反映了消费者和企业对服务质量和效率的不断追求，以及市场竞争的日益激烈。这种增长不仅在电商领域出现，也渗透到了传统实体零售业、制造业等行业，驱动着物流服务行业的进步和创新。

第一，消费者对服务质量和配送速度的追求是推动物流需求增长的主要因素之一。随着生活节奏的加快和消费习惯的变化，现代消费者越来越注重购物的便利性和快捷性。他们期待在下单后能够尽快收到商品，甚至希望能够实现即时配送。这种需求的崛起促使了物流服务提供商不断改进配送网络和流程，以缩短交货周期，提高配送精准度，从而满足消费者的期望。

第二，随着电商行业的蓬勃发展，物流需求也得到了进一步的推动。电商平台的崛起改变了传统零售业的格局，使得大量商品通过在线渠道进行销售。这种模式下，物流服务变得尤为关键，因为商品的流通必须依赖于高效可靠的物流系统。因此，电商行业对于物流服务的需求不断增长，成为推动物流业发展的重要动力之一。

同时，制造业等传统行业也在加大对物流服务的需求。随着全球化的发展和供应链的延伸，制造业企业需要将原材料、零部件和成品在全球范围内进行高效的流通。优化的物流网络不仅能够降低企业的成本，还能够提高生产效率，加快市场反应速度，增强企业竞争力。因此，制造业对于物流服务的需求也在不断增加。

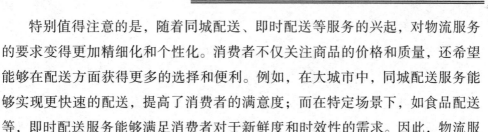

特别值得注意的是，随着同城配送、即时配送等服务的兴起，对物流服务的要求变得更加精细化和个性化。消费者不仅关注商品的价格和质量，还希望能够在配送方面获得更多的选择和便利。例如，在大城市中，同城配送服务能够实现更快速的配送，提高了消费者的满意度；而在特定场景下，如食品配送等，即时配送服务能够满足消费者对于新鲜度和时效性的需求。因此，物流服务提供商需要不断创新，为不同行业和消费者提供定制化的物流解决方案。

2. 技术创新和服务升级

（1）引入新技术和设备

物联网、人工智能、大数据等先进技术的应用，正深刻地改变着传统物流行业的面貌，为物流业带来了新的发展机遇和挑战。

首先，物联网技术在物流领域的应用为实现物流智能化提供了重要支撑。物联网技术将各种物理设备和物品连接到互联网，实现了设备之间的信息共享和实时监控。在物流仓储环节，传感器和 RFID 技术可以实时监测货物的存放和移动情况，从而优化仓储布局和货物管理；在运输环节，物联网技术可以实现对车辆和运输路线的实时监控和调度，提高了运输效率和安全性。其次，人工智能技术的应用为物流行业带来了巨大的变革。通过深度学习和机器学习算法，人工智能可以对大量的物流数据进行分析和预测，从而优化物流运作流程。在配送环节，人工智能可以实现路线规划的优化，减少配送时间和里程，提高配送效率；在库存管理方面，人工智能可以根据需求预测和历史数据进行库存优化，减少库存积压和缺货风险。另外，大数据技术的应用也为物流行业带来了新的发展机遇。通过对大规模的物流数据进行采集、存储和分析，可以发现隐藏在数据背后的规律和趋势，为企业决策提供数据支持。大数据技术可以帮助物流企业更好地了解客户需求，优化供应链管理，降低成本，提高服务质量。同时，大数据还可以为物流企业提供精准的市场营销和客户服务，实现个性化定制和精准推荐。

在设备方面，智能仓储系统是数字物流行业中的重要创新之一。智能仓储系统结合了物联网、人工智能和自动化技术，实现了仓储操作的自动化、智能化和高效化。通过自动化仓储设备和智能仓储管理系统，可以实现货物的自动分拣、智能储存和快速配送，大幅提升了仓储效率和准确性，降低了人力成本和错误率。

（2）提升服务水平

为了满足消费者对于物流服务质量不断提升的需求，数字物流企业正在不断升级服务水平，通过提供更加便捷、高效、安全的物流服务来吸引更多用户并提升用户满意度。这种升级体现在多个方面，从传统的快递服务到精准时效配送、末端配送等个性化服务，以及智能物流箱、无人机配送等创新服务的推出，数字物流企业正不断探索和实践，以满足不同用户群体的需求并提升整体服务水平。

第一，精准时效配送是数字物流企业提升服务水平的重要举措之一。传统的快递服务可能无法满足消费者对于快速送达的需求，特别是对于一些时间敏感性较高的商品，如生鲜食品、医药用品等。因此，数字物流企业通过引入智能调度系统和实时监控技术，提供精准的送货时间和时效保障，使消费者能够更加便捷地接收到所需商品，增强了用户体验和满意度。

第二，末端配送是数字物流企业在服务水平升级一方面的又一重要举措。传统的快递服务可能存在最后一公里配送难题，即将货物送达用户家门时所面临的困难和挑战。为了解决这一问题，数字物流企业积极探索末端配送的创新模式，如与社区合作建立配送站点、引入共享配送员模式等。这些举措不仅提高了配送效率，还提升了配送的准确性和安全性，为消费者提供了更加便捷、可靠的末端配送服务。

第三，数字物流企业还通过引入智能物流箱、无人机配送等创新服务，进一步提升了配送效率和便捷性。智能物流箱可以实现自动存取货物、追踪货物位置等功能，有效减少了人工操作成本和配送时间。无人机配送则突破了传统配送模式的限制，特别适用于一些偏远地区或交通不便地区的配送需求，扩大了配送覆盖范围，提高了速度。

第二节 数字经济直接催生的商业生态创新

一、数字经济对商业生态的直接创新和影响

（一）数字经济的崛起与商业生态的变革

1.数字经济的崛起与传统产业的转型

数字经济的崛起标志着人类经济活动进入了一个全新的时代，这个时代以信息技术为核心，通过数字化、网络化、智能化等手段，深刻影响着传统产业和商业模式。在这个背景下，传统产业不得不面对巨大的挑战与机遇。传统产业在数字经济时代面临着多重压力：来自数字化技术的冲击、新兴市场的竞争以及消费者需求的变化等。因此，传统产业必须积极转型升级，以适应数字经济时代的发展趋势。

第一，数字经济的兴起推动了传统产业向数字化转型。传统产业面临的第一个挑战是如何将传统的业务模式和流程数字化。通过应用云计算、大数据、人工智能等前沿技术，传统产业可以实现生产、销售、营销等各个环节的数字化，提高生产效率、降低成本，并且为企业带来更多的商业机会。例如，传统制造业可以通过智能制造技术实现生产过程的自动化和智能化，提升生产效率和产品质量；传统零售业可以通过电子商务平台拓展线上渠道，满足消费者的多样化需求。

第二，数字经济的兴起促使传统产业进行商业模式创新。随着消费者对于个性化、定制化产品和服务的需求不断增长，传统产业必须通过创新商业模式来满足市场需求。例如，一些传统制造业企业开始实行定制生产，通过与消费者进行互动，了解他们的需求并提供定制化产品和服务；而传统零售业也开始尝试 O2O 模式，将线上和线下渠道进行融合，为消费者提供更便捷的购物体验。

第三，数字经济的兴起还催生了传统产业与新兴产业的融合发展。在数字经济时代，新兴产业如互联网、人工智能、物联网等正蓬勃发展，为传统产业带来了新的发展机遇。传统产业可以通过与新兴产业的合作与创新，实现资源

共享、优势互补，加速转型升级。例如，传统能源行业可以与新能源企业合作，开展清洁能源项目；传统金融行业可以与科技公司合作，开发智能化金融产品和服务。

2. 数字经济对商业模式的影响与变革

数字经济的崛起不仅推动了传统产业的转型，也为商业模式带来了深刻的影响与变革。在传统商业模式面临挑战的同时，数字经济为商业生态带来了更多的创新模式和商业机会，重新定义了商业生态的边界和规则。

第一，数字经济推动了商业模式的数字化转型。传统的商业模式通常依赖于实体店面和线下渠道，随着互联网技术的发展，越来越多的企业开始将业务转移到线上。电子商务成为商业模式的主流之一，通过建立在线商城，企业可以实现与消费者的直接交流和销售，降低了成本，拓展了市场。

第二，数字经济推动了商业模式的平台化发展。互联网平台成为连接供需双方的重要载体，通过构建数字化平台，企业可以实现与消费者、供应商、合作伙伴等各方的多维度互动与合作。例如，共享经济平台将闲置资源与需求进行匹配，实现资源共享和利用效率的提高；社交媒体平台成为企业与消费者进行沟通和营销的重要渠道。

第三，数字经济推动了商业模式的创新和个性化发展。随着消费者需求的不断变化和个性化趋势的加强，传统的一刀切的商业模式已经不再适用。数字经济时代，企业需要更加注重个性化定制和差异化竞争，为消费者提供个性化的产品和服务。例如，一些企业通过大数据分析和人工智能技术，实现了对消费者需求的精准把握和个性化推荐，提高了消费者满意度和忠诚度。

3. 数字经济的兴起与新兴产业的蓬勃发展

数字经济的兴起催生了新兴产业的蓬勃发展，这些新兴产业在数字经济的推动下迅速壮大，为商业生态带来了更多的创新模式和商业机会。这种新兴产业的蓬勃发展不仅改变了传统产业的发展路径，也为数字经济的持续繁荣注入了新的活力。

第一，数字经济的兴起推动了互联网产业的蓬勃发展。互联网产业是数字经济的核心组成部分之一，随着数字化技术的不断进步，互联网产业呈现出了多样化、全方位的发展态势。互联网产业，包括了互联网基础设施、互联网服务、互联网平台等多个领域，涵盖了电子商务、在线娱乐、社交网络、搜索引擎、云计算等多个方面。互联网产业的蓬勃发展为数字经济提供了强大的支撑和推动力，同时也为传统产业的转型升级提供了丰富的技术和商业模式。

第二，数字经济的兴起催生了人工智能产业的快速发展。人工智能是数字经济时代的核心驱动力之一，它通过模拟人工智能的思维和行为，实现了自动化、智能化的应用。人工智能技术已经广泛应用于各个领域，包括自然语言处理、图像识别、机器学习、智能交通等。人工智能产业的快速发展不仅催生了一批优秀的科技企业，也为传统产业的转型提供了新的思路和方法。例如，在制造业领域，人工智能技术可以实现智能制造和自动化生产，提高生产效率和产品质量；在医疗健康领域，人工智能技术可以实现精准医疗和智能诊断，提升医疗服务水平和效率。

第三，数字经济的兴起也催生了新能源产业的发展。新能源产业是数字经济时代的重要组成部分，它通过利用可再生能源和清洁能源，实现了能源生产和利用的可持续发展。新能源产业包括了太阳能、风能、水能等多个领域，涵盖了能源生产、能源存储、能源利用等多个方面。新能源产业的发展不仅有助于减少对传统化石能源的依赖，减少对环境的污染，也为经济的可持续发展提供了新的动力和支持。数字经济的兴起推动了新能源产业的技术创新和市场拓展，为构建清洁、低碳、高效的能源体系奠定了坚实基础。

（二）数字经济带来的商业模式创新

1. 共享经济的兴起与商业模式创新

数字经济的崛起催生了共享经济这一全新的商业模式，其核心理念是通过数字平台的建立和信息技术的支持，实现资源的共享和利用效率的提升。共享经济的兴起打破了传统行业的壁垒，为人们提供了更加便捷、高效的服务，同时也促进了经济的可持续发展。

第一，共享经济在交通领域的应用是其中的一个典型案例。共享单车、共享汽车等交通共享模式通过数字平台实现了车辆的共享利用，使得个人出行更加灵活便捷。用户可以通过手机 App 随时随地找到附近的共享单车或共享汽车，并且可以根据需要随时租借和归还，大大提高了出行的便利性和效率。这种共享交通模式不仅节约了城市的交通资源，减少了交通拥堵和环境污染，还为用户提供了更加经济实惠的出行方式。

第二，共享经济在生活服务领域的应用也得到了广泛推广。共享办公空间、共享厨房、共享住宿等模式使得人们可以更加灵活地利用各种场所和设施。通过共享经济平台，个人和企业可以按需租用各种设施和服务，降低了隐性成本，提高了资源利用效率。例如，一些创业公司可以通过共享办公空间获得灵活的工作环境和共享的资源，降低了创业成本，提高了工作效率；而一些厨师和创意人士可以通过共享厨房实现自己的创业梦想，共享经济为他们提供了更广阔的发展空间。

第三，共享经济在物品租赁领域也取得了不小的成就。通过共享经济平台，个人可以将闲置的物品进行租赁，从而实现资源的共享和再利用。共享经济平台不仅提高了物品的利用率，减少了浪费，还为用户提供了更加经济实惠的购物选择。例如，一些共享平台可以让用户将闲置的自行车、电器等物品租赁给他人，从而节约了资源，减少了环境污染，同时也为用户带来了额外的收入。

2. 电子商务的兴起与商业模式创新

数字经济时代，电子商务成为一种重要的商业模式，它通过互联网平台将商家与消费者进行连接，实现了商品和服务的网上交易。电子商务的兴起不仅改变了传统零售业的经营模式，也为消费者带来了更为便捷和多样化的购物体验。

第一，电子商务的兴起推动了传统零售业的转型升级。传统零售业通常依赖实体店面和线下渠道进行商品销售，面临着高昂的租金和人力成本，同时受限于地域和时间。而电子商务平台则打破了这些限制，使得商家可以通过线上渠道进行商品销售，拓展了销售范围，降低了成本。传统零售商通过建立自己的电子商务平台或者在第三方电商平台上开设网店，实现了线上线下的融合，为消费者提供了更广阔的选择空间和购物体验。

第二，电子商务的兴起促进了消费者购物方式的变革。传统的购物模式通常需要消费者亲自前往实体店面选购商品，需要消耗大量的时间和精力。而电子商务平台则使得消费者可以在家中或者办公室通过手机或电脑轻松购物，随时随地享受到购物的乐趣。消费者可以通过电子商务平台搜索感兴趣的商品，比较价格、品质等信息，然后选择最适合自己的商品进行购买，极大地提高了购物的便捷性和效率。

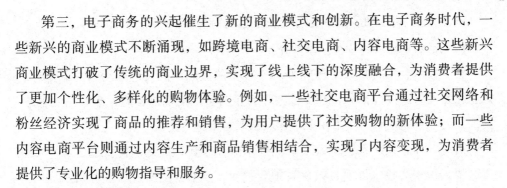

第三，电子商务的兴起催生了新的商业模式和创新。在电子商务时代，一些新兴的商业模式不断涌现，如跨境电商、社交电商、内容电商等。这些新兴商业模式打破了传统的商业边界，实现了线上线下的深度融合，为消费者提供了更加个性化、多样化的购物体验。例如，一些社交电商平台通过社交网络和粉丝经济实现了商品的推荐和销售，为用户提供了社交购物的新体验；而一些内容电商平台则通过内容生产和商品销售相结合，实现了内容变现，为消费者提供了专业化的购物指导和服务。

3. 新技术驱动的商业模式创新

数字经济的崛起不仅推动了共享经济和电子商务等传统商业模式的创新，还促进了新技术的应用与商业模式的结合，引领了一系列新兴商业模式的涌现。

第一，人工智能技术的广泛应用催生了智能商业模式的兴起。随着人工智能技术的不断发展，智能商业模式在多个领域得到了应用。例如，智能客服和机器人顾问正在逐渐替代传统的人工客服，提供更高效、更智能的服务体验。智能推荐系统通过分析用户的行为和偏好，为用户推荐个性化的商品和服务，提高了销售转化率。智能供应链管理通过人工智能算法对供应链进行优化和预测，提高了库存管理的效率，降低了库存成本。

第二，区块链技术的应用推动了去中心化商业模式的发展。区块链技术的特点是去中心化、不可篡改、安全可信，使得信息和价值可以在网络中自由流动，不再受到中心化机构的控制。基于区块链技术的去中心化商业模式如去中心化金融、去中心化交易所等正在崛起，改变了传统金融和交易的模式。例如，去中心化金融平台可以为全球用户提供金融服务，消除了传统金融中心的地域限制和金融壁垒，为更多人提供了金融包容性。

第三，物联网技术的普及推动了物联网商业模式的发展。物联网技术将传感器、设备和互联网连接起来，实现了物与物、物与人的互联互通，为商业模式创新提供了无限可能。物联网技术在智慧城市、智能家居、智能制造等领域得到了广泛应用，促进了商业模式的转型升级。例如，在智慧城市领域，物联网技术可以实现城市基础设施的智能化管理，提高了城市运行效率和居民生活质量；在智能制造领域，物联网技术可以实现设备之间的互联互通和协同工作，提高了生产效率和产品质量。

（三）数字技术的应用推动商业生态的智能化和个性化发展

1.人工智能技术的应用推动智能化发展

数字技术，尤其是人工智能（AI）技术的应用，极大地推动了商业生态的智能化发展。通过数据分析和算法模型，企业可以实现更智能、个性化的服务。其中，人工智能技术的应用在多个领域都取得了重大突破。

第一，智能客服系统是人工智能技术的一个典型应用。传统的客服中心往往需要大量人力投入，而且效率有限。然而，借助自然语言处理和机器学习等人工智能技术，智能客服系统能够理解用户的问题并给予准确的回答，甚至进行情感分析和智能推荐。这不仅提高了客户服务的效率，还增强了用户体验。

第二，个性化推荐系统也是人工智能技术在商业生态中的重要应用。基于用户历史行为数据和算法模型，个性化推荐系统能够精准地分析用户的兴趣和偏好，为用户推荐个性化的产品和服务。这种个性化推荐不仅提高了用户的购买满意度，还促进了销售额的增长和客户忠诚度的提升。

第三，智能化营销平台也是人工智能技术在商业生态中的重要应用之一。通过大数据分析和人工智能算法，智能化营销平台可以更好地了解市场和客户，实现精准营销和个性化沟通。企业可以根据客户的行为和偏好，精准地制定营销策略和推广计划，提高市场竞争力和品牌影响力。

2.大数据技术的应用促进了个性化发展

大数据技术的应用为商业生态的个性化发展提供了重要支撑。通过大数据分析，企业可以获取更全面、深入的市场洞察，更好地了解客户需求，从而优化产品设计和营销策略，提高市场竞争力。

第一，大数据分析可以帮助企业更好地了解客户。企业可以收集和分析海量的用户数据，包括用户的消费行为、偏好、地理位置等信息，从而深入了解客户的需求和行为特征。这些数据分析结果可以为企业提供客户画像，帮助企业更准确地把握市场动态，制定针对性的营销策略。

第二，大数据技术可以帮助企业优化产品设计。通过分析产品使用数据和反馈信息，企业可以了解产品的优缺点，发现用户的需求和痛点，从而及时调整和优化产品设计。这种基于大数据分析的产品优化不仅提高了产品的质量和用户体验，还有助于企业提高产品竞争力和市场占有率。

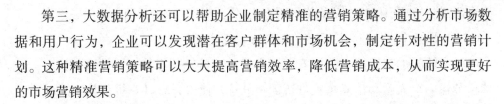

第三，大数据分析还可以帮助企业制定精准的营销策略。通过分析市场数据和用户行为，企业可以发现潜在客户群体和市场机会，制定针对性的营销计划。这种精准营销策略可以大大提高营销效率，降低营销成本，从而实现更好的市场营销效果。

3. 数字技术的综合应用推动商业生态的智能化和个性化发展

综合运用人工智能技术、大数据技术等数字技术，可以进一步推动商业生态的智能化和个性化发展。例如，企业可以通过整合人工智能技术和大数据分析，建立智能化的客户关系管理系统，实现对客户需求的精准识别和个性化服务。同时，企业还可以利用物联网技术和云计算技术，实现设备之间的智能互联和数据共享，提高生产效率和产品质量。这些数字技术的综合应用将为商业生态的智能化和个性化发展打下坚实的基础，推动商业模式的不断创新和优化。

二、商业生态创新案例分析与评价

（一）共享经济的可持续运营管理案例

在互联网的推动下，共享经济对我国经济社会的进步产生了积极效应。但与此同时，由于共享经济存在一系列问题，如信息安全、资源配置、协议设定等，导致了信息泄露、资源浪费等现象，对共享经济的持续发展构成了障碍。针对上述问题，基于区块链技术的独特特性，首先从理论层面上对该技术在解决共享经济问题方面的作用机制进行了深入探讨。其次，结合区块链技术的应用实例，进一步证明了其在共享经济中的可行性。最后，从过程环节出发，探讨了共享经济如何通过应用区块链技术来解决实际问题。

1. 区块链技术在解决共享经济发展问题中的作用

（1）去除商业信息传输阻碍，增强交易公信力

从静态来看，区块链是一个集合各种交易信息的数据库；从动态来看，是一种类似于互联网 TCP/IP 协议（传输控制协议或网络互联协议）的价值传输协议。在区块链技术下，系统可查询到节点记录在链上的密钥式数据，任意节点随时可以进行信息的追溯，保证了信息的可溯源性。区块链技术使共享经济中的平台作为交易中的节点，连续且闭环的分布式存储让所有用户清楚看到交易信息的传输，其中的每一笔交易都需要经过用户的批准，这就打破了之前共享

平台所控制的暗箱操作，从而提升平台交易公信力，减少了消费者的顾虑。

（2）加强个人信息保密程度，保障交易安全性

区块链的加密算法为数据安全提供了一种可靠的保障。通过这项技术，上传至节点的个人隐私信息会被进行加密处理，使得只有计算机系统才能识别这些信息，从而实现了匿名交易。这种加密机制为信息安全提供了第一道屏障。

另外，由于区块链系统中的节点不需要相互公开身份信息，因此每个节点所保存的匿名化信息都能够得到有效的保护，这构成了信息安全的第二道屏障。这种匿名化的设计使得个人信息更加难以被窃取或篡改，从而进一步保障了交易的安全性。

通过区块链技术，可以有效提升原先记录在单一平台的个人信息的保密程度。传统的数据存储方式往往存在着集中式的管理模式，使得用户的个人信息易受到黑客攻击或内部泄露的威胁。而区块链技术则将信息分散存储在网络的各个节点上，每个节点都具有一份完整的数据副本，且需要通过密码学技术进行验证和加密，因此即使有节点遭到攻击，也不会泄露整个系统的全部信息。

（3）实现算法自我约束，信任基础更客观

区块链技术的算法在运行和维护中进行了自我约束，与数据库之间形成良好的动态协同；其通过真实的信息得到信任，无须通过烦琐重复的认证，即实现了客观信用。这种客观信用无须依赖存在人工误差的主观信任。当主体记录交易行为时，链上记录的数据可以保证是全体参与人认可的共识，降低了信任危机的可能性；其他所有节点都会排斥链式网络上的欺骗行为而保障区块链闭环的安全性。如果想要篡改区块链数据库的信息，需要控制系统中超过51%的节点，而这对于单一节点几乎是不可能完成的。

2. 区块链在共享经济领域的具体应用

（1）基于区块链技术的充电桩共享方案分析

从2016年开始，国家大力扶持电动汽车行业，电动汽车逐渐普及。随之产生了电力的供给和电力的需求的匹配的问题：大量电动汽车的接入导致电网的承载负荷重；用户需求集中，存在较大的峰谷差，电力分配与调控难度加大；充电基础设施建设跟不上电动汽车的发展，电动汽车的大规模生产和充电桩的分散分布，造成车多桩少，买车容易、用车难的现状。

作为新能源电动车发展的重要基础，充电桩业务发展前景广阔。充电桩共

享是解决电动汽车供电问题的重要方案之一。基于区块链技术，可以建立一个高效、安全的用区块链搭建的共享充电桩网络。

区块链系统可以作为充电桩的共享技术平台。由于存在大量小额交易，区块链技术承载着共识计算和数据存储的压力。对充电桩点对点交易流程进行设计，可分为以下三个步骤：第一，通过在交易系统上浏览并发布充电桩信息，电动车主与充电桩主达成交易意向。第二，在区块链系统上建立电动车主、运营商和充电桩主三者之间的支付通道网络，在交易系统上生成含密钥的逐级验证智能合约。通过云平台，远程设置配置智能充电桩。第三，依据合约约定内容，每次充电完成后，交易各方同步更新交易金额。约定数次充电完成后，广播最终转账金额，完成交易金额转账，该笔交易结束。

（2）基于区块链技术的共享单车服务研究

共享单车是指共享公司在城市的公共区域提供的自行车或电动自行车的服务。共享单车的载体为自行车或电动自行车，可以通过改变人们的出行方式实现节能环保，改善道路拥堵，最大化公共道路通过率。伴随着共享单车的发展，共享单车公司不仅大量购买车辆占用城市公共区域，还掀起了不计成本的价格战。2018年外部环境下行增加了融资难度，一些小型共享单车公司资金链断裂，摩拜、ofo等大型共享单车公司资金链紧绷，甚至出现用户押金被挪用以维持生存的现象。共享单车的问题出现的原因有不计成本的恶性竞争、企业本身和政府的管理缺乏、没有有效的信用评价体系等。这些问题可以通过应用区块链技术加以解决。

①区块链对于共享单车的具体作用

当前共享单车企业数量庞大，用户需要下载不同客户端，反复缴纳高额押金。共享单车企业提供的车辆是全新购置的，在车辆购置上需要花费一定数额的成本。设想将共享单车企业以及二手车市场结合起来，消费者也可以使用二手车，即：共享单车企业带来经济资源的节约并减弱了投资风险；消费者只需向平台之一缴纳小额押金，减少了消费者资金损失的可能性。在这种情况下，对于庞大的数据处理和传输，需要区块链的技术。区块链技术的加密算法可以对每层次的用户的身份设置访问权限，能保证单车、软件供应商、所有者、使用者之间安全有效地交换数据，为消费者保护隐私安全（防止在不同平台注册可能带来的信息泄露），有效维护服务器的信息安全。

②搭建单车联盟网络

Hyperledger Fabric 作为一种可用于构建企业级区块链解决方案的开源项目，将作为链代码托管系统，用于构建单车联盟链的应用逻辑，从而为企业建立所需的区块链架构。在搭建单车联盟链的过程中，政府将采取调控措施，根据不同的城市规模和居民使用情况，在不同区域投放不同数量的共享单车。

在单车联盟链中，纳入的节点包括二手单车提供者、二手单车提供平台、单车生产厂商、共享单车平台和使用者。单车用户和二手单车提供者为轻节点，无法参与共享服务，而是通过手机应用查看单车详情和位置信息。其他节点为长期固定节点，可参与共识服务和记账。例如，交通部门可查看共享单车停放信息和骑行情况，从而监督交通状况和处罚违规行为；二手车提供平台可以更好地估值二手单车，获取更大利润；单车生产厂商可以根据需求控制生产和运输；共享单车平台可根据信息进行更好的调控。

在单车联盟企业参与共识和记账的过程中，可以查看客户的信用状况，包括交通违法记录和之前使用所有单车的诚信记录。对于优质客户，可给予奖励或更优惠的价格，对失信用户则施加相应的短期限制作为惩罚。

智能合约将采用 JavaScript 语言进行开发，根据交易双方的需求定制相应的合约。例如，顺利完成一次交易可获得奖励分数，而违规停放则扣减分数。

③区块链应用于共享单车的运作流程

a. 客户身份认证与隐私保护

客户首先需要下载共享单车的客户端或者进入微信小程序，并上传身份信息。这些信息将由区块链认证节点进行认证，并进行加密处理，以保护用户的个人隐私。通过区块链技术，用户的身份信息将映射为一一对应的虚拟用户信息，确保信息的安全性和不可篡改性。

b. 信用保证与单车租用

用户可以使用其他平台上的信用积分或者押金作为信用保证，以确保单车租用过程中的交易安全。通过开启蓝牙功能，用户可以找到附近匹配需求的共享单车点，并扫描单车二维码发送骑行请求。这一过程将通过智能合约进行实时记录，并对用户的信用情况进行评估。

c. 智能合约签订与执行

用户与单车厂商之间将签订智能合约，约束双方的使用价格、计价方式、

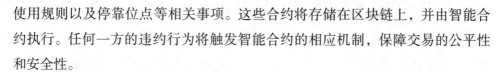

使用规则以及停靠位点等相关事项。这些合约将存储在区块链上，并由智能合约执行。任何一方的违约行为将触发智能合约的相应机制，保障交易的公平性和安全性。

d. 骑行监督与信用评价

用户开始骑行后，其行为将实时上传并存储到单车联盟链的其他节点，并进行监督。平台将根据用户的骑行情况和路况提供实时指引，并告知停靠点的具体位置。同时，共享单车联盟链将对用户的使用情况进行信用评价，以积分形式或等级形式记录用户的信用状况。对于发生盗窃行为的用户，将被扣除全部押金及信用积分，并上报监管部门进行处理。

3. 区块链技术解决共享经济发展问题的对策

（1）付费模式转换

目前的共享经济模式下，交易是基于真实货币的流转。用户的押金和交易费用需要通过银行账户在消费者和服务提供者之间进行转移，这一过程相对复杂且繁琐。首先，货币传递链条较长：使用费用和押金从用户到服务商需要经过付款行、第三方支付平台以及收款行三个环节。其次，退款等业务需要人工逐步核实，导致消费者体验速度缓慢、退款流程繁琐、退款操作困难等问题，同时也给服务商带来了一定的交易成本。

将区块链技术引入共享经济后，可以采用电子货币作为交易媒介，通过区块链技术实现共享经济中各参与方之间的货币流通。当用户支付费用时，只需在区块链上发布货币转移指令，经其他节点核实后，收款方即可收到相应货币并获得到账通知。因此，通过在共享经济中采用区块链技术流通数字货币，可以解决传统共享经济中资金转移过程复杂、交易成本高的问题。

（2）消费者主动参与

在过去的共享经济运营过程中，共享平台作为数据收集和分配的中心，拥有对数据和交易流程的绝对控制权，使用者对整个交易流程的环节只能被动地接受，甚至共享平台可以在消费者不知情的情况下做出有损于消费者的事情（比如 ofo 单车出现挪用用户押金，押金不予退还用户的情况）。通过区块链技术，消费者和所有者都可以主动参与合约的制定并知悉全流程的各个环节，而不是被动按照共享平台的设定流程安排，达到交易的公开透明。

（3）安全模式新升级

当前共享平台储存了大量信息，不同程度地存在着用户隐私泄露的问题，通过区块链技术可以解决该问题、保护用户信息安全，从而降低消费者使用共享平台的顾虑。如果区块链上任意的一个节点存在故障，由于链上的同层次和前后的节点同时保留了相应的数据，故障节点数据可通过其他节点携带的信息进行恢复，系统仍然可以继续正常运行，不会因此而导致交易的中断。当前共享平台在信息保护方面存在各种不安全因素导致容易受到黑客等攻击，区块链技术的应用保护了共享平台数据的安全性，让共享平台的使用更稳定，不会造成消费者在使用过程中因为数据传输不畅的系统原因造成使用的暂停、交易的中止。

（4）资源最优化配置

通过区块链，可以实现物品共享的通透台账以及公平、透明价格，避免了原先共享经济的盲目性、无视成本的恶性竞争以及寡头市场下的价格垄断。通过区块链开发物品冗余度实时监测系统，合理配置资源，减少资源浪费。使共享经济效用最大化，需要利用社会资源的桥接效应，通过区块链技术，实现资源互补和价值共创，从而激发经济活力。共享经济在资源数量分布上不合理的问题，在区块链的技术的支撑下，可以按需而供，防止闲置资源再次被闲置。针对共享单车布置过多导致了资源浪费、带来了城市治理的不便的问题，区块链技术可以根据消费者的需求习惯，对不同区域的单车进行不同数量的合理配置，给消费者提供了方便，也给商家省去了因过度投放带来的不必要的成本。同时，通过区块链对单车使用者的信用记录如是否存在恶意破坏、盗窃、违规乱停、违反交通规则等现象，抑制了不良行为的产生。

（二）电子商务的成功案例：阿里巴巴

1.阿里巴巴的成功背景与电子商务生态系统构建

阿里巴巴作为中国电子商务行业的领军企业，其成功背后有着丰富的历史和深厚的积淀。阿里巴巴创始人马云于1999年创建了阿里巴巴集团，旨在为中小企业提供在线交易平台。经过多年的发展，阿里巴巴逐渐壮大，并于2003年推出了淘宝网，开启了阿里巴巴电子商务生态系统的建设。

阿里巴巴的电子商务生态系统包括淘宝、天猫、阿里巴巴国际等多个电商

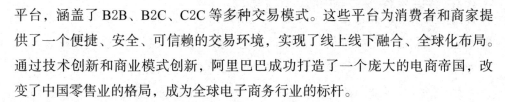

平台，涵盖了 B2B、B2C、C2C 等多种交易模式。这些平台为消费者和商家提供了一个便捷、安全、可信赖的交易环境，实现了线上线下融合、全球化布局。通过技术创新和商业模式创新，阿里巴巴成功打造了一个庞大的电商帝国，改变了中国零售业的格局，成为全球电子商务行业的标杆。

2. 阿里巴巴面临的挑战与应对措施

尽管阿里巴巴取得了巨大的成功，但也面临着诸多挑战和压力。首先，随着电商市场竞争的加剧，阿里巴巴需要应对来自竞争对手的挑战，保持市场领先地位。为此，阿里巴巴不断加大对技术研发和创新的投入，推动平台升级和用户体验的提升，保持了在市场上的竞争优势。其次，随着消费者需求的变化，阿里巴巴需要不断调整和优化产品和服务，以满足用户的多样化需求。例如，随着移动互联网的普及，移动端购物成为消费者的主要选择，阿里巴巴加大了对移动端的投入，推出了更多移动端的应用和功能，提升了用户的移动购物体验。另外，阿里巴巴还需要应对监管政策和外部环境的变化带来的挑战。随着电子商务的快速发展，政府和监管部门对电商行业的监管也日益加强，阿里巴巴需要密切关注政策法规的变化，加强合规管理，确保企业的稳健发展。

3. 阿里巴巴的未来发展与展望

面对挑战和机遇，阿里巴巴正积极应对，不断探索创新，拓展业务边界，实现多元化发展。未来，阿里巴巴将继续致力于打造数字经济生态系统，推动数字化转型，加强在人工智能、大数据、云计算等领域的布局，深化产业互联网和数字经济融合发展，助力中国经济高质量发展。同时，阿里巴巴还将继续加强国际化布局，拓展海外市场。通过加强与全球各地的合作伙伴关系，推动"一带一路"地区的数字经济发展，实现共赢合作。

（三）人工智能在金融领域的应用案例：智能投顾

1. 智能投顾的技术原理与应用案例

智能投顾利用机器学习算法和大数据分析技术，根据投资者的风险偏好、投资目标等个性化需求，为其量身定制投资组合，实现智能化的投资建议和服务。其技术原理主要包括以下几个方面：首先，智能投顾通过机器学习算法对大量的历史市场数据进行分析和挖掘，识别出市场的规律和模式。这些算法可以通过对历史数据的学习，发现不同资产之间的相关性和影响因素，从而为投资者提供更准确的投资建议。其次，智能投顾还可以利用大数据分析技术对投资者的个性化需求进行分析和挖掘。通过收集和分析投资者的投资偏好、风险承受能力、投资目标等信息，智能投顾可以为投资者量身定制符合其需求的投资方案。最后，智能投顾还可以利用实时数据和市场信息进行动态调整和优化。通过对市场的实时监测和分析，智能投顾可以及时调整投资组合，以应对市场的变化和波动，最大限度地实现资产增值。

2.智能投顾的优势与局限性

智能投顾作为人工智能在金融领域的典型应用具有一定的优势。首先，智能投顾具有高效性和精确性。通过机器学习算法和大数据分析技术，智能投顾可以快速、准确地识别市场的规律和模式，为投资者提供精准的投资建议和服务。其次，智能投顾具有个性化和定制化特点。通过分析投资者的个性化需求，智能投顾可以为每位投资者量身定制符合其需求的投资方案，提供个性化的投资服务。

然而，智能投顾也存在一些局限性。首先，智能投顾的算法模型可能存在一定的局限性和不确定性。尽管机器学习算法可以通过对历史数据的学习来提高预测准确度，但是市场的变化和波动具有一定的不确定性，算法模型可能无法完全预测和应对所有情况。其次，智能投顾还面临着数据隐私和安全的挑战。投资者的个人信息和交易数据可能涉及隐私和安全问题，智能投顾需要加强数据保护和安全措施，确保投资者的信息安全。

3.智能投顾的未来发展与展望

随着人工智能技术的不断发展和应用，智能投顾在金融领域的应用前景广阔。未来，智能投顾将继续发挥其优势，为投资者提供更加智能化、个性化的投资建议和服务。同时，智能投顾还将与其他金融科技领域的技术相结合，如区块链技术、云计算技术等，共同推动金融行业的数字化转型和创新发展。然而，智能投顾也面临着一些挑战和问题，如算法模型的不确定性、数据隐私和安全等。为了更好地应对这些挑战，智能投顾需要加强技术研发和创新，提高算法模型的准确度和稳定性，加强数据保护和安全措施，建立健全的监管和管理机制，促进智能投顾行业的健康发展。

另外，智能投顾还将面临来自市场竞争和监管政策的挑战。随着金融科技

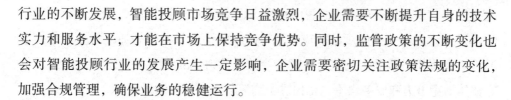

行业的不断发展，智能投顾市场竞争日益激烈，企业需要不断提升自身的技术实力和服务水平，才能在市场上保持竞争优势。同时，监管政策的不断变化也会对智能投顾行业的发展产生一定影响，企业需要密切关注政策法规的变化，加强合规管理，确保业务的稳健运行。

（四）智能物流在快递行业的应用案例：京东物流

1. 京东物流的智能化技术应用

京东物流作为中国领先的智能物流服务提供商，广泛应用人工智能、大数据等先进技术，实现了物流运营的智能化和高效化。人工智能技术在京东物流中发挥了重要作用。通过机器学习算法，京东物流可以根据历史数据和实时信息进行智能化的路线规划和配送调度，优化配送效率，提高配送准确性。此外，京东物流还利用人工智能技术对供应链进行预测和优化，提前预判用户需求，合理调配库存，降低物流成本，提高资金周转效率。

除了人工智能技术，大数据技术也是京东物流的重要支撑。京东物流通过收集和分析海量的物流数据，可以深入了解用户需求和市场趋势，优化供应链管理和物流配送流程。通过大数据分析，京东物流可以发现潜在的运营瓶颈和问题，及时调整和优化方案，提高物流效率和客户满意度。

2. 京东物流的智能化仓储系统与配送优化

京东物流通过智能化仓储系统和配送优化，实现了仓储管理和配送流程的优化，提高了物流效率和客户满意度。首先，京东物流利用智能化仓储系统，实现了仓库内物流设备和货物的自动化管理和操作。通过自动化货架、AGV等设备，京东物流可以实现货物的智能分拣、装载和储存，提高了仓储效率。其次，京东物流利用智能配送路线规划和调度系统，优化了配送路径和运输方式，提高了配送效率和服务质量。通过实时监控车辆位置和交通状况，京东物流可以及时调整配送路线，避免拥堵和延误，保证了货物的及时送达。

3. 京东物流的智能化发展对快递行业的影响与启示

京东物流的成功经验为快递行业的数字化转型提供了重要参考，也促进了整个物流行业的智能化发展。首先，京东物流通过引入人工智能、大数据等先进技术，提升了物流运营的智能化水平，实现了更高效、更可靠的物流服务。这为快递行业提供了一种可行的智能化发展路径，激发了行业内其他企业的跟进和创新。其次，京东物流的智能化发展也推动了整个物流行业的变革和升级。随着京东物流等企业的示范效应，越来越多的快递企业开始加大对智能化技术的投入和应用，推动了物流行业的数字化转型和智能化发展。这不仅提升了行业整体的竞争力和服务水平，也促进了物流行业的可持续发展。

综上所述，京东物流作为智能物流在快递行业的典型应用案例，通过人工智能、大数据等技术的应用，实现了物流运营的智能化和高效化。其成功经验不仅为快递行业的数字化转型提供了重要参考，也促进了整个物流行业的智能化发展。随着技术的不断进步和应用场景的拓展，智能物流在快递行业的应用前景将更加广阔，为商业生态的智能化和个性化发展带来新的机遇和挑战。

第三节　数字经济与商业生态的融合

一、数字经济与商业生态的融合趋势和模式

（一）数字经济与商业生态的融合趋势

1.数字经济成为主导力量

（1）数字技术的普及与影响

数字技术的迅速发展已经在各个行业和领域中展现出巨大的影响力。从人工智能到大数据，从物联网到区块链，数字技术正在成为推动商业生态变革的主要力量。它们为企业提供了更多创新的机会和解决方案，使传统产业得以实现数字化转型，从而适应日益变化的市场环境。

（2）数字经济的主导地位

随着数字经济的兴起，传统产业正在逐渐被数字经济所主导。数字经济以其高效、便捷的特点，正在重塑着商业生态的格局。传统产业必须与数字经济相结合，才能在激烈的市场竞争中立于不败之地。

2.数字化转型的必然趋势

（1）企业生存与发展的必然选择

数字化转型已成为企业生存和发展的必然趋势。随着数字技术的不断普及和应用，传统企业必须利用数字化技术来提升生产效率、优化管理流程、提升

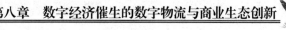

产品和服务质量，以适应市场的激烈竞争和消费者需求的多样化。

（2）市场竞争的加剧

数字化转型不仅是一种选择，更是一种生存的必然。随着数字化转型的推进，市场竞争也变得更加激烈。那些能够及时适应和应用数字化技术的企业，将会在竞争中占据更有利的地位，取得更大的市场份额和利润。

3. 新兴数字平台的崛起

（1）改变传统产业的运营模式

随着互联网的普及和数字技术的发展，新兴数字平台如电商、社交媒体等正在崛起。这些数字平台不仅改变了传统产业的运营模式，也为企业与消费者之间的信息传递和价值交换提供了全新的渠道和方式。

（2）提供全新的商业机会

新兴数字平台的崛起为企业创造了更多的商业机会。通过数字平台，企业可以更便捷地与消费者进行沟通和交易，实现产品和服务的个性化定制，从而更好地满足消费者的需求，提升竞争力。

（二）融合模式的多样性

1. 数字技术在各行业的应用

数字技术的广泛应用已经深刻地改变了各个行业的运作方式和商业模式。以下是数字技术在几个主要行业的应用示例。

（1）制造业

在制造业领域，数字技术的应用包括智能制造、工业互联网、物联网等方面。通过传感器、物联网设备和大数据分析，制造企业可以实现设备智能化监控和管理，提高生产效率和产品质量。同时，数字化技术还可以实现生产过程的柔性化和个性化定制，满足消费者不断变化的需求。

（2）金融业

在金融领域，数字技术的应用已经深入到金融服务的各个环节，包括金融交易、风险管理、客户服务等。例如，基于区块链技术的数字货币和智能合约正在改变传统的金融交易方式，实现更快速、更安全的交易。同时，人工智能和大数据分析也为金融机构提供了更精准的风险评估和客户定制服务。

（3）零售业

在零售业领域，数字技术的应用主要体现在电子商务、移动支付、智能零售等方面。电子商务平台通过互联网和移动端为消费者提供了更便捷、多样化的购物体验，实现了线上线下的无缝连接。智能零售则通过人工智能、大数据分析和物联网技术，实现了商品管理、库存监控和营销策略的智能化和个性化。

（4）服务业

在服务业领域，数字技术的应用范围也非常广泛，包括餐饮、旅游、教育、医疗等行业。例如，在餐饮行业，数字化技术可以实现在线订餐、智能点餐和无人收银等服务，提升了用户体验和服务效率。在医疗行业，远程医疗、健康管理和医疗大数据分析等数字技术的应用，也为医疗服务的智能化和个性化提供了新的可能性。

2. 传统企业与数字平台的合作共赢

传统企业与数字平台之间的合作关系正成为商业生态中的一种重要模式，这种合作模式体现了双方在数字化时代下的共赢发展理念。

一方面，传统企业与数字平台的合作能够带来诸多益处。首先，传统企业可以通过与数字平台的合作，快速获得大量的用户流量和曝光度，进而提升品牌知名度和市场份额。例如，传统零售企业可以通过在电商平台上开设线上店铺，扩大销售渠道，吸引更多的消费者。其次，数字平台通常具有先进的技术和数据分析能力，传统企业可以借助这些技术手段实现产品和服务的个性化定制、精准营销等，提升用户体验和满意度。最后，传统企业与数字平台合作还可以实现资源共享、成本节约，例如共享物流和仓储资源，降低运营成本，提高效率。

另一方面，数字平台也可以通过与传统企业的合作获取诸多优势。首先，传统企业通常拥有丰富的产品和服务资源，数字平台可以通过与之合作，拓展自身的业务范围，丰富产品线，提升平台的吸引力和竞争力。其次，传统企业在某些领域拥有深厚的行业经验和客户资源，数字平台可以通过合作获取这些资源，加速业务拓展，实现更快速的增长。此外，传统企业的合规性和稳定性也为数字平台提供了信誉保障，有助于吸引更多的投资和用户。

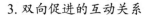

3.双向促进的互动关系

数字经济与商业生态的融合是一种相互促进的互动关系,这种关系不仅体现在数字经济对商业生态的影响上,还表现在商业生态对数字经济的反馈作用上,从而形成了一个良性循环的发展模式。

首先,数字经济的发展为商业生态注入了新的活力。随着数字技术的迅速发展,数字经济已经深入到各个行业和领域中,并且成为推动商业生态变革的主要动力之一。通过数字化技术,企业可以更好地理解和满足消费者需求,实现产品个性化定制和精准营销,从而提升竞争力。同时,数字经济的兴起也为传统产业注入了新的活力,推动了传统产业的升级和转型,促进了经济的持续发展。

其次,商业生态的不断演进也为数字经济提供了更广阔的应用场景和发展空间。商业生态的演进不仅包括了传统产业的数字化转型,还涉及新兴产业的崛起和商业模式的创新。这种演进为数字经济的发展提供了丰富的应用场景和发展平台,推动了数字技术的不断创新和应用。例如,在新兴数字平台如电商、社交媒体等的崛起过程中,数字经济得到了更广泛的应用和普及,为数字经济的发展提供了更多的机会和可能性。

这种双向促进的互动关系将进一步推动数字经济与商业生态的融合。数字经济的不断发展为商业生态提供了更多的创新机会和商业模式,而商业生态的演进也为数字经济的发展提供了更广阔的应用场景和发展空间。通过双方的互动和促进,数字经济与商业生态的融合将不断深化,为经济社会的可持续发展注入新的动力和活力。

二、商业生态与数字经济共同发展的机遇与挑战

(一)机遇

1.数字技术的快速发展带来创新机会和商业模式

随着人工智能、大数据分析、物联网等数字技术的迅猛发展,企业获得了更多的创新机会和商业模式,从而引领了数字经济的快速发展。这些数字技术的应用在各个行业中都展现出了惊人的潜力,并在商业生态中带来了深远的影响。

第一，大数据分析为企业带来了前所未有的数据洞察能力。通过收集、存储和分析海量数据，企业可以深入了解消费者的行为模式、偏好趋势和市场需求，为产品设计、营销策略和服务优化提供了有力支持。例如，零售行业可以利用大数据分析来预测消费者购买行为，优化库存管理和商品陈列；金融行业可以借助大数据技术实现风险管理和个性化推荐服务；医疗健康领域可以利用大数据分析来进行疾病预测和个性化治疗方案制定。

第二，人工智能技术的应用正在改变企业的生产和管理方式。通过机器学习、深度学习等技术，企业可以实现智能化的生产过程和管理决策，提高效率、降低成本。例如，在制造业中，人工智能技术可以用于预测设备故障、优化生产计划和提升产品质量；在客户服务领域，人工智能可以实现智能客服、智能推荐等个性化服务，提升客户满意度和忠诚度。

第三，物联网技术的广泛应用也为企业创新和商业模式的发展提供了新的契机。物联网技术将各种设备和物品连接到互联网，实现了设备之间的信息共享和智能化控制，为企业提供了更多的数据来源和业务场景。例如，智能家居产品可以实现远程控制和智能化管理，提升生活品质；智能物流系统可以实现实时监控和优化配送路线，降低物流成本。

2 数字化技术助力个性化定制和精准营销

数字化技术的广泛应用为个性化定制和精准营销提供了强大支持，成为现代商业发展中的重要推动力。这种趋势不仅是对传统营销模式的革新，更是数字经济时代下企业与消费者之间互动关系的重要转变。

第一，数据分析技术的发展为个性化定制提供了丰富的数据基础。通过收集、存储和分析消费者的行为数据、购买历史和偏好信息，企业可以深入了解每个消费者的需求，并根据个性化的需求进行产品设计和服务提供。例如，通过分析消费者的购物习惯和浏览记录，电商平台可以向用户推荐符合其兴趣的商品，从而提高购买转化率。

第二，人工智能技术的应用为精准营销提供了更高效的手段。借助机器学习和深度学习算法，企业可以实现对消费者的个性化推荐和定向广告投放。例如，利用自然语言处理技术分析社交媒体上的用户评论和行为，企业可以了解消费者的情感和偏好，精准地推送相关的产品和服务广告，提高广告的点击率和转化率。

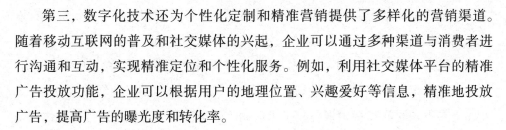

第三，数字化技术还为个性化定制和精准营销提供了多样化的营销渠道。随着移动互联网的普及和社交媒体的兴起，企业可以通过多种渠道与消费者进行沟通和互动，实现精准定位和个性化服务。例如，利用社交媒体平台的精准广告投放功能，企业可以根据用户的地理位置、兴趣爱好等信息，精准地投放广告，提高广告的曝光度和转化率。

3. 数字经济的兴起注入新活力

传统行业在数字经济的浪潮下，积极融入数字化技术，实现了生产、管理和营销等多个方面的革新，从而有效提升了企业的竞争力和市场地位。

第一，数字化技术的应用使得传统产业生产过程更加智能化和高效化。例如，在制造业领域，传统的生产流程经常依赖于人工操作和固定生产线，而引入数字化技术后，企业可以实现设备的远程监控和智能化控制，通过物联网技术实现设备之间的互联互通，实现生产过程的自动化和智能化管理。这种生产方式不仅大大提高了生产效率，还能够有效降低人力成本和资源浪费，推动了传统制造业向智能制造转型升级。

第二，数字经济的兴起为传统产业开辟了更为广阔的市场空间。随着数字技术的普及和互联网的发展，消费者的购物习惯和消费行为发生了巨大变化，传统企业可以利用数字化渠道拓展市场，实现线上线下融合发展。通过建立电商平台、社交媒体营销等方式，传统企业可以更加直接地与消费者进行沟通和互动，提高产品曝光度和销售量，实现业务的快速增长。

第三，数字经济的兴起也为传统产业注入了新的创新活力。数字化技术的应用为企业创新提供了更为便捷和高效的手段，加速了新产品的研发和上市周期。企业可以利用大数据分析、人工智能等技术，深入挖掘市场需求和消费者反馈，及时调整产品设计和服务策略，推出更加符合市场需求的产品，赢得消费者的青睐。

（二）挑战

1. 数字化转型的资源投入和学习需求

首先，企业需要投入大量资金用于硬件设备的更新和软件系统的升级。这可能涉及购买新的服务器、网络设备、云计算服务等，以支持数字化转型所需的信息技术基础设施。此外，企业还需要投入资金用于软件系统的开发和定制，确保系统能够满足企业的实际需求，并与现有业务流程相适应。除了资金投入外，数字化转型还需要企业投入大量的人力资源和时间。企业需要对员工进行培训，提升其数字化技能和意识，使其能够熟练使用新的数字化工具和系统。这可能涉及组织内部的培训计划、外部培训机构的合作等多种形式。此外，企业还需要投入时间和精力来与技术供应商、咨询公司等合作，进行数字化转型方案的制定和实施，确保整个转型过程顺利进行。另外，由于技术的不断更新和变革，企业需要保持持续的学习和创新。这意味着企业需要不断地关注和学习最新的数字化技术和趋势，及时调整和优化自己的数字化战略和方案。这对企业而言是一项长期而艰巨的任务，需要企业具备足够的耐心和决心，同时也需要领导层的积极支持和引导，以确保数字化转型能够顺利进行，并为企业带来持续的竞争优势和增长机会。

2. 传统企业面临的组织结构和文化障碍

首先，传统企业通常具有较为僵化的组织结构，这意味着决策过程可能较为缓慢，难以及时响应市场的变化和技术的进步。传统企业的组织结构可能较为分层，信息传递和沟通相对滞后，导致决策的制定和执行受到限制，从而影响了企业的灵活性和竞争力。另一方面，传统企业内部的文化也可能成为数字化转型的障碍。传统企业的文化可能根植于长期的历史传统和惯例，保守的经营理念和管理方式在企业内部根深蒂固。这种传统文化往往导致员工对新技术和新方法的抵触和拒绝，使得数字化转型难以顺利进行。此外，传统企业的文化可能还存在着组织惯性和官僚主义现象，导致企业内部创新能力的不足和行动的迟缓。

3. 数字经济发展带来的新风险和新问题

数字经济的发展也带来了一些新的风险和问题，如数据安全和隐私保护等方面的挑战。随着企业和个人数据的不断增加，数据泄露和隐私被侵犯的风险也在增加。此外，数字经济的发展也可能导致一些新型的经济犯罪和诈骗行为的出现，给企业和个人带来损失和风险。因此，各方需要共同努力，加强数据安全和隐私保护的措施，确保数字经济的健康发展。

参考文献

[1] 刘子豪.关于共享经济成因、内涵与商业模式的思考 [J].现代国企研究，2017，（20）：156.

[2] 许颖.共享经济的成因、内涵与商业模式研究 [J].中国商论，2018，（22）：170-171.

[3] 王乘栋.探讨共享经济的成因、内涵与商业模式 [J].中国战略新兴产业，2018，（24）：23.

[4] 易加斌，徐迪，王宇婷，等.学习导向、大数据能力与商业模式创新：产业类型的调节效应 [J].管理评论，2021（12）：137-151.

[5] 杨志超，付睿臣.国资背景大数据公司商业模式研究 [J].广东经济，2021（12）：16-19.

[6] 陈建新，赵小克.大数据背景下零售商业模式的重构：要素视角 [J].商业经济研究，2021（16）：21-24.

[7] 张小燕.基于大数据技术的服装定制商业模式创新研究 [J].纺织报告，2021（6）：26-27.

[8] 高宇晨.大数据如何驱动商业模式创新 [J].现代营销，2021（15）：18-19.

[9] 易加斌，徐迪.大数据对商业模式创新的影响机理：一个分析框架 [J].科技进步与对策，2018（3）：15-21.

[10] 罗琳.大数据驱动的商业模式创新研究现状、内在机理及具体过程 [J].商业经济研究，2020（4）：113-116.

[11] 王术峰.环珠三角区域物流体系动力机制构建策略 [J].物流技术，2016，35（4）：8-13.

[12] 王术峰.粤港澳跨境电商物流资源禀赋研究：基于增长极理论的区域物流产业布局思考 [J].商业经济研究，2016，（12）：78-81.

[13] 王术峰.创新驱动背景下构建粤港澳区域物流体系之探讨：政府与物流企业价值链资源协同视角 [J]. 科技管理研究 .2016, 36（16）: 90-96.

[14] 刘维华.现代物流企业战略发展问题研究 [J]. 商业经济研究，2021，812（1）: 131-133.

[15] 何黎明.我国物流业 2020 年发展回顾与 2021 年展望 [J]. 中国流通经济，2021，35（3）: 3-8.

[16] 王术峰，何鹏飞，吴春尚.数字物流理论、技术方法与应用：数字物流学术研讨会观点综述 [J]. 中国流通经济，2021，35（6）: 3-16.

[17] 石蓉姗，李丹.基于区块链技术的共享经济发展模式研究 [J].商业经济研究，2018（24）: 178-181.

[18] 袁勇，王飞跃.区块链技术发展现状与展望 [J].自动化学报，2016，42（4）: 481-494.

[19] 邵奇峰，金澈清，张召，等.区块链技术：架构及进展 [J].计算机学报，2018，41（5）: 969-988.

[20] 齐林海，李雪，祁兵，等.基于区块链生态系统的充电桩共享经济模式 [J].电力建设，2017，38（9）: 1-7.

[21] 张文超，李岩.基于区块链技术的共享单车服务研究 [J].中国商论，2019（21）: 28-30.